经典教科书系列

美 学 导 论

一种分析美学方法

乔治·迪基（George Dickie） 著

刘悦笛 周计武 吴飞 译

INTRODUCTION
TO
AESTHETICS
An Analytic Approach

北京师范大学出版集团
BEIJING NORMAL UNIVERSITY PUBLISHING GROUP
北京师范大学出版社

译者导言

从 20 世纪中叶开始,"分析美学"(Analytic Aesthetics)成为国际美学界的主导思潮,这也许与美学主潮从德语学界转向英语学界不无关联。由此按照分析美学原则所撰写的"美学原理"与"艺术哲学导论",也就成为国际美学的主流。由于分析美学曾以艺术为绝对研究中心,因此"美学＝艺术哲学"常常被视为共识,但从 20 世纪 80 年代兴起的"环境美学"到 21 世纪勃兴的"生活美学",都在对全球美学体系进行拓展与更新。

然而,经典就是经典,美国著名分析美学大家乔治·迪基(George Dickie)亲手编撰的这本《美学导论:一种分析美学方法》(*Introduction to Aesthetics:An Analytic Approach*)已经成为美学与艺术哲学导引"主流中的主流"之作①,个中缘由,请容笔者一一道来。这本书是这位著名美学家所撰写的"经典中的经典",也是迪基第一本被翻译成汉语的书,非常值得推荐。

一、《美学导论》有哪三种特质?

在当今所有撰写美学原理的学者中,乔治·迪基无疑是"最大牌"的一位,因为他本人的美学思想已经进入了美学史册,由他来撰写导论自然不同凡响。那么,迪基版《美学导论》的特质何在?

首先,这本书既是一本"专著",也是一本"导论"。这种情况,在欧美学术界其实并不多见。因为导论往往被视为教材,是写给本科生和研究生读的,而专著则主要是写给专家学者们看的。在本书中,迪基既重申与发展了自己的美学观点,又用自己的美学观念梳理美学历史,审视美学前沿问题,从而

① George Dickie, *Introduction to Aesthetics:An Analytic Approach*, Oxford:Oxford University Press,1997.

使得专著与导论合而为一。

其次，这本书既是一本"美学家"写的专著，也是一本"美学家"写的导论。由美学家亲自操刀去写本学科导论，这种情况在英美美学界也很罕见，可谓独树一帜。迪基作为一位被写入 20 世纪美学史的重要美学家，竟然还撰写了两版导论。本书最初的版本是 1971 年出版的《美学：一个导论》(*Aesthetics：An Introduction*)①，我们翻译的这个版本则是 1997 年进行了修订的《美学导论：一种分析美学方法》，时间本身就证明了它的价值。

最后，这本书既是一本"分析美学"专著，也是一本"分析美学"导论。这本美学书是特定美学流派的核心著作，它属于盎格鲁—撒克逊的美学传统。所以，作为国际美学主潮的核心著作之一，它表达出来的是"分析美学"的基本美学观念。当然，它与大量用于教学的美学导论的类似之处在于它仍深描了"分析美学"的主流观念，不同之处则在于迪基采取了"六经注我"的表述方式。

乔治·迪基在分析美学史乃至整个美学史中的重要地位，可以从 2014 年最新出版的三卷本《现代美学史》那里得到明证，编撰者保罗·盖耶(Paul Guyer)是英语世界重要的康德研究专家。《现代美学史》第三卷的最后一部分，即"维特根斯坦与维特根斯坦之后：20 世纪后半叶的盎格鲁—撒克逊的美学"，共分为三章，迪基属于分析美学发展的"第一波"。

该书第一章写的就是维特根斯坦的美学贡献，包括《逻辑哲学论》《哲学研究》以及演讲与对话录中的美学思想，分析美学就根源于此。此后，形成了分析美学"第一波"，早期是从约翰·帕斯摩尔(John Passmore)到莫里斯·曼德尔鲍姆(Maurice Mandelbaum)，中期是从阿瑟·丹托(Arthur Danto)到迪基，晚期则又再回到丹托。分析美学"第二波"包括四位美学家：弗兰克·西伯利(Frank N. Sibley)、理查德·沃尔海姆(Richard Wollheim)、罗杰·斯克鲁顿(Roger Scruton)和斯坦利·卡维尔(Stanley Cavell)。②第一波与第二波并非时间上的划分，前者主要受到早期维特根斯坦风格的影响，后者则受到晚期维特根斯坦之《哲学研究》第二部分的影响。

按照笔者《分析美学史》的论断(基于与多位国际美学界重要学者的交流)，分析美学史当中最重要的人物分别是：维特根斯坦、门罗·比尔兹利

---

① George Dickie, *Aesthetics：An Introduction*, Indianapolis：The Bobbs-Merrill Company, Inc, 1971.

② Paul Guyer, *A History of Modern Aesthetics*, Vol. 3, New York：Cambridge University Press, 2014, pp. 549—556.

(Monroe Beardsley)、理查德·沃尔海姆、纳尔逊·古德曼（Nelson Good-man）、阿瑟·丹托和乔治·迪基，书中笔者也梳理了分析美学这几位核心人物的美学思想的流变。① 无论如何，迪基都在当代西方美学史中占有稳定的地位，那么他的贡献在哪里呢？

二、迪基的美学贡献在哪里？

迪基是一位典型的美国哲学家，1949 年毕业于佛罗里达大学，1959 年获得加利福尼亚大学博士学位，一直从事美学的教学和研究工作，最后在伊利诺伊大学荣休。其主要研究领域是美学、艺术哲学和 18 世纪的趣味理论。1990—1991 年，他担任伊利诺伊哲学协会主席。1993—1994 年，他担任美国美学协会主席。荣休之后，他很少参与学术活动。

迪基的重要著作包括以下七部：《美学：一个导论》(1971)；《艺术与审美》(*Art and the Aesthetic*，1974)；《艺术圈：一种艺术理论》(*The Art Cir-cle：A Theory of Art*，1984)；《评价艺术》(*Evaluating Art*，1988)；《趣味的世纪：18 世纪趣味哲学的漫长历程》(*The Century of Taste：The Philo-sophical Odyssey of Taste in the Eighteenth Century*，1996)；《美学导论：一种分析美学方法》(1997)；《艺术与价值》(*Art and Value*，2001)。

从上述简略的学术生涯与美学著述情况来看，迪基基本上是一位纯美学家。他除了做过一些 18 世纪趣味理论的专门研究之外②，更多的是想为美学提供一套基本原理，当然这种理论也是建立在扎实的美学史研究基础上的。《美学导论》这本导论性的专著与其他专著的相同之处，就在于它们都先梳理了从柏拉图(Plato)到当代的美学史，然后再逐步展开美学基本理论的构架。然而，迪基并没有在哲学上有所建树，或者说他的哲学观念在很大程度上受到了丹托的影响。所以，如果从美学对于哲学的贡献这个角度看，究竟该把迪基置于何种地位，还有待历史的定位。

"艺术惯例论"在艺术界与美学界的知名度无疑是相当高的。就艺术而言，该理论的确可以阐释许多新的艺术现象；就美学而言，它也发展出了一种新的艺术定义方式。迪基的思想始终不离美学，而他的创建主要就在于艺术方面。或者说，迪基的美学就是只关乎艺术的美学，因为审美被他

---

① 刘悦笛：《分析美学史》，31～287 页，北京，北京大学出版社，2009。

② George Dickie, *The Century of Taste：The Philosophical Odyssey of Taste in the Eighteenth Century*, New York and Oxford：Oxford University Press, 1996.

试图排斥出局。但有趣的是，迪基一方面对现代主义及其后的艺术持赞成态度，就此而言，他是一位前卫艺术的支持者；另一方面他却对新媒体艺术之类的更为前卫的晚近艺术持一种否定的态度，他的艺术观念充满了激进与保守的张力。

众所周知，20世纪后半叶，就"分析美学"的主流来看，它的诸多核心趋向中起码包括如下两点：其一是反思"审美态度"和"审美经验"的问题，其二则是试图给艺术下一个相对周全的"定义"。前者基本上是"解构性"的，后者则主要是"建构性"的。这两个方面在迪基的建树中都得以凸显，恰恰构成了迪基美学的两个最基本的方面，而且皆引发了巨大的争议，至今仍被讨论。从逻辑关系上来看，对"审美"的"解构"为"惯例"的"建构"开辟了道路。解构是建构的前提，解构之后方能建构。

在迪基那里，这次著名的解构出现在1964年他所发表的一篇论文《审美态度的神话》里面①，而建构的努力最初完成于10年之后的《艺术与审美》这本专著中。②迪基最优秀的嫡传弟子诺埃尔·卡罗尔（Noël Carroll）就此认为："《审美态度的神话》这篇经典论文最好被解读为是对'审美'观念的摧毁，这样做的目的，最终就是去颠覆艺术的审美诸理论——从而为他自己的艺术惯例论铺平道路。进而，这种阐释在他的《艺术与审美》中得到了明证，在该书明确捍卫惯例理论的过程中，最知名的非此即彼的'审美'候选项被排除在外了。"③如此，迪基美学的内在逻辑就昭然若揭了。先是摧毁审美，然后再建艺术定义，这是贯穿于迪基美学思想发展的"主线"。

笔者曾经如此归纳迪基的美学贡献：其一是"解构"，1974年打破了"审美态度的神话"；其二是"建构"，1974年最初建构"艺术惯例论"；其三是"重构"，迪基为艺术惯例论辩护，将早期版本修订为晚期版本；其四是"模式"，1988年对"艺术的评价"进行了评价。④此外，1996年迪基还对18世纪的趣味美学史进行了爬梳。如上这些基本思想都集中体现在了1997年版的《美学导论》当中，这本书可谓是迪基美学思想精华的"缩写本"。

---

① George Dickie, "The Myth of the Aesthetic Attitude", in *American Philosophical Quarterly*, 1964.

② George Dickie, *Art and the Aesthetic*, Ithaca and London: Cornell University Press, 1974.

③ Noël Carroll, *Beyond Aesthetics: Philosophical Essays*, Cambridge University Press, 2001, p. 2.

④ 刘悦笛：《分析美学史》，256～287页，北京，北京大学出版社，2009。

三、《美学导论》如何爬梳美学史？

如前所述，迪基的《美学导论》还有个与众不同的特点，那就是美学基本原理是建立在"美学史"基础上的。几乎所有的美学导论都没有列出如此多的章节来梳理"分析美学"形成之前与成熟之后的"美学史"。

按照迪基的理解，西方美学史最初是"美的理论"，这可以从柏拉图讲起。柏拉图"美是理念"说即为代表，其影响长达几个世纪，圣·奥古斯丁（Aurelius Augustinus）就继承了柏拉图主义。然而在基督教美学思想内部，亚里士多德（Aristotle）的影响逐渐取代了柏拉图，前者所保留的形式概念直接显现在自然当中，而后者的感性与理念世界的二分被亚氏所反对。托马斯·阿奎那（Thomas Aquinas）的美之客观条件与快感因素论，则成为中世纪美学的巅峰。

美学史上的"批判的时代"出现在18世纪，这个时代甚至被迪基称为"趣味的世纪"。因为这个时代的特征是"美的衰落"，同时，它也是趣味兴起的时代。欧洲大陆与英伦的美学家们转而关注趣味哲学，"美学之父"鲍姆加登（Alexander Gottlieb Baumgarten）就在这个时代草创了美学，美的理论也被趣味理论取代。迪基专门探究这个时代的美学兴衰，他关注的美学家是夏夫兹博里（Shaftesbury）、哈奇生（Hutcheson）、伯克（Burke）、艾利森（Alison）、休谟（Hume）和康德（Kant）。艾利森是中国美学研究关注甚少的一位，其余各位大家都耳熟能详。

实际上，18世纪美学形成了三足鼎立的局面，"美""崇高"与"如画"成为三大主流美学观念。① 美当然是"美的理论"所聚焦的，崇高在罗马时代还是就修辞而论，但到了趣味的时代则得到了转换。崇高与如画都可被视为18世纪的新产物，因为它们在趣味理论的框架内得到了新的诠释，从而被用来更贴切地描绘艺术与自然。迪基在美学史梳理上的贡献就在这里。

好景不长，趣味理论所形成的既定模式到了19世纪又开始被"审美理论"取代。这样的大势所趋出现在叔本华所实现的美学转向中。这就意味着，趣味这个关键词已经被以审美为核心的概念所更替了，但审美"非功利性"的观念却被沿袭了下来。从19世纪末到20世纪中叶，审美理论与艺术理论始终是美学家所关注的焦点，但是艺术理论在西方美学史上却也还是要从柏拉图谈起。

---

① Walter J. Hipple, *The Beautiful, the Sublime, and the Picturesque in Eighteenth-Century British Aesthetic Theory*, Carbondale: Southern Illinois University Press, 1957.

从古希腊时期直到 19 世纪，源自柏拉图的"艺术模仿论"皆为主流，亚里士多德也赞同模仿论。从柏拉图与亚里士多德开始，艺术起源论与艺术效果论皆得以发生。到了 19 世纪，浪漫主义的艺术观念终于反驳了千年不易的模仿论。在迪基看来，模仿论是一种以客体（艺术品）为中心的艺术理论，关注艺术品的客观特征。反过来，表现论则是一种以主体（艺术家）为中心的理论，它将模仿的聚焦点从艺术品转向了艺术家。然而，这种表现论却被视为艺术起源与效果的"情感论"在 19 世纪的变体，表现论把艺术理论与艺术起源论合二为一了。

20 世纪美学则被迪基分为三个部分：在 19 世纪代替了美的哲学的"审美的哲学"、具有悠久传统的"艺术的哲学"，还有就是新兴的"批评的哲学"。所谓批评哲学是从分析美学内部发展出来的，比尔兹利的"元批评"是其典型形态，它成为审美态度理论的替代品。比尔兹利的理论也可以被视为介于审美哲学与批评哲学之间，它既寻求对审美经验的肯定，又将批评提升到了元哲学层面。

在分析美学形成审美态度理论之前，迪基还考察了三种 20 世纪新兴的审美态度理论。在分析美学兴起之前，他考察的是"审美状态"，布洛（Edward Bullough）的"心理距离"为其代表；在分析美学兴起之后他关注的是"审美意识"，"非功利性注意"成为几位分析美学家的焦点，而这恰恰是迪基集中火力所反对的。第三种则是较新的"审美感知""看作"（seeing as）理论。不过由于历史的局限，迪基并没有意识到，在维特根斯坦提出"看"的理论之后①，最重要的审美感知理论乃是英国最重要的美学家沃尔海姆的"看进"（seeing-in）理论②。

20 世纪的艺术理论被迪基"削足适履"地纳入其理论架构当中。美的理论、艺术模仿论与艺术表现论都在 20 世纪得到了新的拓展。20 世纪初叶克莱夫·贝尔（Clive Bell）的"有意味的形式"的艺术理论，被视为 20 世纪的艺术美理论；20 世纪中叶的苏珊·朗格（Susanne K. Langer）的"艺术是人类情感符号的形式创造"理论，被视作 20 世纪的艺术模仿论；20 世纪早中期的柯林伍德（Robin George Collingwood）的作为"想象性表现"的艺术理论，则被视作 20 世纪的艺术表现论。为了安排这个逻辑次序（艺术美—模仿—再现），迪基

①　［英］维特根斯坦：《美学、心理学和宗教信仰的演讲与对话集（1938—1946）》，刘悦笛译，译者前言，53～58 页，北京，中国社会科学出版社，2015。
②　［英］理查德·沃尔海姆：《艺术及其对象》，刘悦笛译，17～21 页、173～190 页，北京，北京大学出版社，2012 年。

甚至不顾历史的顺序，把柯林伍德置于朗格之后。莫里斯·维茨（Morris Weitz）把艺术当作一种开放概念，打开了分析美学艺术界定的大门，此后各种艺术定义方案纷繁而出，而迪基的艺术理论也属于这一发展脉络。

四、《美学导论》的启示：原理应该如何架构？

《美学导论》的确具有"史论结合"的特色，但迪基讲述美学史还是为了呈现他的美学原理，所以我们才说他是"六经注我"。欧美学界的美学原理与艺术哲学导论的确非常之多，但很难选择出如迪基的《美学导论》这般有特色的，因为他表达出了美学家自己的美学观。

当今的原理也在实现着革新，以笔者手边的两本书为例。一本是2010年修订到第二版的美学原理著述里的畅销书：罗伯特·斯特克尔（Robert Stecker）的《美学与艺术哲学：一个导论》，这本书是我在纽约的一家普通书店购得的，足见该书印量之大；另一本是西奥多·格拉西克（Theodore Gracyk）《艺术哲学：一个导论》的2012年版，格拉西克的书居然是我在意大利米兰书店购买的，可见分析美学导论在欧洲也已摧城拔寨。

斯特克尔的《美学与艺术哲学》包括十个基本问题：（1）何为艺术；（2）何种对象是艺术品；（3）审美概念（包括审美经验与审美品质）；（4）环境美学；（5）解释与相关意图问题；（6）再现（包括叙事与描绘）；（7）音乐与诗歌中的表现；（8）艺术价值；（9）伦理、审美与艺术价值的互动；（10）建筑的价值。[①]该书显现出一种新旧混合的特质，因为是修订版，所以才把环境美学纳入其中，但大体格局仍未变动。格拉西克的《艺术哲学》则体现了当今美学最前沿的趋势，共归纳出九个问题：（1）意义、阐释与图像化；（2）作为表现的艺术；（3）意义与创造性；（4）赝品、原作与本体论；（5）本真性与文化起源；（6）界定艺术；（7）美学；（8）超越美的艺术；（9）艺术价值与审美价值。[②]这部导论为新近学者所作，其中包括对流行与大众艺术、生活美学的最新考察，顺应了当今美学发展的新趋势。

与这些崭新的美学原理与艺术哲学导论相比，迪基的原理建构显得更为经典，但其后的各种原理似乎都无法回避迪基所涉及的理论问题，迪基

[①]　Robert Stecker, *Aesthetics and the Philosophy of Art: An Introduction*, second edition, Lanham, Boulder and New York: Rowan & Littlefield Publishers, Inc., 2010.

[②]　Theodore Gracyk, *The Philosophy of Art: An Introduction*, Cambridge: Polity Press, 2012.

所阐释的美学问题虽难说面面俱到，但大致都是基本的。总体来看，迪基的《美学导论》是如此架构的。

第一，迪基并不赞同审美理论，其实审美理论在导论里面是被取消的。尽管在历史梳理上，在美的理论之后，迪基经常把审美理论与艺术理论加以并列，但是迪基并没有由此建构起任何一种审美理论。这是由于，他反对把构成审美态度的心理因素孤立起来并进行描述的方式，更反对从对象当中孤立发展出审美对象的概念，同时不同意将之作为审美态度的对象，从而把审美经验设定为审美对象的经验。

第二，迪基在艺术理论上，最终认定自己的艺术理论是正确的，即他提出的"艺术惯例"论。"艺术究竟是什么"的问题也许对任何美学原理著作与艺术哲学导引都是不可或缺的，迪基也概莫能外，他最关注的就是这个千年难题。他所反击的恰恰是传统的定义法。无论是模仿论还是表现论，它们都试图给出某物成为艺术品的充分或必要条件。迪基从丹托那里获得启示而创建的惯例论，一方面由于对当代艺术疆域具有巨大的解释力而被广为接受，另一方面却由于自身的内在矛盾而不断进行自我调整。但不管褒与贬，这种理论都已成为分析美学史中的重要发展环节之一。

第三，迪基还列举出被他特殊关注的美学的四个基本问题，分别是"意图主义批评""艺术中的象征主义""隐喻"和"表现"。再现与表现问题是分析美学最常见的问题，隐喻问题则在当今变得越来越重要，批评的意图主义则是直接继承了比尔兹利的话题，唯有象征主义似乎为一般的分析美学家所忽视，但这四者对于美学原理的建构而言都是要直面的。

第四，迪基又把"艺术评价"理论加上来，并将其视为美学原理最后所要解决的问题。他的"艺术评价"理论颇具特色，这些新思想集中体现在他1988年出版的《评价艺术》①中，并在2001年的《艺术与价值》②这部著作里得到了详尽而系统的阐释。早在1971年的《美学》里，迪基就开始关注这个问题，但是他的想法在当时还不够成熟。那时的迪基不仅从比尔兹利那里借鉴了许多，而且在艺术评价领域主要阐释的就是比尔兹利的相关理论。迪基认为历史上其他的评价理论主要有"主观主义""柏拉图主义""情感主义""相对主义"和"批评一元论"③，到了《美学导论》对此才又有新的拓展。

---

① George Dickie，*Evaluating Art*，Philadelphia：Temple University Press，1988.

② George Dickie，*Art and Value*，New York：Blackwell Publishers，2001.

③ George Dickie，*Aesthetics*，pp. 160—182.

五、迪基以何破除"审美态度神话"?

迪基的美学具有一种"反审美"倾向，他认定"审美经验"无非就是一种神话。迪基是通过批判使"审美态度"得以可能的几个具体美学概念——"距离""非功利"和"不及物"——来拆解"审美态度"之基础的，其方法就是化整为零并各个击破。

迪基首先反问：存在这种"保存距离"的独立的意识状态吗？当我们观赏绘画或欣赏落日的时候，究竟是被事物的美所打动，还是获得了一种保持距离的行为？答案是这种特殊的活动并不存在，或者说美学家所津津乐道的这种特殊状态并不存在。因为"进入距离"和"保持距离"都仅仅意味着一个人的态度凝聚了起来，并不能代表真的存在这种特殊类型的活动或者意识状态。进而他自然而然地推导出：既然就连概念的"所指"都没有了，那么"距离"这样的概念又有什么价值？

随后，迪基将主要精力都转向了将"审美态度"独立于日常活动的"非功利"的方式上面。按照杰罗姆·斯图尼茨（Jerome Stolnitz）的典型定义，所谓的"审美态度"就是"非功利的、同情的注意或观照，并且只以注意或观照本身为目的"。其中，"非功利"就意味着没有对任何隐蔽目的的关切，"同情"意味着以自己的方式去接纳对象，"关注"意味着直接指向对象的直觉。①但是迪基就此运思，认为有必要去认清面向不同种类艺术的非功利注意的本质。迪基通过对不同艺术形式的审美分析来对不同的审美状态进行横向比较，试图以审美的差异性来消解"审美态度"作为概念的整体性。

实际上，埃利塞欧·维瓦斯（Eliseo Vivas）所谓的"纯不及物经验"，亦即"不及物的注意"，与斯图尼茨的"非功利的注意"差不多是在同一意义上使用的。它们都意指一种"不对任何隐蔽的目的进行关注"。迪基的疑问在于，一个人如何去"及物地"关注一首诗或任何一种文学作品？可以确证的是，一个人能够为了各种不同的目的或是由于各种不同的原因去关注一首诗，但他能"及物地"去关注一首诗吗？迪基给出的答案是否定的。既然"及物"都被否定了其现实存在的可能，更不要说"不及物"了。

总之，迪基认为"非功利"或"不及物"不能适当地被用于意指这种特殊的注意，亦即"审美态度"。"非功利"只是一个明确行动之特定动机的术语，

---

① George Dickie，"The Myth of the Aesthetic Attitude"，in Dabney Townsend ed.，*Aesthetics*：*Classic Reading from Western Tradition*，Sudbury：Jones and Bartlett Publishers，2001，p. 312.

但是动机却不能去描述这个行动本身。只有当"有功利关系的注意"发生了，才能说"非功利的注意"具有意义。如此说来，当人们说"有功利关系的注意"的时候，通常指的就是一种"不注意"或"精神涣散"而已，非常短暂。进而可以推演说，试图定位"审美态度"的这些概念只告诉了我们"审美经验"不是什么，但却恰恰没有告诉我们"审美经验"是什么。

"审美态度"这个术语尽管在美学史上反复被使用，但却是一个相当含混的概念，因为它根本就没有从经验中区分出单一的和分离的层次。诸如迪基这样的"审美态度"的反驳者，认为并不存在(事先假定好的)"审美态度"这样的心理状态。但这也并不意味着没有明晰的心理状态存在，迪基至少还是承认如意图、动机这类状态的。他的目的是要证明审美在这类状态里面并不存在明确的层次，因为它既没有确定某些单纯的状态，也没有被某些难以描述的心理条件所确定。在迪基看来，在面对诸如艺术、自然现象等对象的时候，甚至根本不需要"审美"这个术语。因此，迪基并未建构任何审美理论。

六、"艺术惯例论"如何得以初创？

援引丹托的"艺术界"理论对当代艺术的拓展获得了新的阐释的，就是迪基在1974年的《艺术与审美》一书里总结的"艺术惯例论"。从思想发展来看，惯例论最早的说法，出现在1969年迪基所写的《界定艺术》这篇文章里，紧接着就进行了两次修订：第一次是在1971年的《美学》中；第二次就是在1974年的《艺术与审美》，这是一次系统的总结。后来在1984年的《艺术圈》中，迪基又有所发展，似乎更喜欢用"艺术圈"这个与"艺术界"更近似的新词。从某种意义上看，这也是迪基对原先的"艺术界"观念的某种修正，因为"艺术圈"的观念更关注的是艺术家与其观众之关系的"相互关联结构"。①

由于这一理论提出了一套适用于当代艺术的"艺术定义"，从而获得了相当大的反响，赞同者大有人在并趋之若鹜，反驳者更是节节反击，"逼得"迪基不断地修正自己的理论。其中还有一个普遍的误解，就是认为"艺术界"的想法乃迪基所创。正如前面所述，"艺术界"理论的创始者是丹托。在很大程度上，因受到了丹托的启发和影响，迪基才转而提出新论的。"艺术界"其实是由艺术家、批评家、画廊、博物馆和艺术欣赏者共同构成的混合体，它向当代艺术展现出了开放的姿态。

---

① George Dickie, *The Art Circle：A Theory of Art*，New York：Haven Publications，1984.

迪基曾轻描淡写地提到模仿说和表现说的困境，但却直刺要害。模仿说只囿于"艺术与题材"的关系上，表现说则关注"作品与创造者"的关系。虽然两种定义不能令人满意，但是却提供了一种正确的思路：精选出艺术的相关特征作为本质。更重要的推展来自哲学教授莫里斯·曼德尔鲍姆。他启发迪基在探求艺术"显明"特征之外，还存在一种探求"非显明"特征之途。在曼德尔鲍姆看来，无论是维特根斯坦的"游戏不可界定"还是维茨的"开放性"，都是在艺术的"显明"特征基础上建构起来的，这种"显明"指的就是容易察觉的外观特征(如画中有三角形构图，悲剧情节中包含命运逆转等)。但真正引起迪基关注的是不能再一如既往地走"显明"特征的老路了，只有转换门庭，从艺术的"非显明"特征出发，才能达到对"艺术"定义基础的准确理解，才能揭示一切艺术品的共同性质。

这种研究路径的提出，显然就指向了迪基著名的"惯例论"里面那个"惯例"。这种开拓性的学说认定，一件艺术品必须具有两个基本的条件，它必须是："(1)一件人工制品；(2)一系列方面，这些方面由代表特定社会惯例(艺术界中的)而行动的某人或某些人，授予其供欣赏的候选者的地位。"①

首先，就条件(1)而言，"人造性"成为艺术基本定义的一个"必要条件"。迪基先要明确的是，艺术品首要的条件就是要成为人工制品，进而才能成为艺术品。关键是条件(2)，它揭示出的正是一种"非显明"特征。这就必须回到丹托的"艺术界"理论那里。但为迪基所忽视的是，其实思想源头还在维特根斯坦那里。

我认为，维特根斯坦的"生活形式"理论才是"惯例论"更为潜在的真正的理论渊源。因为维特根斯坦早就说过"想象一种语言就意味着想象一种生活形式"②，"语言的述说是一种行动的一部分，或者是生活形式的一部分"③。在这个意义上，"生活形式"通常被认定为是语言的"一般的语境"，也就是说，语言在这种语境的范围内才能存在，它常常被看作"风格与习惯、经验与技能的综合体"。虽然维特根斯坦在"生活形式"所包含的文化内容方面是语焉不详的，但丹托的"艺术界"和迪基的"惯例"不都是被注入文化内容的"生活形式"在艺术领域的变体吗？

回到迪基的思路，他认为丹托尽管没有系统地为艺术下定义，但却开

---

① George Dickie, *Art and the Aesthetic*, p. 34.

② Ludwig Wittgenstein, *Philosophical Investigations*, The Macmillan Company, 1964, p. 8.

③ Ludwig Wittgenstein, *Philosophical Investigations*, p. 11.

辟了为艺术下定义的正确方向。在丹托直接提出"艺术界"的那段名言中，"肉眼所不能察觉的东西"正是表明他对曼德尔鲍姆"非显明"提法的认同，更为重要的是，丹托比曼德尔鲍姆更进一步，提出一种嵌入其中的、关于艺术品的、含义丰富的内在结构，亦即"艺术的惯例本质"①。迪基之所以在此援引丹托的"艺术界"术语，就是用来指代"一种广泛的社会惯例，艺术品在这种社会惯例中有其地位"②。

当迪基描述"艺术界作为一种惯例"的时候，实际上，他在说的是"一种业已存在的惯例"。正如"惯例"那个英文词"institution"的多义性所示，迪基所指的是一种内在的约定俗成的习俗，而非那种外在的团体或者组织机构。他想说的是，这个惯例体系无论如何就存在于那里。每一个系统都是特定的艺术品借以呈现自身的"构架"，这是一切"艺术系统"所共有的核心特质。这个构架不是纯形式化的，而是有丰富内涵的。正因为艺术界诸多系统的丰富多样性，所以导致了艺术品没有共同的外现的或显明的特性。

关于艺术条件(2)，迪基继续剥洋葱似的将之剖解为彼此差异亦保持相互关联的四个观念："(1)代表某一种惯例；(2)地位的授予；(3)成为一个待选者；(4)欣赏。"③显然，这种分析哲学的态度将"艺术授予活动"置于典型的西方割裂式之思维手术台上，在次序上大致形成了前后的逻辑关系。

下面逐层来解析其内涵。(1)"代表惯例"或者"形成惯例"的核心载体是创作艺术品的艺术家们，他们作为呈现艺术品的"呈现者"还离不开那些作为艺术品接受者的"座上客"。于是呈现者与座上客就成为艺术整体系统中少数的核心成员，在他们推动了这个系统运作之后，批评家、史学家和艺术哲学家也作为艺术界的成员被卷入其中。(2)"地位的授予"通常是由个人亦即创作人工制品的艺术家来实现的，授予活动一般都是个人行为(当然还有一批人去授予的)，这个个人要代表艺术界来实施行动，授予人工制品以供人欣赏的待选资格。(3)由此可以推出，所谓"候选资格"就是艺术界某位成员授予供欣赏的对象待选者的地位。(4)这里的"欣赏"并非指传统的审美欣赏，而是指一种被认为有价值的态度，是惯例的结构(而非欣赏的类分)造成了艺术欣赏与非艺术欣赏之间的区别。

显而易见，迪基首先面临的指责就是"你的定义是循环论证"。的确，从"艺术"到"艺术界"，再从"艺术界"回到"艺术"，从逻辑上说，迪基实质

---

① George Dickie, *Art and the Aesthetic*, p. 29.
② George Dickie, *Art and the Aesthetic*, p. 29.
③ George Dickie, *Art and the Aesthetic*, p. 34.

上所说的还是"A是A"或者"艺术是艺术"。迪基自己也不避讳这一点，但他努力辩称这种定义的循环是"非恶意的循环"，它所强调的是与"艺术界"的一种关系，以及约定俗成的内容之注入和嵌入，由此艺术方能在历史上成立。难怪这种理论又被称为"文化学理论"。

七、惯例论"早期版本"因何被修订为"晚期版本"？

在"惯例论"被提出之后，两种截然相反的效应出现了。一方面，这种理论使得美学"跟进"了当代艺术的前沿，用惯例论去解释新兴的极少主义、偶发艺术、观念艺术似乎是再合适不过的了，因而在艺术领域获得了普遍的赞同。但是，另一方面，这本来就充满着矛盾色彩的理论，由于理论自身不能自洽而遭到了美学界的纷纷质疑。

反击的关键，还在于迪基所用的"授予"的概念。的确，"授予"活动是"惯例论"里面最精华的部分，却也是被质疑最多的地方。究竟是谁在"授予"？如果确定下来，又是"谁"赋予了这个"授予者"以授予权？是否会导致对授予权的滥用？如果这样，就会出现"无所不是艺术，一切皆非艺术"的可能了。

迪基虚心接受了对"授予"的尖锐批评。他将"惯例论"进行了修正，从而区分出"早期版本"和"晚期版本"。他反思说，早期艺术惯例论的视角的确好像在说如果一个人造物能被视为艺术品，只需要有人说"我命名这个东西为艺术品"。依据这种视角来分析的话，还是没有指明人造物究竟是如何"成为艺术"的①，而单单是命名而已，这是一个很明显的问题。

迪基明确接受了两点对早期的"惯例论"的批评。第一，关于艺术条件（1），以前迪基认定诸如杜尚的《泉》里面的人造物都是被"授予"的，这显然并不正确。而今迪基相信人造制品并不是被授予的。人造物只是对"前存在物"的转化，通过两个物结合、削掉一些物、塑造物等方式。当这些物经过如此转化之后，能明确地适用于"艺术"的定义——"一个人造的物，特别要带有一种随后被使用的视角"②。例如，一块浮木要在艺术界中得以应用，它被选择和陈列出来是按照绘画和雕塑的方式来陈列的。这个浮木被作为一个艺术媒介使用，因而成为更复杂的对象——作为一个艺术媒介所用的浮木——的一部分，这个复杂物就成为一个艺术界系统内的人造物。

---

① George Dickie, *Introduction to Aesthetics*, p. 86.
② George Dickie, *Introduction to Aesthetics*, p. 87.

　　第二，迪基接受了比尔兹利的批评，这涉及艺术条件(2)。在早期视角中，迪基将艺术界作为一种"已建构的实践"，并将之视为一种非正式的活动。比尔兹利拈出迪基的两个术语"被授予的地位"和"代表而做"，认定它们都是在正式的惯例里面被使用的，但迪基却错误地用正式的惯例语言来描述非正式的惯例。①迪基接受了这一批评，放弃了这两个术语，认为成为艺术品就是获得地位，也就是在艺术界的人类活动里面占据一个位置。换言之，按照晚期的视角，艺术品成为地位或者位置的结果，这个地位或位置是在一个"已建构的实践"亦即"艺术界"里被占据的。

　　显然，迪基最终放弃的是"授予"这个公说公有理、婆说婆有理的说法，避免了人们对他的指责。这样晚期的"惯例论"就被修订为艺术品："(1)它必须是件人工制品；(2)它是为提交给艺术界的公众而创造出来的。"②迪基的四个附加说明条件(其实是自我辩护)是："艺术家"是理解一个艺术品被制作出来的参与者；"公众"是一系列的人，这些成员在某种程度上准备去理解要提交给他们的物；"艺术界"是整个艺术界系统的整体；一个"艺术界系统"就是一个艺术家将艺术品提交给艺术界公众的构架。③

　　在2001年的《艺术与价值》中，迪基开始从自然与文化的关联这个新的视角来看待艺术问题。他首先区分出两类艺术理论，一类是所谓的"艺术的心理学理论"，另一类则是"艺术的文化理论"。迪基认为惯例论再继续发展就会进入后一类理论的深处。这是因为，文化方法的核心就在于认定艺术就是一种"人类的集体发明"而并不只是"生理自然"生发出来的。④由此可见，迪基认定艺术品是一种文化建构，是社会成员们随着时间的流逝而集体地从事的文化事务。

　　2004年，迪基在《定义艺术》一文里面更突出了艺术惯例是一种"文化实践"、艺术活动本身就是一种文化实践活动的观点⑤，基本上是还在强调其晚期说法中的文化维度。换言之，越到晚期，迪基的美学理论越趋向文化维度。迪基自信地认为，在艺术惯例论出场之前，几乎所有的艺术理论(无

---

① George Dickie, *Introduction to Aesthetics*, p. 88.

② George Dickie, *The Art Circle*, pp. 80, 44; George Dickie, *Introduction to Aesthetics*, p. 92.

③ George Dickie, *The Art Circle*, pp. 80—82.

④ George Dickie, *Art and Value*, p. 10.

⑤ George Dickie, "Defining Art: Intension and Extension", in Peter Kivy ed., *The Blackwell Guide to Aesthetics*, Blackwell Publishing Ltd, 2004, pp. 45—62.

论是美的理论、趣味理论还是审美态度理论)都忽视了艺术的语境。若我们参照这种语境来解析艺术，就必然要去关注作为文化族群成员的人所做的和所经历的，由此也就只能走向"文化范式"了。

但遗憾的是，当迪基将"授予"抽取掉的时候，也就抽取掉了这一理论的文化与历史的内涵，表面上似乎八面玲珑了，但却因此失去了理论的原创性。无论如何，这个著名的"惯例论"都可谓从美学角度对当代艺术做出的相当"精妙"的解答之一。按照迪基那种"黑格尔化"的上升的历史逻辑，似乎艺术界定发展到惯例论那里就达到了巅峰，但事实上，关于艺术定义的冲动愈演愈烈，直至新的世纪。

八、如何评价"艺术评价论"？

在对艺术评价进行了前期研究之后，迪基在《美学导论》中将 20 世纪的传统评价理论流派修订为"个人主观主义""直觉主义""情感主义""相对主义"和"批评一元论"这五种。按照迪基的意见，这些传统的评价论皆否认评价具有共同的基础，无论是诉诸个人心理状态差异的主观主义，还是诉诸反逻辑的"直觉"或"情感"的直觉主义或情感主义，无论是强调批评当中原则的被选择性的相对主义，还是适度接受理性作用的批评一元论，都是如此。

与这些传统的评价模式不同，在"分析美学"的谱系当中，出现了一种新的所谓"工具主义"的理论倾向。显然，把美学当作一门规范的科学的努力使得艺术评价问题被认定是具有共同原理的。

按照迪基自己的意见，比尔兹利、古德曼和他本人分别代表了"工具主义"的三种不同诉求，迪基的理论更多可以被视为前两种理论的"执两中用"。但在 1988 年的《评价艺术》中，他的视角更为广阔，既涉及休谟及其影响深远的相对主义，又涉及诸如保罗·齐夫(Paul Ziff)、弗兰克·西伯利、尼古拉斯·沃特斯特夫(Nicholas Wolterstorff)这些在分析美学上做出了坚实工作的美学家。但是，迪基最关注的还是比尔兹利和古德曼。

对于艺术评价的"工具主义"的独特理解，显然是从分析美学开始的。比尔兹利可以被视为"工具主义"的最初代表，他从审美的角度来界定艺术是众所周知的，所以他的"工具主义"同他的审美经验和艺术理论也是内在相关的。按照迪基的阐释，比尔兹利的"工具主义"艺术评价的内在逻辑可以呈现为："(1)一种适当的更大量度的审美经验一直是好的；(2)如果一件艺术品能产生好的审美经验，那么这件作品就是(工具性地)好的；(3)这个艺术品能生产出适当的更大量度的一种审美经验；(4)这个艺术品能生产出一种好的审美经验

（来自 1 与 3）；（5）这个作品就是（工具性地）好的（来自 2 与 4）。"①

比尔兹利的"工具主义"既关系到艺术批评推理的标准理论，又成为关于艺术价值的工具理论。古德曼与比尔兹利的根本不同就在于他并没有将审美视为一种无关认识的经验，而认定审美本身就是一种认识，他的工具主义可以被描述为"工具认识论"。

根据比尔兹利的理解，古德曼的这种艺术评价思想，可以从四个方面来把握。首先，古德曼认为每件艺术品都是一个符号，或者通过再现、描述、表现和例示，抑或是通过这四者结合的方式而成为符号。其次，这些符号都是为了认知而存在的。再次，正如古德曼本人所宣称的那样，艺术的首要目的就是认知，无论是实践性、愉悦、冲动还是交往，最终都依赖于这种认知。最后，艺术被评价得好的程度，这是诉诸认知目的的。②尽管这些解析似乎将某些解释附加到古德曼本人的思想之上，但是这种理解仍把握住了古德曼理论认知中心主义的精髓。

如此看来，比尔兹利的评价理论更为关注的是艺术的"内在价值化"，而古德曼则走在理论的另一方向上，他更倾向于用逻辑概念去把握艺术的价值。按照迪基的"折中方案"，将艺术价值内在化是绝对必要的，因为这种价值并不是外部附加的，但是在坚持这种价值的具体性的同时如何不走向"相对主义"，这就需要做出理论上的让步。这种让步可以被称为"弱原则"，因为由此可弱化比尔兹利的普遍化取向。将评价的普遍原则向个体化的方向去靠近，这就是迪基所做的工作。

艺术评价的原则在迪基那里化为了"弱原则"。但与此同时，作为一位典型的分析美学家，迪基仍没有放弃古德曼式的科学主义诉求。在将普遍原则加以具体化运用的时候，迪基往往按照分析的法则将作品要素罗列成矩阵，试图将艺术评价的工作科学化，增强其可操作性。事实证明，这种过度分析的方法只是理论上的一种"构想"，离艺术评价的实际相差甚远。这正是分析美学方法带给迪基的，它既成就了相关的艺术评价理论，又将该理论的缺憾显露无余。

九、迪基参编的《美学》选本特色何在？

在"分析美学"长达半个多世纪的发展进程中，分析美学家编写的美学

---

① George Dickie, *Evaluating Art*, p. 66.
② George Dickie, *Evaluating Art*, p. 66.

文集与选本还是非常多的。或者说，分析美学家特别喜欢编撰美学文集与选本，以凸显每个时期美学发展的前沿状况和美学家所关注的基本问题。迪基本人也曾与理查德·斯克拉法尼（Richard Sclafani）合编过一本重要美学文选，如今看来，这本文选也是极有价值的。

分析美学文集的编撰，这大概要从威廉·艾尔顿（William Elton）1954 年的《美学与语言》①算起，这本书是第一本分析美学文集。其后早期分析美学家莫里斯·维茨在 1959 年编辑了《美学中的问题》，列举的问题包括：（1）什么是艺术；（2）一些基本概念和问题；（3）艺术；（4）悲剧与体裁问题；（5）对艺术的反应的问题；（6）批评。②

进入 20 世纪 60 年代，"分析美学"的基本问题变得更为全面。当代美学家约瑟夫·马戈利斯（Joseph Margolis）1962 年编辑的选本《从哲学看艺术——美学的当代读本》最为经典，曾被视为范本，其主要内容包括：（1）美学；（2）表现；（3）艺术作品；（4）审美特性；（5）艺术家意图；（6）批评的解释；（7）解释与评价；（8）价值判断；（9）鉴赏与评价；（10）虚构；（11）文学的真理；（12）隐喻。③比尔兹利与他人也合编了《审美探索——艺术批评与艺术哲学文集》，其主要内容包括：（1）艺术与美学；（2）形式与风格；（3）意义与真理；（4）审美经验；（5）批评判断。因为比尔兹利本人是"元批评"的倡导者，所以本书将艺术批评与艺术哲学并重。④

20 世纪 80 年代至今，选本更多了，其留存需要历史来考量。其中，比较有影响的主要有约翰·本德（John W. Bender）与布洛克（H. Gene Blocker）合编的《当代艺术哲学：分析美学读本》⑤，英国美学家彼得·拉马克（Peter Lamarque）与斯坦·奥尔森（Stein Haugom Olsen）合编的《美学与艺术哲学——分析传统》⑥，美国著名美学家杰罗尔德·列文森（Jerrold Levinson）

---

① William Elton ed. , *Aesthetics and Language*，New York：Basil Blackwell，1954.

② Morris Weitz, *Problems in Aesthetics*，New York ：Macmillan，1959.

③ Joseph Margolis, *Philosophy Looks at the Arts*：*Contemporary Readings in Aesthetics*，New York：Charles Scribener's Sons, 1962.

④ Monroe C. Beardsley and Herbert M. Schueller eds. , *Aesthetic Inquiry*：*Essays on Art Criticism & the Philosophy of Art*，Belmont，California：Dickenson Publishing Company，1967.

⑤ John W. Bender & H. Gene Blocker eds. , *Contemporary Philosophy of Art*：*Readings in Analytic Aesthetics*，Englewood Cliffs，New Jersey：Prentice Hall，1993.

⑥ Peter Lamarque & Stein Haugom Olsen, *Aesthetics and Philosophy of Art*：*The Analytic Tradition*（*An Anthology*），Oxford：Blackwell Publishing Ltd，2004.

主编的《牛津美学手册》①。此外，四卷本《美学：哲学中关键概念》等文选的内容也比较全面与深入。②

迪基在 1977 年与他人合编的《美学——批判文选》，我个人以为至今仍是一个相当不错的选本，也可以当作进入"分析美学"领域的基本文献选。实际上，经典选本的价值就在于编者的眼光，他所选择的文本至今看来都是不过时的，这恰恰证明了美学家在编选时的理论前瞻性。

《美学——批判文选》的主要内容包括：（1）传统艺术理论及这些理论的当代批评；（2）当代艺术理论及这些理论的当代批评；（3）从传统到当代的门类艺术理论；（4）艺术理论的理论；（5）艺术之死；（6）传统美学理论及对这些理论的当代探讨；（7）当代美学理论及对这些理论的当代探讨。③迪基所设计的这种理论的分类与设置相当规范，对于后代的美学文选产生了深刻影响，可以说具有"承上启下"的历史意义。

在该选本的第一部分，迪基在柏拉图的《理想国》关于模仿论的选文之后，直接选入的就是丹托关于"艺术界"的文章，并提出"真实物的艺术剥夺"的论题，足见在 20 世纪 70 年代其选择的前瞻性。在柯林伍德的《艺术原理》关于表现论的选文之后，迪基直接选入的是沃尔海姆在《艺术及其对象》中对表现论的直接批判。在当代艺术理论及其批评当中，迪基在选择苏珊·朗格的符号学理论之后，自然也选入了自己的艺术惯例论及与反驳者的论辩。

更有趣的是，迪基还特别设置了"艺术理论的理论"这一部分，这在其他文选那里是鲜有的，但迪基选择的还是分析美学的经典论文，只不过这些论文都是对于艺术理论的"再度理论反思"。维茨的《维特根斯坦的美学》被当作其中第一篇，最后一篇则是曼德尔鲍姆的《家族相似与关于艺术的概括》，皆为早期分析美学反思"艺术定义"的经典哲学论文。

令人惊讶的是，迪基还为"艺术之死"单设了一个部分。我们知道，丹托 1984 年提出的"艺术终结论"产生了一波又一波的全球性影响，2014 年春天在哥伦比亚大学，笔者还参加了丹托的追思会，会上的许多哲学家和艺

---

① Jerrold Levinson ed. , *Oxford Handbook of Aesthetics* , Oxford：Oxford University Press，2003.

② James O. Young eds. , *Aesthetics：Critical Concepts in Philosophy* , London：Routledge，2005.

③ George Dickie and Richard Sclafani eds. , *Aesthetics：A Critical Anthology* , New York：St. Martin's Press，1977.

术家都缅怀了丹托，向其人其论致敬。但早在 1977 年，迪基就进行了最早的文选工作。从黑格尔《美学》论艺术解体、杜尚《作为非审美的艺术》直到丹托《最后的艺术作品：艺术品与真实物》的论文，迪基可谓最早意识到了艺术死亡抑或终结问题的重要性。尽管终结仍被他解读为死亡，乃是一个基本误读。

实际上，如果将这本至今仍常读常新的《美学——批判文选》与迪基的《美学导论》参照对读的话，你就会发现，优质的选本与优秀的导论之间的那种高度匹配关系。《美学导论》可以被当作分析美学的最佳入门之作，而《美学——批判文选》恰恰是作为导论之参考文献而存在的，通过从导论到文献、再从文献到导论的往返对读，读者就会明了进入分析美学"入门须正"的道理。

十、迪基美学建构有何得与失？

迪基美学有得亦有失，我们在介绍他对美学的积极贡献的同时，也需要注意其消极方面。2008 年 2 月 15 日，笔者曾经通过电子邮件与迪基联系，当时向他提出了十四个问题，这些问题恰恰也包含了对于迪基美学的某种追问。

这些问题包括：(1)作为当代美学家，您如何看待自己在整个分析美学史中的地位？(2)您美学思想的哲学基础在哪里？您如何看待实用主义对您的影响？(3)是否可以将您的审美态度和审美经验理论视为"反审美"理论？您的审美理论与艺术理论到底是何种关联？(4)从您 1964 年的《审美经验的神话》一文开始，您就认为心理学与美学彻底无关了吗？那么如何评价诸如阿恩海姆这样的格式塔心理学家之心理学对于美学的贡献呢？(5)在每个时期，您是如何修订"艺术惯例论"的呢？您受到许多理论上的批评，其中拒绝了哪些？接受了什么？(6)您 2004 年的那篇《界定艺术：张力与拓展》有何新的拓展？(7)按照您的观点应如何评价艺术呢？您的主要观点与他人的差异何在？(8)如何思考艺术的未来？在您与斯克拉法尼合编的那本《美学》中，您聚焦于"艺术之死"，您如何看待这一点？(9)您是如何思考 18 世纪美学在今天的价值的？在生活美学来临的新世纪，完全的趣味的世纪会再度出现吗？(10)您如何看待当今的日常生活审美化？怎样看待生活美学的价值？(11)作为 20 世纪后半叶的美学家，您如何评价其他人的重要贡献？(12)您如何看待在经济全球化语境中非西方美学家所扮演的角色？(13)你如何看待分析美学的未来？它会走向终结抑或没有太长久的未来吗？(14)顺便问一句，作为芝加哥学术圈的一位学者，您如何评价其他圈子(如天普大学)

的美学家的学术贡献呢？

2013年我到美国做富布莱特访问学者，其间本想去芝加哥拜访自2007年起就病重的迪基，但由于迪基身体状态不好，因此未能成行。近期他把邮箱也都停了。原本计划请他亲自为中译本写点什么，托美国友人到他的系里去询问，也被告知迪基先生基本处于不与外界联系的状态。

实际上，迪基的美学面临两个需要质疑的问题：第一，怎么看待历史？第二，怎么书写自己？

在看待美学史的问题上，且看其《美学导论》的历史安排。说这本导论是一本"美学简史"似乎也不为过，因为只有该书将美学理论从古希腊一直梳理到当今。在书中迪基给出的题目就是"分析美学之前的美学史"，"分析美学"成为一个理论前提，或者说，就是作为历史发展的终点而存在的，似乎前面皆为"分析美学前史"似的。然而这种历史爬梳的确太过简单了，只将审美与艺术作为两条主流线索。关键是审美理论应该是什么样的审美理论，艺术理论理应是什么样的艺术理论。迪基似乎更多是以自己的标准来加以取舍，因而我们才评价迪基乃"六经注我"的。

在如何书写自己的问题上，《美学导论》似乎更能证明迪基"六经注我"的思维特色。艺术惯例论无疑是迪基在欧美美学界与艺术圈最知名的理论，但是知情人都知道它脱胎于丹托的"艺术界"理论。迪基对丹托的误解也是明显的，比如丹托给出的艺术的极少主义的界定被迪基归纳为：（1）成为能与某物相关的某类事物；（2）成为可以阐释的某类事物。然而丹托的本意却是，某物一方面关乎某物，另一方面要显示某种意义才能成为艺术。这就与迪基所理解的"阐释"不同了。更重要的是，迪基的惯例论能否作为艺术界定的最终答案？迪基本人是把美学史梳理到他的惯例论才结束的，可惯例论之后分析美学已然取得了更为多样与深入的进展。

此外，迪基的哲学思维特征就在于能把较为复杂的问题简化为简单的理解，而不像有的哲学家将问题越来越复杂化后才收手。沃尔海姆就是这样一位语言上趋于复杂化的美学大师，就连英语学界的学者看他的东西也感到头疼。与之相反，迪基则是一位"简化大师"，这是英美美学界所公认的。在进行思想简化的同时，迪基也失去了许多本应有的美学意蕴，这也是毋庸置疑的。迪基美学的所得即所失也！

十一、本书的翻译与分工情况

迪基既能够沉潜下来编选美学文选，又乐于亲自上阵撰写美学导论，美学大家如此为之，还真是少之又少。这本书是迪基的第一本被翻译成汉语的专著，而他的著作其实已被翻译成多种语言，笔者在韩国就曾看到《艺术圈》的韩文版。

本书的翻译情况是这样的：前言、第八章、第四部分导言及后记由刘悦笛翻译，第一、第二、第三、第四、第五、第六、第七章由南京大学周计武教授翻译，第九、第十、第十一、第十二、第十三、第十四、第十五、第十六章由湖北大学吴飞博士翻译。

周计武先生是国内美学界的后起之秀，乃南京大学周宪先生的博士，著有《艺术终结的现代性反思》，译有《艺术与社会理论：美学中的社会学论争》，他对于迪基的分析美学关注尤甚，在相关领域做出了大量的工作。吴飞则是一位优秀的博士生，博士论文所写的就是迪基，他的导师是湖北大学的梁艳萍教授。能够与这两位学者合作，真乃笔者的荣幸。本书最初是与计武兄合作的，后来又找到吴飞参与，合作的过程是相当愉悦的。

作为"分析美学"的研究者与翻译者，笔者对每本译著都会写一篇详尽的译者导言。在分析美学基本著作的译介中，笔者在翻译维特根斯坦的《美学、心理学和宗教信仰的演讲与对话集（1938—1946）》（中国社会科学出版社，2015年）时曾写过70页的译者导言，翻译沃尔海姆的《艺术及其对象》（北京大学出版社，2012年）时也曾写过11页的译者导言。

写译者导言，其实不是为了别的，就是为了读者阅读的方便。每本书都有个"入口"，进入该入口之后，方有广阔天地，方能觅得出口。进入入口之后容易，发现入口却很难，译者导言无非就是帮助读者找到这些入口。对一本学术专著抑或导论而言，入口未必就在全书的开头，它可能在任何地方，甚至就在结尾处。译者导言本身就好似"按图索骥"的地图，它会告知作者预先插入"楔子"的地方，或者读者后来插入"楔子"之所在。

希望这篇导言能起到这个作用，更希望这本由三位学者合译的书，能得到您的关注和喜爱。如果这本导论在推进当今中国美学的研究方面能尽到一点力，特别是能成为美学教学的基本参考书，那将会使我们三位译者感到欣慰。

真心感谢你们，《美学导论》的读者们！

刘悦笛

2015 年 5 月 4 日于中国社会科学院哲学研究所

作者前言

本书意在为美学提供导论。在探讨美学问题时，我不可避免地也加入了自己的观点。在这样做的时候，我希望对于被批评的理论做到了公正。

在对历史的介绍上，本书不同于大多数的美学导论，其目的是探寻这个领域中核心的、构成性的线索，为当今美学问题的探讨铺平道路。

本书的第一版于 1971 年出版，标题是"美学：一个导论"。自从那时开始，这个领域就已发生了许多的变化，现在我把标题改为了"美学导论：一种分析美学方法"。这个狭义的标题更准确地描述了与当前美学状态相关联的本书的内容。

在这个修订版中，我将五个部分改为四个部分，把第一版中 20 世纪那些关于审美概念的材料以及 20 世纪 50 年代之前艺术哲学的材料都归入历史，如今的历史就从古希腊时代开始持续到 20 世纪 50 年代。其中 18 世纪趣味理论的材料根据我 1996 年出版的《趣味的世纪：18 世纪趣味哲学的漫长历程》宽泛地重写了，第一版中对非功利的关注与论门罗·比尔兹利（Monroe Beardsley）的元批评的部分也被重组和重写了。从 20 世纪 50 年代开始的艺术哲学的材料，已依据我 1974 年的《艺术与审美》和 1984 年出版的《艺术圈》进行了改写。第一版中论意图主义批评的那章，已根据我的文章《为比尔兹利辩护》（与 W. 肯特·威尔逊合写）重写。第一版中论艺术评价的材料已被重组与重写，我加上了纳尔逊·古德曼（Nelson Goodman）对艺术评价的考虑，还补充了与我 1988 年出版的《评价艺术》相一致的观点。

我要感谢阅读过本书第一版全部或者部分手稿的人。我最感激的是阅读了每一章并做了大量有益评论的门罗·比尔兹利。没有他的帮助与鼓励，本书第一版的出版和我的其他许多计划都不可能实现。威廉·海斯（William Hayes）和埃尔默·邓肯（Elmer Duncan）都阅读了第一版的全部手稿，每个人都提出了非常有用的建议。下面这些人阅读和评论了一章或者更多章节：

维吉尔·奥尔德里奇（Virgil Aldrich）、阿瑟·丹托（Arthur Danto）、马西娅·伊顿（Marcia Eaton）、瑞典隆德大学的格兰·荷米伦（Goran Hermeren）、希尔达·海茵（Hilda Hein）、杰罗姆·斯图尼茨和本·蒂尔曼（Ben Tilghman）。伯纳黛特·麦克布莱恩（Bernadette McBrien）和詹姆斯·恩赖特（James Enright）读了第一版的历史介绍部分，给出了许多有用的建议。蒂莫西·奥唐纳（Timothy O'Donnell）和丹尼尔·内森（Daniel Nathan）也阅读并给出了大量很有用的建议。我的妻子乔伊斯（Joyce）对本书的第一版提供了非常多的编辑上的协助。

我要感谢安尼塔·西尔弗斯（Anita Silvers）、卡罗琳·考斯梅尔（Carolyn Korsmeyer）和大卫·霍克玛（David Hoekema），他们读了给剑桥大学出版社的修订稿并做出许多有用的评论。

乔治·迪基

1996 年 6 月于伊利诺伊州芝加哥市

目　录
CONTENTS

第一部分　分析美学之前的美学史

第二部分　20 世纪美学：从 20 世纪 60 年代到现在

第三部分　美学的四个问题

第四部分　艺术的评价

第一部分
分析美学之前的美学史

第一章　导言性评论

美学包含的问题是复杂多样的。这使对美学文献的研究成为一件棘手的事情。第一部分的主要目标是概述美学问题从古希腊到 20 世纪中叶历史发展的基本线索。这种概述有助于引导读者，展示种种问题之间的历史性和逻辑性关系。没有这种引导，各种美学问题就会失去内在的联系，散乱无章。

美学问题的发展线索

在思想史的发展中，美学领域内的问题集中在两个关注点上：美的理论与艺术理论。柏拉图率先探讨了这两个哲学上的关注点。尽管哲学家们在艺术理论上争执不休（简单地说，是在艺术如何界定上有分歧），但直到今天，他们依然运用和柏拉图同样的术语来探讨艺术理论。不过，美的理论在 18 世纪经历了急剧的变化。与早期哲学家仅仅讨论自然美不同，18 世纪的思想家对其他概念产生了兴趣，如崇高、如画（picturesque），等等。这项新的活动要么被认为是对美的分化，要么被认为是对美的概念的补充。

伴随"美"的变化，相关的发展产生了，趣味概念在哲学家的思想中被创立起来，如夏夫兹博里、哈奇生、伯克、艾利森和康德。一般来说，这些哲学家会关注趣味理论的发展。趣味理论使他们能够对美、崇高、如画等经验，以及发生在自然和艺术中的相关现象进行恰当的分析。非功利性（disinterestedness）观念既是这些分析的中心，也是哲学家趣味概念的核心。19 世纪以后，趣味理论模式被审美理论取代。词语"美"或者被用作"审美价值"的同义词，或者与"崇高""如画"等审美形容词一样被用来描述艺术与自然。自 19 世纪末到 20 世纪中叶，美学家的关注点一直是审美理论和艺术理论。

审美理论似乎成为美学家的首要关注对象，艺术理论和审美性质的问题被简单地归入审美理论。艺术概念肯定在许多重要的方式上与美学概念相关，但是美学不可能彻底吸纳艺术概念。

我对 18 世纪的趣味理论、艺术哲学和美的讨论，大部分是通过考察并归纳历史人物的理论展开的。这种安排便于读者梳理柏拉图、亚里士多德、夏夫兹博里和康德的理论观念，理解美学问题和美学理论发展的历史。

20 世纪分析美学在这里呈现的主题包括三个部分：(1)审美哲学——它在 19 世纪代替了美的哲学；(2)艺术哲学；(3)批评哲学或者"元批评"。这三个美学的领域是在 20 世纪哲学和 20 世纪艺术批评思想的发展中产生的。作为一种哲学活动，批评或"元批评"哲学旨在分析并厘清艺术批评家描述、阐释或评价特定的艺术品时所使用的基本概念。审美哲学走向"元批评"是分析语言哲学广泛影响的产物。分析语言哲学把语言视为一级活动的主题，而把哲学视为一种二级活动。艺术批评走向"元批评"的重要发展是对艺术品重要性的强调。瑞恰兹(I. A. Richards)这样的批评家和"新批评"①这样的艺术批评流派重新强调艺术批评的重心不是艺术家传记等诸如此类的东西，而是艺术品本身。新批评的兴起对"元批评"的发展很重要，因为新批评家在描述、阐释、评价艺术品时所使用的概念被元批评家(哲学家)视为主题。例如，艺术批评家或许会用"再现"(这幅画是伦敦大桥的再现)、"艺术家的意图"(这是一首好诗，因为诗人成功实现了他的意图)或"形式"(这种音乐的曲式形式是奏鸣曲)等概念。

20 世纪审美理论的代表是那些使用并捍卫"审美态度"概念的人，这些哲学家认为存在一种可以确认的审美态度。不管某物是人工的或是自然的，只要你采取审美的态度，它都能成为审美的对象。审美对象是审美经验的焦点或目标，因此也是关注、鉴赏和批评的特定对象。"元批评"即批评概念的分析，同审美态度理论并不矛盾。事实上，十分杰出的审美态度理论

---

① See I. A. Richards, *Practical Criticism* (New York：Harcourt Brace，1929)，*The Philosophy of Rhetoric* (New York：Oxford University Press，1965)，*Principles of Literary criticism* (New York：Harcourt Brace，1950)，pp. 298fl.；William Empson，*Seven Types of Ambiguity* (New York：Meridian Books，1955；Cleanth Brooks，*The Well Wrought Urn：Studies in the Structure of Poetry* (New York：Harcourt Brace，1947)；Rene Welleck and Austin Warren，*The Theory of Literature* (New York：Harcourt Brace，1949).

家杰罗姆·斯图尼茨，在他的书①中一直把美学视为审美态度理论和"元批评"的结合。不过，最一流的"元批评"辩护者门罗·比尔兹利在他的整个理论体系中并没有使用审美态度的概念②，其他人则明确主张审美态度理论是站不住脚的。③　我会在第三章详细考察审美态度理论。

如上所述，我把 20 世纪分析美学划分成三个领域：审美哲学、艺术哲学和元批评哲学。不过，艺术及其从属的概念是批评家所使用的概念。鉴于此，或许可以简单地认为它们是艺术批评的概念，艺术哲学从属于批评哲学。但是远在批评哲学的观念兴起之前，柏拉图以来的哲学家就一直对艺术概念充满了直接的兴趣。如果这种论点没有多少说服力的话，那么事实也足以证明批评哲学相对于艺术哲学的独立性，因为某些艺术品的本质要素并非批评所要阐述的性质。这一点会在后面的章节中讨论。

门罗·比尔兹利的《美学：从古希腊到现在》④非常有助于我理解美学史的各个阶段。我对英国 18 世纪哲学中审美理论发展的探讨主要依赖斯图尼茨的一系列深刻的研究：《论现代审美理论中夏夫兹博里伯爵的意义》⑤、《美：观念史的某些阶段》⑥和《审美非功利性的起源》⑦。我的许多观点受益

---

①　Jerome Stolnitz，*Aesthetics and the philosophy of Art Criticism*（Boston：Houghton Mifflin，1960）.

②　Monroe Beardsley，*Aesthetics：Problems in the Philosophy of Criticism*（New York：Harcourt Brace，1958）.

③　See Joseph Margolis，"Aesthetic Perception"，*The Journal of Aesthetics and Art Criticism*（1960），pp. 209－213，Reprinted in Margolis，*The Language of Art and Art Criticism*（Detroit，Wayne State University Press，1965），pp. 23－33；and George Dickie，"The Myth of the Aesthetic Attitude"，*American Philosophiecal Quarterly*（1964），pp. 56－65，reprinted in John Hospers，ed.，*Introductory Readings in Aesthetics*（New York：Free Press，1969），pp. 28－44.

④　Monroe Beardsley，*Aesthetics from Classical Greece to the Present*（New York：Macmillan，1966）.

⑤　Jerome Stolnitz，"On the Significance of Lord Shaftesbury in Modern Aesthetic Theory"，*The Philosophical Quarterly*（1961），pp. 97－113.

⑥　Stolnitz，"Beauty：Some Stages in the History of an Idea"，*Journal of the History of Ideas*（1961），pp. 185－204.

⑦　Stolnitz，"On the Origins of 'Aesthetic Disinterestedness'"，*The Journal of Aesthetics and Art criticism*（1961），pp. 131－143.

于西皮勒(W. J. Hipple)的《18 世纪英国审美理论中的美、崇高与如画》①。自本书第一版出版以来，我一直致力于 18 世纪趣味理论的研究，其成果就是《趣味的世纪：18 世纪趣味哲学的漫长历程》②。

---

① Walter J. Hipple, Jr. , *The Beautiful , the Sublime , and the Picturesque in Eighteenth-Century British Aesthetic Theory* (Carbondale: Southern Illinois University Press, 1957).

② George Dickie, *The Century of taste*: *The Philosophical Odessey of Taste in the Eighteeth Century*(New York: Oxford University Press, 1996). See also my "Taste and Attitude: The Origin of the Aesthetic", *Theoria*(1973), pp. 153—170; Chapter 2 of *Art and the Aesthetic* , (Ithaca, N. Y. : Cornell University Press, 1974), pp. 53—77; "Hume's Way: The Path Not Taken", *The Reasons of Art* (1985), (ed.)Peter J. McCormick, (Ottowa: University of Ottowa Press), pp. 309 — 314; and "Kant, Mothersill, and Principles of Taste", *The Journal of Aesthetics and Art Criticism* (1989), pp. 375—376.

第二章 美的理论：从柏拉图到 19 世纪

柏拉图

对美的理论的思考首先出现在柏拉图（Plato）的《会饮篇》①（*Symposium*）。《会饮篇》常见的主题是爱。对话录中的每一个人物都谈论过爱，并得出结论：美是爱的对象。这就是美的问题之所以被提出来的原因。苏格拉底在与一位名叫狄俄提玛（Diotima）的曼提尼亚女人的对话中，间接陈述了自己的观点。狄俄提玛概括了爱美的恰当方式，认为应该教导年轻人爱美。首先教给年轻人的是爱某个美的身体。当爱发生时，我们就能注意到某个美的身体与其他美的身体共同分享了美。这就为"爱所有美的身体，而不是某个美的身体"提供了基础。然后，这个学习者应该能领会到美的灵魂比美的身体更珍贵。一旦超越身体的阶段，第二个精神的阶段就要领会爱美的实践与习惯，并承认这些活动分享了共同的美。接下来，要认识种种美的知识。最后是体验美本身——它并没有具体化为任何美的身体或美的灵魂。

值得注意的是，爱美的过程是不断提升抽象程度的过程，直至达到终极的抽象——美的形式。在此，柏拉图对美的处理是其形式理论的一个范例。一般的术语都把与其意义一样的抽象实体称为"形式"。例如，术语"美""善""正义"和"三角形"存在与其意义一样的抽象实体或形式，即美、善、正义和三角形。某个特殊的、被观察的物质对象或行为之所以是美的（或善的，或正义的，或是三角形的），是因为它"分享"了美（或者善、正义、三角形）的抽象形式。因此，柏拉图在美的事物与美本身之间进行了明确的划分。美的事物属于我们在"感知的世界"中看到、听到、触摸到的对象层面；而美本身（或其他形式）存在于柏拉图所谓的"不可知的世界"中，是与我们的感知世界相分离的。这种既无时间也无空间的形式是永恒的、

① Plato，*Symposium*，trans. W. Hamilton (Baltimore：Penguin Books，1951).

不会变化的知识对象。柏拉图哲学对于感知的世界来说，并没有什么大用。或者说，柏拉图哲学对感知的世界不感兴趣——它从哲学的视角把感知的世界视为一种虚幻。如其所示，柏拉图哲学并没有像今天设想的那样为美的理论或艺术理论提供一个安逸的基础。对柏拉图来说，美超越了感知体验的世界，这意味着美的体验（不是美的事物），并非像我们今天所描述的审美体验。一种把视觉与听觉视为虚幻并弃之不顾的哲学理论，与今日的艺术观是不会有共鸣的。

但柏拉图对感知世界中美的事物是感兴趣的，尽管这种兴趣是暧昧不明的。比如，他试图发现一切美的**事物**所共有的特征。① 这些美的事物有些是简单的，如单纯的音调或单一的颜色，有些是复杂。简单的事物有共享的整一性（unity），复杂的事物也有一种整一的形式——各部分共有的尺度和比例。但是，柏拉图并没有把美与整一性的意义等同起来，即他并不认为单词"美"和"整一性"一词在意义上是完全相同的。事物之所以美是因为它分享了美的形式，而一切美的事物都是完整的，从隐喻的角度来说，这是一种简单的、有目共睹的事实。美是一种起决定性作用的特征，而整一性则是一种相伴而生的特征。实际上，柏拉图似乎认为，美是一种简单的、不可分析的特征。言下之意是说，这个术语在逻辑上与"红色"这样"原生的"术语类似，是完全不可界定的。一般人会主张，诸如"红色"这样的颜色术语在逻辑上是原生的（不可界定的），只有通过直接的体验——某人指向这个颜色并用言语准确陈述这个颜色，我们才能领会这个术语的意思，并恰当地使用它。因此，美被视为一种简单的特征，一种某物能在某种程度上拥有的特征。如果某物拥有了美，那么它也总会有另一个特征——整一性。

柏拉图对尺度和比例的强调开创了哲学先例。一些哲学家追随柏拉图，部分采纳了他的形式理论和美的思想，认为美是一种在感知世界中并不存在的对象。另一些哲学家把美与我们在感知体验中发现的尺度和比例等同起来。

或许，柏拉图理论最有说服力和最重要的成果是确立了静观（ontemplation）的观念。静观在美的理论中是一种核心的思想，因而在审美体验理论中也是一种核心的思想。几乎所有后来的理论都以这种或那种方式主张，美的体验，或更一般的说法，审美体验，包含静观。当诸如柏拉图这样的

---

① Plato, *Philibus and Epinomis*, trans. A. E. Taylor (London: Nelson, 1956).

哲学家谈论静观时，他们意在表达某种沉思——在沉思时，某人把意识的对象视为无法感知的实体，如美的形式或三角形的形式。显然，存在另外一种"静观"，如凝视某个对象——这当然是某种可感知的对象。大部分美学理论家毫不怀疑地倾向后一种静观的状态，但我认为柏拉图式的感知余韵犹存，影响了现代审美理论中"静观"的用法。时常萦绕在现代理论中的，既有不可感知的一面，也有虔诚地沉思的一面。对于某些人显示出来的庄严而自负的艺术与审美态度，这种精神的衣钵至少要承担部分的责任。"静观"属于非常抽象的术语，它有时会遮蔽重要的差异。某些艺术与自然的体验正好是静观的，如听宗教乐曲或看佛教塑像。但许多艺术与自然体验并不是静观的，它们是快乐的、充满活力的、兴奋的、诙谐的、滑稽可笑的，等等。由此来看，如果我们想找一个词来准确地描述所有审美体验的特征，那么"静观"并不是恰当的，因为它过于狭隘。当我们考虑到这种观念在脱离尘世的哲学家中有其思想的根源时，它的狭隘性就不会让我们大惊小怪了。

托马斯·阿奎那

柏拉图的哲学影响了许多世纪。圣·奥古斯丁，一位重要的哲学家和神学家，他继承了柏拉图美的理论和其他的教条。在奥古斯丁之后，大约九百年中，亚里士多德——柏拉图的学生和同时代人，取代了柏拉图对基督教思想家的影响。他抛弃了柏拉图的观点，即形式超越了经验的世界，存在于迥然有异的自我王国中。亚里士多德保留了形式的概念，但坚持认为，形式显现在我们体验的自然之中，不可能独立存在。对亚里士多德来说，并不存在柏拉图所主张的两个世界，只有一个世界，一个完全可理解的世界。我们对这个世界的感知体验绝不是虚幻的。他的哲学为自然和艺术现象的兴趣提供了基础。

在基督教的思想体系内，托马斯·阿奎那（St. Thomas Aquinas）的作品有力而充分地表达了亚里士多德的哲学。阿奎那的美的概念并不是脱离尘世的，他把"美"界定为"一见就令人愉悦的"①。美也是和欲望相联系的，因

---

① Thomas Aquinas, *Basic Writing of St. Thomas Aquinas*, Vol. 1, ed. Anton C. Pegis (New York: Random House, 1945), p. 46 and elsewhere.

为"美的事物通过被观看或认知，让欲望平静下来"。阿奎那试图把那些让欲望愉悦、平静下来的客体特征孤立起来。他的结论是美有三个条件：完善或整一，比例或和谐，明亮或明晰。

阿奎那的理论既有客观的层面也有主观的层面。上文所述的美的条件是感知世界的客观性。但是作为美的意义的一部分，被引入美的理论的快感(pleasing)则是一种主观性。快感是主体所体验到的一种特性，而不是主体所体验的对象的特性。快感的引入是阿奎那远离柏拉图的美的客观概念，转向美的主观概念的富有意义的一步。

阿奎那强调美的体验的认知层面。这意味着在美的体验中，精神把握住了显现在体验对象中的形式。阿奎那似乎暗示与其说美的形式或特性是一切美的事物所共有的、单一的，不如说精神把握或提取了形式，而形式使对象成其为所是。例如，当体验的对象是一匹马时，精神把握了马的形式。当然，在美的体验中，无论什么对象都会体现为一种形式，对形式的把握并非唯一的事情。此外，还要满足美的三个客观条件和快感的主观因素。美的体验是一种认知，但并非仅仅如此，并且认知体验的对象也并非美的形式。

18世纪：趣味与美之衰落

18世纪在美学史上是一个批判的时代。在这一时期，许多英国和大陆思想家热衷于"趣味哲学"，为现代美学形式奠定了基础。大约18世纪中叶，二流的德国哲学家亚历山大·鲍姆加登(Alexander Baumgarten)及时为这个领域命名，创造了"美学"这个术语。① 然而，鲍姆加登的观点对后来美学的发展影响甚微。

对行为和心理现象进行哲学解释的传统——把每一种现象归属于不同的心智能力，对鲍姆加登这样的理性主义哲学家和英国经验主义哲学家产生了深远的影响。心智能力的教条在中世纪得到了详细的规定，包括成长能力(用来解释营养与生育)，运动能力(用来解释活动)，理性能力(用来解释脑力行为)，感知能力(用来解释感知、想象等)。通过把美学确认为感性认识的科学，鲍姆加登试图把美学纳入这种体系。他认为艺术是一种低级

---

① Alexander Baumgarten，*Relections of Poetry*（1735）.

的认知手段，即获得知识的一种低级手段。简言之，作为低级的认知模式，艺术被鲍姆加登纳入感知能力和理性能力的领域。与之相比，英国哲学家把艺术设想成一种趣味现象，更倾向于把美的经验归于单一的感知能力，诸如视、听等外在的认知能力并不是他们建立理论的焦点。同中世纪哲学家开发的内知觉（记忆、想象等）理论相比，18 世纪早期的英国哲学家更集中于一种内在的、互动的美感（或类似的感觉），在对外在世界某个特征的感知中可能会产生愉悦。

在 18 世纪以前，哲学家一般认为"美"是事物的客观特征。根据这个理论，它可能是超验的，也可能是经验的。这些哲学家推断，如同我们对红色的事物做出客观的判断一样，美的客观判断是可能的。但是 18 世纪的趣味哲学家给出的美的分析转变了理论的焦点。通过把他们的注意力集中于所谓的反应能力——个体对某种客观世界特性的反应，他们试图提供美的客观判断的基础。在趣味哲学家中，一些人认为趣味器官是一些特殊的能力（美、崇高等审美感知的能力）；还有些人简单地把趣味器官视为一般的认知与情感能力，它以与众不同的方式发挥作用。当趣味理论仅仅涉及一般的感知能力时，人们时常会认为在审美经验中观念的联想机制是按照本质的方式来运作这些感知能力的。这些趣味理论家对人性及其与客观世界的关系感兴趣。这在美学上并不是一种孤立的现象，它是更大的哲学运动的一部分，它开始于 17 世纪哲学家对人性及人类认识局限性的兴趣。由于这些思想家把他们的注意力转向主体（人），并分析主体的精神状态和心智能力，哲学在他们的手中变得主观化了。他们既对主体所体验的美的特性感兴趣，也试图详细说明那些激发审美经验的、外在于主体的审美特性。

18 世纪另一个重要的发展就是其他审美观念的引入，如崇高、生动等观念。这个发展使理论变得更丰富、更充分，但也使理论变得更复杂、更缺乏整体性。美的理论传统是高度统一的，恰恰是因为它仅仅论述"美"这个唯一的对象。伴随崇高、新奇和诸如此类观念的引入，美的碎片化（fragmentation）导致了理论的断裂与张力。在 18 世纪，解决这个问题的办法是把所有的观念纳入核心概念"趣味"（taste）之中。在 19 世纪，各种各样的观念被纳入核心概念"审美"之中，审美理论（aesthetic theory）成为主导性的理论模式。我所指的"审美理论"是这样一种理论：它把审美变成理论的基本概念，并运用了审美的术语界定理论的其他概念。无论是趣味概念，还是审美概念，都各自在它们的时代中提供了一种统一的理论，再次确立了平衡。

除了各种竞争性概念的出现以外，美的理论衰落的另一个原因是令人满意的美的界定（比例、多样性的统一、适当或无论什么）难以实现了，选择性的观点——美是难以界定的、超验的，很难让置于经验主义中的英国哲学家接受。美的理论衰落还有一个原因，就是趣味理论渐行渐远，认为趣味器官是某种或某些与客观事物对应的特殊感知能力。18世纪中叶，联想论者的理论开始出现。它主张趣味的器官是由一般的认知与情感能力以及各种观念联想的心理机制组成的，只要观念的联想恰当，一切事物都有可能是美的。因此，观念的联想机制既为判断不断扩展的、难以确定的美的事物提供了手段，也让界定美的传统方式（如根据术语的界定和找出所有事物所共有的属性）变得不再可能。在联想论者的理论中，美是一个很难把此物与彼物区分开来的、极度混乱的概念。这种境遇与当今的审美态度理论非常相似，即只要你以审美的态度来体验，一切事物都可能是美的。

夏夫兹博里

我们可以通过概述夏夫兹博里伯爵（3rd Earl of Shaftesbury）的主要思想特征，来展开对18世纪哲学家们的讨论。夏夫兹博里的思想尽管只是过渡性的，但是十分重要。之所以说他的观点松散、不成体系，是过渡性的，是因为他支持柏拉图的美的理论，但他也是富有影响的趣味理论的提倡者和主要源泉。这两种理论在逻辑上并不是前后矛盾的。尽管许多18世纪的英国哲学家吸收了一些趣味理论的说法，但这些倾向于经验论的思想家，很少或几乎没有人接受柏拉图哲学的形式论。夏夫兹博里认为，存在一种趣味能力，它既在行为判断的道德感中发挥作用，也在判断某物是否具有审美品质的美感中发挥作用。美的判断的对象是柏拉图哲学中"美的理式"。因此对于夏夫兹博里来说，美感拥有一种认知功能，也就是说，它是一种认识事物的方式。对于哈奇生和其他后来的趣味理论家来说，美感是一种能够产生精神愉悦感的、非认知的、反应性的感知能力。当然，夏夫兹博里并不否认情感在趣味问题中扮演着重要的角色。

夏夫兹博里是18世纪最早注意崇高的思想家之一，这是他对趣味理论的第二大贡献。他对崇高的兴趣可能与上帝创造了世界的想法有关，创世的浩瀚和不可思议只能被描述为崇高。尽管夏夫兹博里把崇高区分为一种新的趣味范畴，但通过把崇高视为美的一种，他贯彻了一种统一的理论。这种对崇高的见解连同趣味原则对后来的理论产生了重要影响。

夏夫兹博里另一个重要的贡献是提出了"非功利性"（disinterestedness）

观念。这一观念先是成为趣味概念，然后成为美学概念的必要成分。夏夫兹博里先是强调非功利性对美德的重要性，也就是说，为了行为的道德品行（不仅仅是善良），此人的行为必须是非功利的，而不是出于自私的动机。夏夫兹博里的这种看法回应了 17 世纪哲学家托马斯·霍布斯（Thomas Hobbes）对行为的看法。霍布斯认为，一切行为都受到自私动机的驱动。继而，夏夫兹博里几乎以附带的方式把非功利性观念引入到了美的理论中。在一个例子中，他试图通过类比——把感知世界中对美的事物的沉思与对美的事物的占有做对比，来为柏拉图的观点辩护。在这个类比中，美的理式与美的事物联系起来，而美的事物又与占有它们的欲望联系起来。它旨在说明，美的理式与美的事物（它是理式"模糊的影子"）的关系以及理式美的优越性。夏夫兹博里的探讨能否称为论证是值得商榷的。但结果证明，正是这个例子中的类比，而不是他的论证，对趣味理论和审美理论是重要的。夏夫兹博里经常引用这个例子来证明非功利性在美的欣赏中是必要的，其焦点旨在捍卫柏拉图的论点："自然中任何美的、迷人的事物都不过是'原初的美'（That first beauty）的一个模糊的影子。"①"原初的美"就是柏拉图的"美的理式"。

　　事实上，夏夫兹博里列举了好几个例子，每个例子都把对美的事物的沉思同占有它们的欲望进行了比较。这些例子都说明了一点：对美的事物的沉思和占有它们的欲望是不同的。其中，有一个例子将对一大片土地的沉思和占有这片土地的欲望进行了比较，另一个例子将对一片果树林的沉思和吃这些果树上的果实的欲望进行了比较，还有一个例子是把对人体美的沉思与性的占有欲做对比。最后一个例子清楚地包含了一些之后看来很重要的因素。

　　　　……人类中某种强有力的形式……激发了人们强烈的欲望、愿望和希望。我必须承认，没有适当的途径能达到你对美的理性的、有教养的沉思。这种活生生的构造（人体）的比例是那样奇妙，以至于它激发不出任何一种求知或沉思的冲动。②

最后一个例子阐明了对美的事物的沉思与占有它们的欲望是不同的。

---

　　①　Shaftesbury, *Characteristics of Men*, *Manners*, *Opinions*, *Times*, vol. II, J. M. Robertson, ed. (Indianapolis: Bobbs-Merrill, 1964), p. 126.

　　②　Shaftesbury, *op. cit.*, pp. 127—128.

夏夫兹博里还认为两者不仅是不同的，而且是相互矛盾的。紧随夏夫兹博里之后，部分趣味理论和所有的审美理论都认为，以占有欲为例，自私的或功利性的欲望对审美鉴赏是破坏性的。一些理论家甚至推断，自私的或实用的欲望与审美鉴赏是水火不容的。

人们必须承认，对一个对象的美的沉思和占有这个对象的欲望是不同的。夏夫兹博里认为，在沉思美时不合时宜的欲望是草率鲁莽、令人遗憾的。的确，占有欲如此咄咄逼人，以至于同美的欣赏难以相容。但是，这种把极端的例子普遍化的做法是错误的。难以控制的欲望与美的欣赏之间是不协调的，这是明显的事实，但无法推断出所有的欲望都与美的欣赏不相容。夏夫兹博里没有意识到欲望程度的重要性，这可能源于两个紧密联系的概念：(1)对所有欲望一视同仁的清教主义(Puritanism)；(2)对感官与欲望持怀疑态度的柏拉图主义(Platonism)。事实上，几千年来人们一直欣赏能够展现"这种活生生的构造（人体）的匀称比例"和唤起人们欲望的艺术的美，但这一事实似乎并没有被夏夫兹博里注意到。

只要回想一下夏夫兹博里的哲学导向，那么他没有做出适当的区分就不足为奇了。不幸的是，整个美学传统在这一点上都追随他。其中最具影响力的哲学家是 19 世纪和 20 世纪的审美态度理论家，尽管并非每一位哲学家都遵循了这种极端的非功利性思想路线。此外，还应该注意到夏夫兹博里的非功利性的审美鉴赏理论只就一种动机做了发挥，功利的或自私的动机（活动）被认为有害于鉴赏。但是，很多审美态度理论家，尤其是今日理论家已经扩大了非功利性的范围，并提出了这样一种观点：存在一种特殊的感知——非功利性的感知，它构成了审美经验的基础。我将在第三章详细讨论非功利性的感知。

哈奇生

弗朗西斯·哈奇生(Francis Hutcheson)可能是 18 世纪英国趣味理论家中最杰出的代表，向趣味理论转变的过程在他那里得以完成。他的理论已经没有了柏拉图主义的痕迹，并且将注意力集中在了感官现象上。此外，他的理论还对趣味能力和趣味愉悦进行了解释，并且我们会看到"非功利性"顺利地进入了他的感官概念。

在哈奇生看来，"美"这个词既不表示一种柏拉图式的理式，又不表示任何一个可以看到、听到或触摸到的对象，"美"表示一个"产生于我们内部的观念"①。也就是说，它表示一个存在于一个主体（一个人）的内心意识中的对象。这一由对某些外部对象的知觉引起的观念是令人愉悦的。这种与某个主体紧密相连的美已经变得主观化了，然而哈奇生又将它与外部世界中的某些知觉对象联系在了一起。

一旦审美鉴赏可以被识别，那么紧接着的一个问题便是是否存在知觉对象的某些特征，这些特征能够不断地引起审美经验。对此，哈奇生的答案是多样性的统一。多样性的统一有时被他当成了美，但它只能被看作一种速写，因为严格说来，多样性的统一在他的理论中只是产生美的原因。此外，美感，亦即快感，最好被看成源于"美的理念"。

夏夫兹博里认为存在一种拥有多种功能的单一感官，而且它在本质上是认知性的，能够使心灵去认识某些外在于心灵的东西。哈奇生则认为，存在许多不同的拥有各自单一功能的内在感官（道德感、美感、崇高感等），而且它们在本质上是情感性和反应性的（非认知性的），可以产生快感。这些感官是内在感官，它们的对象是内在于心灵的，这与诸如视觉感官和听觉感官等外在感官形成了对比，它们的对象则是外在于心灵的。当哈奇生说到美的内在感官时，他意指一种获得产生于内心的快感的力量或能力。

哈奇生的审美快感是由"多样性的统一"这种复杂的知觉引起的，这种形式主义观把简单的观念，如单色和单音，排除在了审美快感的原因之外。简单的观念之所以被排除在外，是因为他相信由它们所得的快感来源于外在感官，而美却与一种内在感官紧密相连。因此，哈奇生无法解释我们所谓的"透明的颜色美"，因为单一的颜色被他视为简单的观念。此外，他的理论也无法说明其他任何一种非形式的美。

在夏夫兹博里之后，哈奇生也试图驳倒托马斯·霍布斯的心理学理论，这种理论认为所有的行为都是自私的。根据哈奇生的看法，把审美能力称为感官的一个原因是审美意识（美感）是直观的，也就是说，是未经思想调节的。从这方面来看，审美经验像盐或糖的味道。哈奇生认为，如果审美经验摆脱了思想和计算，那么审美鉴赏就不是自私的。如果我睁开眼睛后看到了一支红色的铅笔，那么我对红色的意识不会受到任何自私欲望的影响，即使在那一刻我自私的欲望是非常想看到绿色。哈奇生的理论致力于

---

① Francis Hutcheson, *An Inquiry into to Original of Our Ideas of Beauty and Virtue*, 2nd ed. (Indianapolis：Bobbs-Merrill, 1964), p. 126.

使审美经验和审美判断变得客观，为此他把它们与人基本的、天生的能力联系在了一起，并致力于证明它们是非功利性的。他坚持认为这些能力是美感的，因而不受自私欲望的影响。正如哈奇生所说，美感是消极的，它只是以一种自动的方式来做出反应，而且美感并非源于"任何原理、比例、原因或对象有用性的知识"①。

哈奇生认为趣味是人之本质的一个客观方面，因而它本身是客观的。然而他意识到了存在着与趣味不一致的情况，并且试图将这些不一致的情况解释成身体缺陷或观念联想的结果。例如，在某种情况下，一个视力不佳的人或聋人是无法欣赏某些趣味对象的；而在另一种情况下，一个在美的对象面前经验到痛苦的人是无法欣赏它的美的，因为他会联想到痛苦。对于哈奇生来说，观念联想是一种心理机制，它会滥用源于自然对象的趣味。

伯　克

1757 年，埃德蒙·伯克(Edmund Burke)出版了他的关于崇高和美的著作②，此作对美学发展的重要贡献在于其完整详尽的崇高理论。与夏夫兹博里相反的是，伯克把崇高视为一种不同于美的范畴——事实上，他认为崇高与美是相对立的。这一分裂给 18 世纪趣味理论的统一造成了一种额外的压力。

伯克反对特殊内在感官的理论，其原因可能是他觉得很难甚至不可能证明内在感官的存在这种形而上的论点。他试图使快感和痛感等普通情感现象成为美和崇高的基础。他区分了积极的快感和相对的快感，相对的快感又被他称作"愉悦"。高兴是痛感消除或预期痛感消除的结果；包含在美中的快感是爱（积极的快感），这种快感通常与有利于社会生活的情欲有关；而包含在崇高中的快感是愉悦（相对的快感），这种快感通过消除痛感或痛感的威胁而获得，并且通常与有利于自体保存的情欲有关。伯克说："我所

---

①　Francis Hutcheson, *An Inquiry into the Original of Our Ideas of Beauty and Virtue*, 2ⁿᵈ ed. (Indianapolis: Bobbs-Merrill, 1964), p. 11.

②　Edmund Burke, *A Philosophical Enquiry into the Origins of Our Ideas of the Sublime and Beautiful*, 6ᵗʰ ed. (London: 1770).

谓的美，是指物体中能引起爱或类似爱的情欲的某一性质或某些性质。"①但不幸的是，他将"爱"定义成了"在观看任何一个美的事物时心里所感觉到的那种喜悦"②。伯克的这两句话相互衔接，且因这种推论而遭到了批评。然而，随后他又指出物体的这些性质——小、柔软、光滑、不同于"直线"（直角）的线条等——可以引起爱。也许这一说明足以消除外界在这一点上对他的恶意批评。崇高是可以引起愉悦的，比如崇高感可以由晦暗的对象和体积巨大的对象激起。这些对象通常能够威胁到我们的生命和使我们感到恐惧，但如果我们观看这些对象时仍处在安全之中，那么它们就会被体验为崇高。

尽管哈奇生曾宣称只存在一种构成美的属性——多样性的统一，但伯克却认为存在着多种构成美和崇高的属性。与哈奇生的单一公式理论不同，伯克持有一种"多选项"的理论。因此，伯克寻求着一种不同的策略来试图说明美。

非功利性在伯克的审美理论中扮演着特定的角色，伯克对非功利性作用的准确描述超过了夏夫兹博里及其后 19 世纪和 20 世纪的审美态度理论家。他通过一个有关男性的爱和欲望的例子表明了他的观点：

> 我们会对一个没有任何明显的美的女人产生一种强烈的欲望，同时男人或其他动物身上最大的美，虽然能够引起爱，但却无法激起任何欲望。这说明美和我所谓的由美引发的爱的情欲是不同于欲望的，尽管有时欲望可能伴随着爱而起作用。③

伯克对爱（审美鉴赏）和占有的欲望进行了区分，这意味着爱是非功利性的。但他又发现爱和占有的欲望并非水火不容——有时它们可能相伴而生。

---

① Edmund Burke, *A Philosophical Enquiry into the Origins of Our Ideas of the Sublime and Beautiful*, 6th ed. (London: 1770), p. 162.

② Edmund Burke, *A Philosophical Enquiry into the Origins of Our Ideas of the Sublime and Beautiful*, 6th ed. (London: 1770), p. 162.

③ Edmund Burke, *A Philosophical Enquiry into the Origins of Our Ideas of the Sublime and Beautiful*, 6th ed. (London: 1770), p. 163.

休 谟

大卫·休谟(David Hume)的《论审美趣味的标准》(*Of the Standard of Taste*)①出版于 18 世纪中后期，即 1757 年。就在这一年，伯克出版了他的《论崇高与美两种观念的根源》。休谟对趣味本质的解释基本上是哈奇生式的，但他对趣味理论所涉及的哲学问题有着比前面所谈到的所有趣味理论家都深刻的理解。例如，休谟阐明了他的一种假设，即对趣味本质的探寻是一种关于人的本质的某些方面的经验研究。这种假设也曾出现在其他英国理论家那里。我认为休谟的理论是 18 世纪审美趣味理论中最杰出的代表。

《论审美趣味的标准》是一篇较短的论文，也是休谟关于趣味问题的成熟之作。在文章一开始他便承认，对趣味问题的看法在不同的个体之间存在着很大的变异和争论。此文旨在表明，这些争论是由人们周围环境的偶然特征引起的。休谟首先陈述了一种怀疑论的观点：趣味无可争辩。然后他宣称这种观点产生了一个荒唐的结果：我们无法判别某件艺术品是否高于另一件艺术品。他写道：

> 任何一个想要宣称奥格尔比的天赋和优雅气质等同于弥尔顿，或班扬的天赋和优雅气质等同于爱迪生的人，都会被认为是在做一种辩护。这种辩护的荒唐不亚于宣称一个鼹鼠丘像特内里费火山岛一样高，或一个池塘像大海一样广阔。②

休谟的论证可以被称为"不相称的一对"论证。他选取了几对艺术品，每对中两件艺术品各自的价值之间都存在着很大的差距——一件杰出的艺术品和一件很烂的艺术品。休谟认为当一个人面对着这样一对艺术品的时候，即使他是一个怀疑论者，也不得不承认其中一件艺术品高于另一件艺术品。于是，他得出结论，认为上述怀疑论的观点是错误的。

休谟反对将一种先验的存在物视为他所谓的"创作的法则"(审美趣味的

---

① David Hume, "Of the Standard of Taste", *Essays, Literary, Moral, and Political* (London: 1870), pp. 134—149.

② David Hume, "Of the Standard of Taste", *Essays, Literary, Moral, and Political* (London: 1870), p. 136.

标准)的源泉。除了夏夫兹博里，这种主张也出现在我们讨论过的其他英国美学家那里。他否认我们可以理性地直观到美或统治美的法则，认为创作法则的基础是经验。创作的法则不过是"一般的观察，聚焦于那些在所有国家和所有时代都可以普遍地使人感到愉快的事物"①。休谟宣称，什么可以被正确地称为美的这一规范性问题可以通过对不同人的审美趣味进行一种广泛的经验调查来得到解决。

尽管休谟认为他是在进行一种经验研究，但他又声称并非每一个令人愉悦的例子都可以作为证据来证明创作法则具有普遍性。由于某些例子的价值必须被打折扣，因而休谟试图阐明一些条件，满足这些条件后便可以进行一种适当的探究：

> 当我们想要探究这种本质，想要探测任何美或丑的力量的时候，我们必须认真挑选出一个合适的时间和地点，而且要在一种适当的情况和倾向下来发挥自己的想象力。一颗平静的心，一种回忆的状态，对对象保持一种应有的注意力，如果缺失了其中任何一个条件，我们的研究都会变成虚妄，而且我们将无法对包罗万象的普遍的美进行任何判断。②

要排除某些产生快感的例子，就必须满足上述条件。这些快感通常是反复无常的时尚产物，或是由于无知、嫉妒造成的错误而产生的。除这些考虑之外，还有一个所谓的事实，休谟在这里将其称为"精神趣味"，其在某些人那里要比在另一些人那里更敏锐。正如一些人能够更准确地辨别出"身体的味道"或辨别出红酒微妙的品质，一些人也能够更准确地辨别出那些能够激发审美趣味能力的品质。只有那些拥有休谟称为"敏锐的审美趣味"(delicacy of taste)的人才适合做他实验的主体对象。

休谟关于方法论的思考如今已被阐明。他实质的(尽管非常抽象)结论在以下的引文中得到了很好的陈述：

> 尽管可以确定的是，美和丑，而不只是甜和苦，并不是事物本身

---

① David Hume, "Of the Standard of Taste", *Essays, Literary, Moral, and Political* (London: 1870). p. 137.

② David Hume, "Of the Standard of Taste", *Essays, Literary, Moral, and Political* (London: 1870), p. 138.

的属性，它们完全属于人内部或外部的感觉；但必须承认的是，存在着事物的某些属性，这些属性在本质上是适于引起这些特殊感觉的。①

应当注意到，事物本身并不存在美和丑，美和丑只是人的感觉。然而美和丑的感觉却不仅仅是主观感觉，它们还通过人的本质与"事物的某些属性"联系在了一起。因此，当在正常的主体之间可能达成普遍的一致时，对美和丑做出客观的判断才是可能的。此外，还应注意到，休谟认为"事物的某些属性"可以引起快感。但是，一方面和哈奇生不同，他并不打算把这些属性还原为一个简单的公式（多样性的统一）；另一方面他也不像伯克那样打算列出一个完整的、构成美的属性清单。休谟附带地提到了大约二十个构成美的属性，如统一、多样性、光泽、表达清晰、模仿精确，等等。这给人造成的一种印象是，他长长的清单是不完整的，甚至永远无法完成。

文章着重阐明了一种具有客观性的审美趣味理论，这种审美趣味以人性中某些所谓的稳定因素为基础。在文章的最后，休谟认为，由于年龄和性格的不同，审美趣味的某些变化是可以被接受的。年轻的男人喜欢"色情和纤弱的图像"，年老的男人则喜欢"智慧的哲学思考"。"欢乐或激情、情感或理智，其中的哪个因素可能在我们的性情中占据着支配地位，并且它能够促使我们对与我们相像的作家显示出一种特殊的同情。"②在这些例子当中，并没有一个审美趣味的标准可以用来确定某种喜好优于另一种。那么，休谟是否一直允许这种变化的存在呢？答案可能是肯定的，因为多样性在年龄和性格等因素中有其根源，这些因素是休谟的实验条件所无法忽视的，也是可以对其进行辨别的。

艾利森

艾利森（Archibald Alison）在 1790 年出版了有关审美趣味理论的著作。③他致力于为审美趣味能力划定一个明确的范围，但拒绝承认存在着美和崇高

---

① David Hume，"Of the Standard of Taste"，*Essays, Literary, Moral, and Political* (London：1870)，p. 139.

② David Hume，"Of the Standard of Taste"，*Essays, Literary, Moral, and Political* (London：1870)，p. 146.

③ Archibald Alison，*Essays on the Nature and Principles of Taste* selections reprinted in Alexander Sesonske，ed.，*What is Art?* (New York：Oxford U. P.，1965)，pp. 182—195.

的特殊内在感官，转而认为审美趣味能力涉及普通的认知、情感能力和观念联想的心理机制。哈奇生说过，观念联想会导致审美趣味的滥用；但艾利森认为观念联想是审美趣味能力的一个重要方面。

对于艾利森来说，审美趣味能力是指"我们可以借此感知和欣赏自然与艺术作品中的美或崇高"①。"感知"在这里不是简单地意指感知外部世界，而是意指某种更广泛的东西，即意识。因此，他可以说感到（感觉）痛苦。艾利森认为，审美趣味能力是由感觉（情感反应）和想象力（观念联想的场所）构成的。因此，物质世界中自然对象或艺术对象的某些特征可以诱使人们去体验他所谓的"趣味情感"。要引起趣味情感，物质世界中的某个对象必须象征或表现着心灵的某种属性。对于艺术品而言，这种心灵是艺术家的心灵；对于自然对象而言，这种心灵则是"作为艺术家的神"的心灵。艾利森理论的一个奇妙之处在于它预设了上帝的存在，这使本质上是一种心理学的理论突然预设了一种神学的信念。但是他可以通过另一种说法来避免这种信念，即当一个自然对象被认为是神的象征时，它便会引起趣味情感。

艾利森对审美趣味能力其作用的描述复杂得让人感到困惑，其中包括许多不同的层次。首先，当一个趣味对象被感知到时，它便会在人的心里激起一种简单的情感，如愉快。其次，这种简单的情感又会产生一种想象中的观念（典型的例子，如一个画面）。然后，第一个观念通过联想产生了第二个和第三个观念，如此一来，通过观念的联想便产生一个完整统一的观念序列。与此同时，观念序列中的每一个观念都会产生一种相应的简单的情感，因此，除了最初的那种简单的情感之外，还有一些与连续的观念序列紧密相连的简单情感。这些简单的情感又可以产生一种复杂的情感，即趣味情感。此外，每种简单的情感都会伴随着一种简单的快感，并且想象发挥作用时也会产生一种简单的快感。这些简单的快感构成了一种伴随着趣味情感的复杂快感，这种复杂的快感被艾利森称为"快乐"。对于读者来说，要想对艾利森的描述有一个清晰的把握，可能唯一有效的途径便是读者自己画出一个关于这种描述的示意图。

根据艾利森的观点，观念的联想还包括物质世界中的某个事物，这个事物表现或象征着心灵的某种属性。而物质世界中的某个事物之所以表现或象征着心灵的某种属性，是因为通过它可以让人联想到那种心灵属性。

---

①　Archibald Alison, *Essays on the Nature and Principles of Taste* selections reprinted in Alexander Sesonske, ed. , *What is Art*? (New York: Oxford U. P. , 1965), p. 182.

因此，观念的联想既在趣味情感的生成中发挥着一定的作用，又为物质世界中事物的象征性提供了一定的基础。

在艾利森看来，物质世界中的任何事物都可能被联想到一种相应的心灵属性，并由此激起能够引起趣味情感的简单情感。由此观之，物质世界中的任何事物都可能是美的，无论它看起来像什么。但是并不是事物可感知的属性使它们成为美的事物，而是观念的联想使它们成为美的事物。艾利森认为一个盲人可以像一个视力正常的人那样体验到颜色的美，因为他拥有着同一个视力正常的人一样的由颜色引起的所有联想。

艾利森的理论在某些方面已经超越了很多早期的审美趣味理论，比如哈奇生的理论，因为它为解释艺术与自然经验的丰富性和复杂性提供了一个基础。完全根据多样性的统一来解释各种各样的美是困难的，因此，哈奇生的理论存在着很大的局限性。然而，艾利森的理论又走向了另一个极端，他宣称只要经过正确的观念联想，物质世界中的任何事物都可能成为美的事物。

当艾利森谈到"最有利于产生趣味情感"的心理状态时，他明显地使用了非功利性的观念。他说，当"注意力很少被任何个人的或特殊的思想对象占据的时候，我们才能对所有直接的感官印象进行开放。因此，正是空闲和未经使用使得趣味对象给我们留下了最深刻的印象"①。

"农夫"和"商人"是不会注意到某个自然事物的美的，因为他们只关心这个自然事物是否有利可图。此外，"哲学家"也注意不到某个自然事物的美，因为他只会陷入无尽的沉思。虽然艾利森在这里提到了"最有利于产生趣味情感"的状态，但这并不意味着利害计较与趣味情感是不相容的。然而，他的言论却给予了一些人帮助和支撑，这些人想要宣称审美经验与有用的、利己的兴趣是不相容的。艾利森自己也有这种倾向。例如，他认为批评有害于审美鉴赏，因为它将艺术与法则联系了起来，或将这种艺术与另一种艺术进行了比较。批评与审美鉴赏是不相容的，这种不幸的、长期存在的偏见是过度推崇非功利性观念的重要性所造成的后果。

康　德

德国哲学家康德(Immanuel Kant)在 1790 年出版了有关审美趣味理论

---

① Archibald Alison，*Essays on the Nature and Principles of Taste* selections reprinted in Alexander Sesonske，ed.，*What is Art?*（New York：Oxford U. P.，1965），p. 185.

的名著《判断力批判》(*Critique of Judgment*)①。同年，艾利森出版了关于审美趣味理论的著作。理解康德审美趣味理论的一个主要障碍是审美趣味理论只是他庞大哲学体系的一部分。他的论述充满了各种专业术语，并根据一个复杂的框架来组织这些术语，这个框架最初是为他的知识论而设计的。只要有可能，我们会尽力避开康德知识论体系中的这些框架。下面我只讨论他关于美的理论，而省去他关于崇高的理论。康德有意地沿用了以上我们已经讨论过的很多思想家的思想，而且他明显从属于趣味哲学的传统。

为了更好地理解康德的美的理论，有必要对他的哲学体系有一个大致的了解。他的哲学体系完全不同于英国经验主义哲学家。英国经验主义哲学家认为知识完全源于经验，休谟甚至认为我们无法确知任何事物。相反，康德试图构建一种体系，这种体系将说明我们是如何获得一些确定的知识的，也就是说，一种并非源于经验的先验的知识。② 简言之，康德认为，心灵自身就包含着我们经验所拥有的一般结构。因此，我们可以获得一种先验的、普遍的、确定的知识。例如，无需任何经验我们就知道每件事情都有一个原因，因为心灵会把我们所经验到的事件都纳入到一个因果序列之中。此外，康德还认为由于我们的知识只限于经验范围，因而我们无法知道上帝是否存在。

然而，康德在他的道德哲学中声称，我们有理由相信上帝是存在的，因为上帝的存在是道德存在的一个必要前提。尽管康德曾宣称我们无法给出一个理论来证明上帝是存在的，但是我们需要确信上帝是存在的，而且整个宇宙都是他的创造物。

因此，康德的审美趣味理论相信自然是上帝创造的目的论的(有目的的)系统。康德说，这个系统中的有机体(人类、动物、植物等)是上帝创造的"高深莫测的伟大艺术品"，康德将其称为"自然的目的"。③ 由于康德相信艺术的目的是美，因而得出了这样的结论：上帝创造的有机艺术品(更确切地说，是他们的形式)一定是美的，因为如果任何一个人都能够达到艺术的目的的话，那么上帝也可以。以上结论表明了其背后存在着这样一个推论：

---

① 康德对其审美趣味理论的阐述集中在 *Critique of Judgment*，trans. Werner S. Pluhar (Indianapolis：Hackett Publishers Company：1987)。

② Immanuel Kant，*Critique of Pure Reason*，Trans. N. K. Smith (New York：St. Martin's，1965)。

③ *Critique of Judgment*，p. 334.

自然的美是"合目的的形式"，也就是说，是符合自然目的的形式。

如同哈奇生和其他人一样，康德也假设存在着趣味（审美）判断力，而且"美"并不是一个概念，"美"意指一种快感而不是客观世界中的某些事物。康德认为只存在两种判断：（1）一般的逻辑判断；（2）反思判断。前一种判断旨在将一个已知的概念运用到客观世界中的某物身上。例如，运用"红色"这个概念来说"这个苹果是红色的"。后一种判断则是指通过反思来试图发现一个未知的概念，并将其运用到某个或某些事物身上。例如，某人试图找到一个更一般的概念来囊括两种或更多种动物。由于康德认为美并非指客观世界中的任何事物，也就是说，美不是一个概念，所以他得出了这样的结论：审美判断不同于一般的逻辑判断。于是，就只剩下了反思判断。康德说审美判断肯定也是一种反思判断，即它在寻找一个新的概念。由于美不是一个概念，因而一个审美判断也是一个反思判断，它在寻找一个尚未存在的概念。

康德的审美趣味理论在其审美理论中占据着一定的地位。康德是在一种非常广泛的意义上来使用"美学"这一术语的，它不仅包括对美和崇高的判断，而且总体上还包括对快感的判断。对于康德来说，所有的审美判断都以审美快感为中心，审美快感是经验主体的一种性质，而不是客观世界的一种性质。这种判断是主观的，因为审美快感在对外在于主体的客观世界的认知中并不起作用。虽然审美判断是主观的，但康德却认为它们在某种程度上是稳定的、普遍的，而且这些是其他快感所不具备的。总之，康德在探求这样一种理论，它能表明，尽管在品尝巧克力或凤尾鱼时获得的快感仅仅是个人的，然而伴随着美的快感却是普遍和必然的。

康德分四个部分来论述他的审美理论，每个部分都围绕着一个核心概念来展开，这些概念包括非功利性、普遍性、必然性以及合目的的形式。也许我们可以用一句话来概括这种理论：审美判断是一种非功利性的、普遍的和必然的判断，它关注的是人的快感，这种快感是每个人都可能从其自身对一个合目的的形式体验中获得的。

非功利性。和很多英国趣味哲学家一样，康德也认为，审美判断是非功利性的。他根据欲望与真实存在对功利性和非功利性（对于他来说，其在某种程度上是特别的）进行了区分，即功利地去看待某物时，就会认为该物实际上是存在的，而非功利地去看待某物时，则会漠视它的存在。应当注意的是，康德并没有说做出审美判断的人应对判断对象的存在漠不关心，他只是说审美判断应独立于对真实存在的兴趣。一旦某人做出了正确的审美判断，那么他无疑将对体验对象的存在产生兴趣，但这是一个后来的、不同于审美的判断。我们可以用夏夫兹博里所举的一个例子来说明这一点：如果我对水果味道的鉴赏包含了一种审美判断，那么我的鉴赏和判断针对的是我能意识到的对象的视觉性质而不是对象的存在，虽然对象的存在使得这种意识成为可能。

普遍性。康德声称审美判断的普遍性可以从它们的非功利性中推导出来。如果一个人认为某物会使人感到愉快，并且抱着一种非功利性的态度，那么这种快感并非他个人的或并非他所特有的。兴趣源于个人的爱好，但这恰恰是非功利性所要抛弃的。如果非功利性的快感是可能的话，那么这种快感一定是源于人类所共有的东西，而不是源于一部分人所特有的兴趣。康德说，当我们说出审美判断的时候，我们是"通过一个普遍的声音"来说的。但他同时也认为审美判断（如"这朵玫瑰花是美的"）是主观的，这意味着"美的"不像红色那样是一个概念。当一个人说一朵玫瑰花是红色的时候，红色这个概念就被运用到了一朵玫瑰花身上，而这个概念指的是客观世界的某种特征。任何一个正常的人都可以看到这朵玫瑰花，并且看到它是红色的，这便将普遍性赋予了以下陈述："这朵玫瑰花是红色的。"但是当"美的"指的不是客观之物时，以上陈述该如何成立？对此康德回到了我们所熟悉的趣味能力这一观念上，但并不是将其视为一种特殊的感官，而是将其视为通过一种不寻常的方式起作用的普通认知能力。首先，普通认知能力是人类所共有的，而且在对它们的日常运用中产生了关于客观世界的普遍有效的判断。在作为反思判断的审美判断中，理解（运用概念的能力）和想象等认知能力处于自由的相互作用中——在其中没有概念被运用或可以被运用，而没有像通常那样要运用概念。这种自由的相互作用展现了理解和想象等认知能力与从审美判断中获得的快感之间的关系是和谐的。这种快感是普遍有效的，因为它依赖于人类普遍的能力。

必然性。审美判断也是必然的。康德证明这种必然性所使用的方法与他证明审美判断的普遍性所使用的方法是相似的。康德认为，当我们说某事物是美的时候，我们需要每个人都同意我们的看法。当然，他也知道并不是每个人都会同意我们的看法。但是，我们产生这一需求的原因是某事物所引起的快感来源于人类所共有的能力。因此，如果某物能够使一个人感到愉快，这种愉快是理解和想象等认知能力（所有人都拥有的）之间自由相互作用的结果，那么它同样可以使其他任何一个人感到愉快。换句话说，该事物必然会使每一个人都感到愉快。然而，康德否认我们可以获得美的普遍法则。每种审美判断都是一个单称判断，我们无法从所有的审美判断中抽绎出一条普遍的法则。如果康德的观点是正确的，那么我们就能很容易地知道为什么所有的人会就某一审美判断达成一致，但是它并没有告诉我们这种一致是如何达成的。

合目的的形式。非功利性、普遍性和必然性主要是关于经验主体的，而康德所讨论的第四个概念——合目的的形式——则以审美客体为中心。这一点也是哈奇生在谈论多样性的统一时试图说明的。总体而言，除描述趣味能力之外，趣味哲学家们还试图精确地描述客观世界中能够刺激人的趣味能力的事物的某些特征。同哈奇生一样，康德也聚焦于作为审美经验刺激物的形式关系。正如之前提到的那样，康德认为自然中的有机体（"符合自然的目的"）是上帝创造的高深莫测的伟大艺术品，因此它们是美的，或者更确切地说，它们的形式是美的。正是通过这种方式，康德将目的观念引入到了他的理论当中。然而他必须十分地小心，因为认识到某物拥有一个目的会涉及运用一个概念，这可能会使审美判断变得客观而不是主观，并且可能会使审美判断直接越过体验到的客观性质。最终，他宣称正是对合目的的形式的认识，而不是对目的自身的认识，才唤起了我们的审美经验。一件艺术品的形式，如一幅画的构图设计或一段音乐的谱曲结构，是作者有目的地进行创造活动的结果，而自然的形式则是上帝有目的地进行创造活动的结果。审美判断关注的是形式本身，而不考虑形式与目的的关系。

康德否认颜色是美的，而且他认为这会得到人们的普遍赞同。从颜色中所获得的快感可能伴随着人们从形式中获得的快感，但这两种快感却是不同的。只有形式是美的，并且由于它有一个先验的本源，因而它也是普遍的和必然的。在康德看来，颜色是经验内容的一部分而不是经验形式或者经验结构的一部分，因此它没有一个先验的本源。毫无疑问，人们会对令人愉悦的颜色产生争执；但对于形式，人们会形成一致意见，因为它有一个先验的本源。形式可能由带颜色的元素构成，但人们可以把形式与构成它们的元素区别开来。这对于非视觉形式和构成它们的元素来说也是成立的。

人们普遍认为，康德的审美趣味理论代表了18世纪审美趣味理论的最高峰，但正如我之前表明的那样，这一荣誉应归于休谟，因为康德的理论中存在着许多严重的困境。

首先，康德认为，"美是一个对象合目的的形式，而我们只需要感知到对象形式，不需要知道它的目的"。这种将美等同于合目的的形式的看法是完全不合情理的。为了阐明他的论点，康德列出了一些他认为是美的合目的的形式，如鹦鹉、蜂鸟和极乐鸟，它们是美的自然形式。假如他所列出的几种鸟都是美的，并且如他所说的那样，都是合目的的形式，那么他所列出的种类也未免太少了。我们可以说，其中还应包括八哥、秃鹫，等等，因为它们同以上所说的几种鸟一样都是合目的的形式。由此观之，康德的这一公式是不成立的，因为它包括了许多不美的事物。

其次，美的事物之间有美得或多或少的区别，也就是说，它们拥有美的程度是不同的。为了证明这一点，我们可以说，极乐鸟比鹦鹉更美。而康德的理论却无法解释这一点，因为一种鸟同另一种一样都是一种合目的的形式。另一个程度问题是，美是一个阈值观念。例如，有很多人长得很美，但是也有很多人长相平平，也就是说，他们的长相低于美的阈值。康德的理论也无法解释这一点，因为作为一种合目的的形式，他们之间不允许有程度的不同。就像康德的理论所描绘的那样，一个长相美的人与一个长相丑的人都是合目的的形式。

最后，很多审美经验，如日落，在很大程度上都依赖于独立于任何形式因素之外的颜色。而康德以及哈奇生的理论却无法解释这一点，因为它们把形式看成了一切。任何一种否认颜色是美的一个来源的理论都是有缺陷的。

对 18 世纪审美趣味理论的总结

截止到 18 世纪末，许多趣味能力理论都获得了长足的发展。在这一时期，哲学家们大都放弃了认为趣味能力是解决哲学问题的唯一途径。当趣味能力不再能够为这一领域的零散元素提供一种最小的统一体时，审美概念逐渐开始吸引哲学家们的注意，他们的理论也开始围绕这个概念来展开。以上所讨论过的每种趣味哲学都对美进行了主观化，但仅仅是部分地主观化，因为它们都宣称是客观世界的某个具体特征引起了趣味能力。因此，每种理论都试图与客观世界的某个方面建立起稳定的联系。以下所列出的条目总结了每种理论的这一特征：

夏夫兹博里	美的理式
哈奇生	多样性的统一
伯克	一短列性质——小、光滑，等等
休谟	一长列性质——均匀、多样性、光泽，等等
艾利森	一种心灵属性的象征
康德	合目的的形式

以艾利森的理论为例，观念的联想实际上已经否定了将"一种心灵属性的象征"看作引起趣味能力的一种客观特征。但艾利森在理论中却又表明，几乎每一个事物都可以通过联想而成为一种心灵属性的象征。

18 世纪对美学发展的重要意义大致上可以总结为以下几点：在 18 世纪之前，美是一个核心概念；18 世纪中期，美已经被趣味概念取代；到了 18 世纪末，趣味概念的生命力消耗殆尽，审美概念应运而生。

19 世纪：审美的诞生——叔本华

随着趣味哲学被遗弃，"审美"理论开始受到人们的推崇。以下这段话引自 19 世纪德国哲学家叔本华（Arthur Schopenhauer）的著作，审美理论的兴起在很大程度上应归功于他。

> 当我们说一个事物是美的时候，我们由此宣称它是我们审美观照的一个对象……这意味着观看一个事物会使我们变得客观，也就是说，在观照某个事物时，我们不再能意识到自己是一个独立的个体，而只是一个纯粹无意志的知识主体。①

因为某物是一个人（一个主体）审美观照的对象，所以说它是美的。由此观之，审美理论几乎已经完全主观化了。不需要有客观具体的特征来使某事物成为美的，审美对象的美是一些人审美观照的产物。只要得到审美意识的观照，那么几乎任何事物都可以成为美的。不过，其中也有一些限制。叔本华认为，淫秽和令人作呕的事物不能成为审美意识的对象。

康德的理论具备了一种趣味理论所拥有的全部特征——一种趣味能力、一种具体的趣味对象，等等。不过，叔本华只保留了康德的认知能力观念，这种认知能力以一种非同寻常的方式起作用。此外，叔本华的理论还吸收了柏拉图和其他人一些思辨的、形而上的观点。一个明显的例子就是叔本华认为审美意识必须有某种柏拉图式的理式来作为它的对象，另一个例子是叔本华认为世界上每件事的发生都是潜在宇宙意志的显现。此外，每个人的意志、每个动物的行为甚至无机物，也都是潜在宇宙意志的一种显现。

---

① Arthur Schopenhauer, *The World as Will and Idea* (London: Routledge and Kegan Paul, 1883), pp. 270—271.

例如，一块石头支撑着堆在它上面的另一块石头就是宇宙意志的一种显现。

叔本华主张普通意识即知性(认知能力)完全服务于一个人的意志，因此，它也服务于宇宙意志。在普通意识中，感知的对象只不过是一些时间、空间和因果关系相互交叉的部分。因为正是通过这些关系的知识，宇宙意志才得以呈现。审美意识则是不同的和特殊的，这种罕见的向审美意识的转向"只有通过主体身上产生的变化才可能发生"①。当一个人被内心的力量唤醒，"放弃思考问题的普通方式"②时，这个变化就会发生。而且，这个变化会突然发生在"知识不再服务于意志时"③。一旦拥有了审美意识，之前被感知为各种关系之间相互交集的东西就会被当成一种在知觉上无关于他物的柏拉图式的理式，这种柏拉图式的理式变成了审美观照的对象。但审美意识是不确定的。叔本华写道："使这种状态变得难以达到因而罕见的原因是，在这种状态下……知性……征服和排除了意志，尽管只有很短的时间。"④只有当我们不带功利性地考虑知觉的对象时，"当它们与我们的意志无关时"⑤，这种审美状态才是可以保持的。意志的完全沉默是纯粹客观地领悟事物的真正本质所必需的"柏拉图式的理式"⑥。最后，"审美状态的保持需要完全与外界断绝关系，需要把自己从被观照之物中分离出来，而不是积极地卷进去"⑦。

首先，叔本华所描述的审美意识不包括趣味理论当中所说的任何一种趣味能力，其整个描述所依据的是知性及其对象。其次，审美意识依赖或取决于知性以一定的方式将知觉的对象从该对象与其他事物的关系中分离出来，并使对象在知觉上与其他事物的能力无关。再次，在叔本华看来，

①　Arthur Schopenhauer, *The World as Will and Representation*, Trans. E. F. J. Payne (New York：Dover, 1966), vol. I, p. 176.

②　Arthur Schopenhauer, *The World as Will and Representation*, Trans. E. F. J. Payne (New York：Dover, 1966), vol. I, p. 178.

③　Arthur Schopenhauer, *The World as Will and Representation*, Trans. E. F. J. Payne (New York：Dover, 1966), vol. I, p. 178.

④　Arthur Schopenhauer, *The World as Will and Representation*, Trans. E. F. J. Payne (New York：Dover, 1966), vol. II, p. 369.

⑤　Arthur Schopenhauer, *The World as Will and Representation*, Trans. E. F. J. Payne (New York：Dover, 1966), vol. II, p. 369.

⑥　Arthur Schopenhauer, *The World as Will and Representation*, Trans. E. F. J. Payne (New York：Dover, 1966), vol. II, p. 370.

⑦　Arthur Schopenhauer, *The World as Will and Representation*, Trans. E. F. J. Payne (New York：Dover, 1966), vol. II, p. 370.

一旦发生以上的分离与孤立行为，对某知觉对象进行非功利性的审美观照就变成可能的了。最后，如果有任何意志的活动破坏了知性分离行为的话，那么审美意识也会遭到破坏，在审美意识和功利性考虑之间存在着一种完全的对立。若是如此，在叔本华的视野中，艺术的再现又是如何进入审美经验概念中的呢？

以丘吉尔的一幅肖像画为例。依据叔本华的看法，对这幅肖像画的审美体验有必要变成对一个孤立的、与其他任何事物无关的对象的体验。因此，在审美体验中，这幅肖像画与丘吉尔本人之间没有任何关系。由此观之，对这幅肖像画的审美体验无助于艺术的再现。在艺术品的审美体验中，审美体验的对象会转变成柏拉图式的理念——或许是柏拉图式的男性审美观。

根据康德的观点，审美对象的体验不是对一个孤立的、与其他事物无关的审美对象的体验，而是一种所有与其相关之物在审美经验上都被视为无效的体验。叔本华保留了康德的教义，但他不仅把对未来利益的欲望排除在了审美体验之外，而且还把模仿同审美对象以及外在于审美体验的其他事物之间的关系也排除在了审美体验之外。叔本华关于艺术体验本质的这种教条与我们实际的艺术体验大为不同，它会歪曲我们对艺术体验本质的理解。

第三章 20世纪的审美态度理论

迄今为止，我只讨论了自柏拉图美的理论以来的美学传统，对这种传统的讨论以19世纪审美概念的被引进宣告结束。然而，另一个传统，即艺术哲学，在20世纪又重新引起了人们的兴趣，而且审美概念也吸引了哲学家们相当多的注意。由叔本华和其他人构成的这一传统发展出了一些理论，它们被称为"审美态度理论"。审美态度理论遭到了所谓"元批评"理论的挑战。这两种理论之间的争论最终只围绕着一个问题来展开，即两者中的哪个可以对批评或鉴赏对象的本质做出正确的描述。这种对象被审美态度理论家和元批评理论家称为"审美对象"。

这一章主要讨论三种不同的审美态度理论。第一种审美态度理论是爱德华·布洛(Edward Bullough)在20世纪早期提出的"心理距离说"。① 布洛的《作为艺术的一个要素与美学原理的"心理距离"》被收录在许多美学选集当中，并产生了很大的影响。第二种审美态度理论是"非功利性的注意理论"(theory of disinterested attention)。它由布洛的理论演化而来，并赢得了很多拥护者，代表人物为杰罗姆·斯图尼茨②和埃利塞欧·维瓦斯(Eliseo Vivas)③，我接下来会讨论他们的观点。第三种审美态度理论由维吉尔·奥尔德里奇提出④，这

---

① Edward Bullough, " 'Psychical Distance' as a Factor in Art and an Aesthetic Principle", reprinted in M. Levich, ed. , *Aesthetics and the Philosophy of Criticism* (New York: Random House, 1963), pp. 233—254.

② Jerome Stolnitz, *Aesthetics and Philosophy of Art Criticism* (Boston: Houghton Mifflin, 1960).

③ Eliseo Vivas, "A Definition of Esthetic Experience", *Journal of Philosophy* (1937), pp. 628—634, reprinted in E. Vivas and M. Krieger, eds. , *The Problems of Aesthetics* (New York: Rinehart, 1953), pp. 406—411; Vivas, "Contextualism Reconsidered", *The Journal of Aesthetics and Art Criticism*(1959), pp. 222—240.

④ Virgil Aldrich, *Philosophy of Art* (Englewood Cliffs, N. J. : Prentice Hall, 1963), pp. 19—27.

种理论将"看作"（seeing as）观念变成了核心观念。①

第四章主要探讨和批判门罗·比尔兹利的元批评理论，这种理论主要关注审美对象。② 在讨论中我将提出一些我个人关于如何看待批评对象的建议。

虽然上述三种审美态度理论涉及人的多种行为和心理状态（状态是否等于态度？），但是"审美态度"这种表达并没有十分清楚地表明"态度"这一概念的含义。上面提到过的每种审美态度理论都宣称，一个人可以通过一定的方式（保持一定的心理距离、非功利性地感知或看作），将任何一个对象转变成审美对象。在这一点上，读者很容易就会注意到叔本华对审美态度理论家的影响。

审美状态：心理距离

爱德华·布洛通过一个例子引入了"心理距离"的概念，这个例子是人们对一种自然现象而不是一件艺术品的欣赏。他说，试想一下，海上云雾弥漫的情景是多么令人愉快啊，即使在这种情况下我们也会身处危险之中。布洛写道：

> 距离最初是通过使我们实在的、真实的自身与外在现象发生错位而产生的，通过使现象外在于我们个人需求和满足的范围——总之，通过"客观地"看待它，正如它通常被称作的那样，通过只允许经验到的客观特征在我们身上产生反应。③

距离有一种抑制作用，"使我们实在的、真实的自身与外在现象之间发生错位"。抑制的心理状态可以由感知者的一种行为引起，或者感知者被引入这种心理状态。一旦出现这种心理状态，一个对象就可以成为审美欣赏

---

① 持类似观点的理论可参见 J. O. Urmson, "What Makes a Situation Aesthetic?" *Proc. Of the Aristotelian Society*, sup. vol. (1957), pp. 75—92, reprinted in J. Margolis, ed., *Philosophy Looks at the Arts* (New York: Scribner's, 1962), pp. 13—27; and v. Tomas, "Aesthetic Vision", *The Philosophical Review* (1959), pp. 52—67。

② Monroe Beardsley, *Aesthetics* (New York: Harcourt Brace, 1958), pp. 15—65.

③ Edward Bullough, "'Psychical Distance' as a Factor in Art and an Aesthetic Principle", reprinted in M. Levich, ed., *Aesthetics and the Philosophy of Criticism* (New York: Random House, 1963), p. 235.

的对象。在布洛看来，"距离"表示一种心理状态，它既可以被获得也可以被失去。他描述了两种失去距离的情况，并把它们称为"距离过度/太远"（over-distancing）和"距离不足/太近"（under-distancing）。关于后一种情况，他举的例子是一个心存猜忌的丈夫在观看《奥赛罗》时会觉得自己的妻子也有不贞的行为。关于前一种情况，布洛的追随者塞拉·道生（Sheila Dawson）举的例子是一位观众主要关注的是一出戏剧的技术细节。

布洛是通过说明对一种具有实体性的自然景观的观赏来引入他的心理距离理论的，这种自然景观（海上云雾）会威胁到观赏者的人身安全。他认为肯定存在着某种心理现象，它可以通过某种途径消除威胁观赏者人身安全的不利因素，促使观赏者可以欣赏如海上云雾等具有危险性的自然景观。布洛的这种观点看起来是很自然的，而且会让人联想起叔本华的崇高理论。叔本华认为欣赏某种崇高但有危险性的对象需要强有力地消除意志（大致上等于自我）的作用。但是，我们是否需要假定存在一种所谓"产生距离"（to distance）的特殊行为或所谓"距离化"（being distanced）的特殊心理状态来说明这一事实，即我们有时可以欣赏危险之物的某些特征？难道只根据注意力来解释这种现象，例如把注意力集中在海上遇雾的某些特征而忽视另一些特征，就会更简单、更实用吗？事实上，即使一个人已经充分并且痛苦地意识到了自身所处情况的危险性，但他仍旧会欣赏海上云雾等自然景观的某些特征。当然，如果一个人忽视了实际的事实，那么理论上的实用是没有什么太大价值的。问题可能必须通过内省来加以解决。为了欣赏某物，我们是否必须采取一种特殊的行为来与该事物保持一定的心理距离？或者如果在某种给定的情况下，我们不再需要采取一种特殊的行为，那么当面对一件艺术品或一个自然物的时候，我们还能够保持一定的心理距离吗？看起来以上两种情况都没有发生过。

尽管"心理距离说"乍看起来具有一定的合理性，尤其是当它被用来说明观赏具有危险性的自然事物时，但是当被用来解释我们与艺术品的关系时，它便无能为力了。观看《奥赛罗》的猜忌者并不是没有保持一定的心理距离，他只是由于一些特殊的原因而难以将自己全部的注意力都集中在戏剧的行动上。经常被用来说明这种理论的一个虚构的例子是一位观众登上舞台去拯救身处危险之中的女主角。这通常被解释为这位观众已经失去了心理距离，但更好的解释是他已经丧失了理智，并且不再能够意识到支配着戏剧情节的技巧和程式。在这个例子中，技巧指的是可以用来阻止观众干预演员表演的措施。每种已知的艺术形式都有着相似的技巧和程式。当然，在当代的某些戏剧作品中，观众会受邀参与演出。"心理距离说"的一些拥护者用来说明心理距离是如何起作用的一个实例反而使这种理论变得更可疑了。塞拉·道生①是布洛的追随者，苏珊·朗格②认为艺术是幻觉的观点在某些方面也类似于布洛的理论。他们都使用了《彼得·潘》的例子，在这个例子中彼得·潘面向观众并请求观众拍手鼓掌以拯救小仙女叮叮铃（Tinker Bell）。这两位理论家认为彼得·潘的这一请求破坏了心理距离（或必要的幻觉），与此同时，"大部分儿童会偷偷地离开剧院，相当多的儿童会为之哭泣——不是因为小仙女叮叮铃可能会死，而是因为戏剧所营造的幻觉已经消失了"③。事实上，他们认为，戏剧演出中的这个安排破坏或严重削弱了彼得·潘作为一个审美对象的身份，即作为审美欣赏和体验对象的身份。但是在就此得出任何理论上的结论之前，应该弄清楚孩子们是否真的因彼得·潘的这一请求而感到"强烈的痛苦"④，从而想要偷偷地离开剧院。事实上，他们热情地回应了彼得·潘的请求。朗格回忆道，作为一个孩子，彼得·潘的这一请求使她感到强烈的痛苦，但她又说除她之外的孩子都鼓了掌并且感到很愉快。如果我们在得出结论之前能够考虑一下绝大多数孩子实际的回应，那么根据这些回应来发展这一理论看起来就颇为合理了。此外，只要想一想就会发现，很多受到高度评价的戏剧和电影，如《我们的小镇》《蜂蜜的滋味》《汤姆·琼斯》等，都使用了类似的手法。

如果布洛一开始思考的就是"不具危险性的情况"，如观看一幅画了一瓶花的绘画，而不是那些具有危险性的情景，如海上云雾和必怀猜忌的丈夫观看《奥赛罗》，那么他就会觉得没有必要用一种心理机制去阻止思想（如怀疑妻子）和行动（如避开海上云雾）。

如果"心理距离说"仅仅是一种复杂的和多少有些误导性的探讨与事物保持或不保持一定心理距离的途径，那么我们便没有理由再去关注它了。然而它的拥护者却把它看成一种审美理论首要和关键的一步，而且认为它具有深远的意义。他们通过《彼得·潘》的例子表明，这种理论可以为评价艺术品提供一些基础。此外，他们还认为与一件艺术品保持一定的心理距离有助于发现它的特性，这些特性也是作为一个审美对象的艺术品所应具

---

① Sheila Dawson，" 'Distancing' as an Aesthetic Principle"，Australasian Journal of Philosophy (1961)，pp. 155—174.

② Susanne Langer，*Feeling and Form* (New York：Scribner's，1953).

③ Sheila Dawson，" 'Distancing' as an Aesthetic Principle"，Australasian Journal of Philosophy (1961)，p. 168.

④ Susanne Langer，*Feeling and Form* (New York：Scribner's，1953)，p. 318.

备的。换言之，我们会把注意力转移到这些特性上，而且我们的审美经验就源于这些特性。总之，他们认为艺术批评和鉴赏的大量指导方针可以从某种心理状态的性质中获得。但是假如不存在这种心理状态的话，这种理论就会遭遇严重的困难。

审美意识：非功利性的注意

认为"审美"概念可以根据"非功利性的注意"来加以定义的看法是"心理距离说"与18世纪趣味理论中"非功利性"观念相结合的产物。"心理距离"被用来表明一种特殊的行为或心理状态，"非功利性注意"则被用来表明通过一种特殊的方式来引发普通的注意行为。这种审美态度理论的说服力完全依赖于清晰有效地描述以艺术和自然为对象的所谓非功利性注意。

在对非功利性注意进行正式讨论之前，有必要先梳理一下两对概念：功利的和非功利的（interested/disinterested），感兴趣的和不感兴趣的（interested/uninterested）。第一对概念包含了经济利益、偏袒和公平、自私和非自私等观念。例如，当某人拥有一家公司股份的时候，他对这家公司就会抱着一种功利的态度，会出于一种自私的原因希望这家公司经营良好。或者作为一个有前途的陪审员，当被告是他的朋友或亲人的时候，他也会抱有一种功利的态度。不抱有功利态度的人与抱有功利态度的人正好相反，第二对概念包含关注和注意等观念。因此，如果某人关注或注意某物，如一本书，那么他或她就是对这本书感兴趣，会坚持读完这本书。如果某人不关注或不注意一本书，那么他或她就是对这本书不感兴趣，因此可能不会坚持读完这本书。有时人们会使用"非功利的"这个概念来表示"不感兴趣的"这个概念所具有的含义，也就是说，表示对一种具体情境漠不关心。但是这种用法模糊了两者之间的一个重要区别。如果以上两对概念之间的区别能够得以保持的话，那么我们会看到，一个人既可以对某物感兴趣，同时又不会对该物抱有功利性的态度。例如，一个陪审员可能会对一件正在审判的案子很感兴趣，换句话说，他很关心和注意它，但与此同时，他对它并没有功利性的态度。也就是说，他会公平地对待这件案子而不会对它怀有任何自私的动机。无论如何，在第一对概念的意义上使用的"非功利"概念对于探讨审美态度理论来说是十分重要的。

杰罗姆·斯图尼茨对"审美态度"所下的定义可以被视为一个标准的定义。他把"审美态度"定义为"对审美意识的对象进行非功利性的（没有任何进一步的目的）、同情的注意或观照，并且只以注意或观照本身为目的"①。埃利塞欧·维瓦斯对"审美态度"的看法类似于斯图尼茨。维瓦斯没有使用"非功利的"而是使用了"不及物的"来表达注意的重要组成部分，但两个术语的含义基本一致。

下面让我们来看两个例子，它们可以说明审美的"非功利性注意理论"。假设安妮正在听某段音乐，但她是为了写一篇分析它的文章以应付考试才去听的。由于她怀有实用的目的，因而她对这段音乐的注意并非无功利的。相反，她对这段音乐的注意一定是带有功利的。假如鲍勃正在观看一幅画，这时画上所描绘的一个形象突然使他想起了某个他所认识的人。于是鲍勃开始回忆起有关这个熟人的事情，或者开始去讲述关于他的故事，而他自始至终都站在这幅画前。由于鲍勃把绘画当成了他进行联想的媒介，因此他对这幅画的注意也是带有功利性的。

有些功利性注意与非功利性注意的差别被其拥护者广泛地应用到了各种各样的艺术体验当中，但在这里，我们只需要再举一个例子就足够了。维瓦斯列举了一些欣赏文学作品的方式，通过这些方式对文学作品进行的注意是及物的或带有功利的：当作品被看成历史、社会批评、其作者患有神经衰弱症的诊断证据或不受该作品控制地进行自由联想的跳板的时候。应当记住的是，这些注意方式被认为是非审美的方式。因此，通过这些方式注意的对象也被认为是非审美的对象。根据这种理论，一件艺术品或一个自然物可能是，也可能不是一个审美对象，这取决于它是否得到了非功利性的注意。同一个事物可能有时是审美对象，有时又不是审美对象。

非功利性或不及物注意理论认为至少存在两种不同的注意，并且"审美"这一概念可以根据其中的一种来加以定义。这种理论的拥护者通过一些反例来对"非功利性注意"进行解释，也就是说，列举或描述一些"有功利性注意"的例子。据说，如果能够弄清"有功利性注意"的本质，那么我们就会对"非功利性注意"是什么有一些了解。但关键问题是，这些对艺术品带有功利性的注意是否真的可以被归为一个种类？也许只存在一种注意。

回想一下鲍勃的例子，当他在观赏一幅画时，他开始回忆或讲述故事。尽管此时的鲍勃正站在画前并用眼睛注视着它，然而他却根本没有注意它，他所注意的只是他正在回忆的往事或正在讲述的故事。因此，这种所谓的非/

---

① Jerome Stolnitz，*Aesthetics and Philosophy of Art Criticism* (Boston：Houghton Mifflin，1960)，pp. 34—35.

无功利性注意的情况被证明是一种非注意的情况，而不是一种特殊的注意。在另一种情况下，鲍勃可能在讲述故事的同时也在注意着这幅画。然而即使在这种情况下，我们也没有理由认为，其中包含了不止一种的注意。让我们再来看一下安妮的例子，她为了一次考试而去听音乐，因而她听音乐这一行为包含了进一步的动机，这不同于一个没有进一步动机而去听音乐的人。那么，这是否意味着两者是通过不同的方式来注意的？不管他们怀有怎样的动机，他们可能都喜欢或讨厌这段音乐。在上述两个例子中，审美主体的注意力可能会走神，可能会苏醒，也可能飘忽不定，等等。所以尽管很容易看到拥有不同的动机意味着什么，但我们并不容易看到拥有不同的动机是如何影响注意力性质的。不同的动机会将注意力引向不同的对象，但注意活动本身却始终保持不变。

　　最后，让我们来看一下维瓦斯关于文学作为审美对象的论点。令人吃惊的是，维瓦斯宣称他的审美概念假定了"《卡拉马佐夫兄弟》不能被当作艺术"①，也就是说，它不能被当作一个审美对象来进行体验。这一点对他的非功利性注意理论构成了威胁。由于《卡拉马佐夫兄弟》是一部著名的小说，因而肯定也是典型的审美对象，任何否认这一点的理论都将遭到质疑。为什么在维瓦斯看来它不是一个审美对象呢？也许是因为他觉得这部小说的复杂性和巨大篇幅妨碍了读者对其不及物的注意，但更有可能的原因是，在某种程度上，读者几乎难免将其解读为一部社会批判著作，而这恰恰是维瓦斯认为对文学作品进行的多种非审美注意中的一种。但是维瓦斯所举出的各种例子是否真的属于及物的或功利性注意的情况呢？其中有两个对一部文学作品所谓功利性注意的例子，实际上表明的并不是对文学作品本身的注意的情况。把文学作品当成一个由之进入不受该作品控制的自由联想境地的跳板，只不过是一种与作品脱离关系并停止注意它的情况。类似地，用作品去诊断作者是否有神经衰弱症，也是一种将注意力从作品上转移走的做法，而不是一种特殊的注意作品的做法。在某些情况下，一位读者可能既会像通常那样注意作品本身的某些方面，又会注意（思考）作者的神经状况，这些只是一些注意力部分分散的情况。在其他情况下，由于作者的神经状况成为注意的唯一对象，因而对作品本身的注意就被完全分散了。

---

　　①　Eliseo Vivas，"Contextualism Reconsidered"，*The Journal of Aesthetics and Art Criticism*（1959），p. 237.

其他两种所谓功利性注意的情况，将文学作品解读为历史著作和将文学作品解读为社会批判著作却是十分特殊的。它们不属于注意力分散的情况。有时，文学作品当中包含了历史指涉和社会批判。假设将一部文学作品解读为一部历史著作意味着读者意识到了这部文学作品做出了一种历史指涉，并且还意识到了这种指涉的对或错。那么在这种情况下，一个读者的注意是如何不同于当他并没有意识到这点（作品做出了一种实际的历史指涉）或者当他意识到作品完全是虚构时的注意呢？假设将一部文学作品解读为一部历史著作意味着将它仅仅解读为历史。即使这种解读的方式并没有表明一种特殊的注意，它仅仅意味着作品的某个方面被注意到而作品的其他诸多方面却被忽视或错过了。如果有的话，一部文学作品当中所包含的历史或社会批判内容只不过是整部作品的一部分（仅仅是一部分），当作品的其他方面属于审美对象的时候，任何想要否认这方面内容属于审美对象的说法看起来都是莫名其妙的。为什么像社会批判这样重要的部分应该从审美对象的整体中被分离出去？维瓦斯认为这种分离是由一种知觉特质——某种只会将某些特定种类的事物作为其对象的注意——所引起的。然而，他所说的这种注意是否存在却是一个很大的疑问。

功利性注意的情况可以总结如下：安妮对一段音乐的注意被证明就像其他任何一个听音乐的人的注意一样，鲍勃对一幅画的"功利性注意"则被证明是一种非注意的情况，联想到作者的神经状况并对之进行诊断也被证明是非注意的情况，对文学作品中的历史或社会批判内容的注意被证明仅仅是对作品某个方面的注意。当然还有其他很多功利性注意的例子可以被讨论，但如果以上分析的例子是典型的话，那么非功利性注意理论就不能被认为是对审美态度的一种正确解释，也就不能被用作描述审美对象概念的基础。

审美感知："看作"

奥尔德里奇根据维特根斯坦哲学中的一个核心观念发展出一种审美理论。它是一种审美态度理论，因为该理论宣称正是主体决定了客体是否能被当成一个审美的对象。鉴于之前讨论过的理论分别使用了一种特殊的心理状态和特殊的注意观念，奥尔德里奇认为存在着一种特殊的审美感知方式。

维特根斯坦唤起了人们对模棱两可的图像（ambiguous figures）的注意，尽管他并没有将它们用于说明一种审美理论。例如，一幅素描从上往下看到的是一种形状，从下往上看到的又是另一种形状。维特根斯坦所举的一个著名例子是"鸭—兔图"：一个图形有时被看作一只鸭子的头，有时又被看作一只兔子的头。奥尔德里奇通过讨论模棱两可的图像，引出自己的审美理论。他认为从这些模棱两可的图像中可以区分出三点不同之处，它们分别是：(1)纸上所呈现的线条构成的图形；(2)对一个事物(如一只鸭子)的再现；(3)对另一个事物(如一只兔子)的再现。存在一种有争议的说法，即奥尔德里奇没有讨论过模棱两可的图像，也没有用"看作"观念来描述这些图像。

奥尔德里奇努力使他的审美理论平行于对模棱两可的图像的感知现象。他声称之前的理论家们认为只存在一种感知方式的看法是错误的。他认为存在着两种感知方式，即审美感知和非审美感知。他把非审美感知方式称为"观察"，而把审美感知方式称为"领悟"。观察和它的对象(奥尔德里奇称之为"物理对象")对应于观看一种再现，如对鸭子的再现。领悟和它的对象(奥尔德里奇称之为"审美对象")对应于观看另一种再现，如对兔子的再现。这种模棱两可的图形本身被奥尔德里奇称为"物质客体"。当被观察的时候，一个物质客体便被看成一个物理对象；当被领悟的时候，它又被看成一个审美对象。

奥尔德里奇的理论为审美对象问题提供了一种灵活的解决方案，从这点看来，他的理论是值得赞扬的。同时，他的理论又避免了任何有关非功利性注意和心理距离的讨论，因为它们看起来有很多无法克服的困难。最终他打算从维特根斯坦的哲学(20 世纪最有力量和影响力的哲学思潮之一)中发展出一种理论。然而我们有理由认为奥尔德里奇的理论就是真理吗？他是否提供了充分的证据来证明的确存在着两种感知方式的论点？

奥尔德里奇明确指出，有关模棱两可的图像的观点不应该被当作说明他的审美理论的证据，它们仅仅给他的理论思考提供了启示。但是两者之间缺乏一种明确的关系，这一点必须被弄清楚。事实上，单就一个图像可以作为两种再现中的任何一种来说，并不能说明存在着两种感知方式。例如，只要涉及观看，那么观看鸭子的再现与观看兔子的再现实际上是一样的。这种情况只涉及了一种感知，尽管这种感知有两个对象(两种再现)。"看作"观念在分析再现概念时也许是有用的，但那明显是另一回事。模棱两可的图像现象应被当作奥尔德里奇理论的一种模型。然而这种模型不是完美无缺的，因为对模棱两可的图像的观看并没有涉及两种感知方式。

在一本展示其理论观点的书中，奥尔德里奇给出的唯一证据是以下所谓审美感知的例子：

以一个黑暗中的城市和黄昏时刻暗淡的天空为例，两者在天边相遇。从纯粹审美的眼光来看，位于模糊地平线上方的天空中明亮的区域是朝着观看点突出的，因而天空比城市中的那些黑暗建筑物更加接近观赏者。这就是这些物质性事物在审美空间中的布局。①

几乎每一个人都会承认以上这段引文当中所描述的经验是一种审美经验，并且它是拥有审美价值的。虽然事实上是那些建筑物更加接近观赏者，但表面上看来却是天空更加接近观赏者。事物看起来不同和视觉关系在不断变化的光照条件下也会发生变化的事实，却并不能证明存在着两种可以被人随意关闭或打开的感知方式。在以上例子的结尾，奥尔德里奇对审美感知做了一种总体的描述，表明他整体的探讨当中存在着一些完全错误的地方。他写道，审美感知"可以说是一种印象式的观看方式，但它仍旧是一种感知方式"②。先不管这种说法是否合理，可以肯定的是，并不是所有我们所说的审美经验都是印象式的，尽管其中有些可能是印象式的。那么在观看戏剧《哈姆雷特》、欣赏一个中国明代的古董花瓶或一幅伦勃朗的油画时，怎样才算是印象式的观看方式呢？同理，在欣赏一幅印象派的绘画和聆听一段印象派的音乐时，怎样才算是印象式的感知方式呢？

在奥尔德里奇的这部书出版几年之后，他又提出另一个例子来描述审美感知，并由此来证明他的审美理论。③ 他以在夜晚观看天空中飘然而下的、闪闪发光的雪花的情景为例，称如果将眼睛的注意力集中在雪花后面黑暗当中的一个点上，那么雪花看起来就像彗星一样，并且尾巴上翘。奥尔德里奇声称这种观看方式就是一种"印象式"的观看方式，并且将它与日常观看雪花的方式进行了比较。然而观看雪花的例子与观看日落时的城市的例子是不同的，因为观看雪花时，观看者实际上需要掌握一定的方法——集中眼睛注意力的方法。尽管如此，观看雪花的例子并不能作为证明存在着两种感知方式的观点的证据。如果当一个人采用将眼睛的注意力

---

① Virgil Aldrich, *Philosophy of Art* (Englewood Cliffs, N. J.: Prentice Hall, 1963), p. 22.

② Virgil Aldrich, *Philosophy of Art* (Englewood Cliffs, N. J.: Prentice Hall, 1963), p. 22.

③ Virgil Aldrich, "Back to Aesthetic Experience", *The Journal of Aesthetics and Art Criticism* (1966), pp. 368—369.

集中在雪花后面的方式来观看雪花时，雪花在审美上是令人愉悦的，当他用日常的方式来观看时，雪花在审美上同样是令人愉悦的。存在着很多可以引起新的和不同寻常的感知体验的方法。例如，一个人可以斜着眼睛观看雪花（或一幅画），可以使用望远镜或显微镜来观看，可以在药物的影响下来观看，等等。然而这些方法并不能明显地区分出那些被称为"审美上令人愉悦的"感知体验。我们可以发现，在某些情况下，这些方法中的一些是非常有用的。例如，当斜着眼睛观看一幅画时，我们为了清楚地看到其构图或结构而从中挑选出一些细节。然而，在观看绘画、戏剧等对象的时候，我们并不能频繁地使用这些方法。对雪花的"印象式"观看方式与对日落时的城市的"印象式"观看方式相比，算不上一种更加独特的审美观看方式。我们认为，奥尔德里奇并没有提出合理的证据来证明其理论的真实性。

结语性评论

20 世纪的审美态度理论源于 19 世纪叔本华等人的理论。例如，他坚持认为审美是一种无意志、非实用的沉思状态。这些理论的根源甚至可以进一步追溯到 18 世纪的非功利性观念。审美态度理论从 18 世纪的趣味理论那里继承了这样一种观念，即对于一种正确的理论来说，好的心理分析是至关重要的。但是他们却反对 18 世纪的趣味理论所持有的一种假设，即外部世界的某一具体的特征，如"多样性的统一"，激起了人们的审美或趣味反应。同样，审美态度理论从 19 世纪的审美理论那里继承了这样一种观念，即任何一个事物（对淫秽和令人厌恶的事物则保留一定的意见）都可以成为审美鉴赏的对象。但是他们却反对 19 世纪的审美理论所持有的一种假设，即审美理论必须被植入到一种广泛的形而上学的体系当中，比如叔本华的哲学体系。

审美态度理论有三个主要的目标。第一，试图将构成审美态度的心理因素孤立起来并对其进行描述，这也是最基本的一个目标。第二，试图发展出一种审美对象的概念，从而将其当作审美态度的对象。第三，试图通过把审美经验设想成源于一个审美对象的经验来对其进行说明。对于这些理论来说，一个审美对象拥有作为鉴赏和批评活动（批评被理解为包括了描述、解释和评价等）的一个合适场所的功能，并且审美态度和审美对象的概念都有一种规范的功能。也就是说，它们会以某种方式将我们的注意力引向艺术与自然的某些性质，而这些性质是"审美上相关的"。由此，它们可以作为批评的一个基础。回忆一下心理距离的概念是如何评价《彼得·潘》的，以及非功利性知觉的概念是如何评价《卡拉马佐夫兄弟》的。审美态度理论认为，这些艺术品中所包含的一些因素不仅在审美上是不相关的，而且还会对艺术品的审美价值造成破坏。看来，这三种颇具影响的审美态度理论都存在着某种根本性的难题。如果真是这样，断言审美态度理论中审美对象的概念以及与之相伴的批评理论和审美经验也处在困境当中，看起来就是合理的了。有没有一种能够提供审美对象的概念，并为一种批评理论提供基本切实可行的理论呢？有些人认为，元批评理论正是这样一种理论。

第四章 元批评：审美态度理论的替代品

重述一下之前所讲过的，元批评（metacriticism）是一种哲学活动，其任务是当艺术批评家们描述、解释和评价具体的艺术品时，分析并厘清他们所使用的基本概念。本章将会探讨并批判门罗·比尔兹利有关审美对象的元批评理论。这并不意味着比尔兹利的理论是有关审美对象的唯一的元批评理论。不过，比尔兹利的理论是唯一相对完整的元批评理论。本章对比尔兹利理论的总结在两个方面不同于他本人的论述。首先，与本章不同的是，比尔兹利并没有明确地提出一种批评的标准，而这种标准只是隐含在他的论证当中。其次，本章所展示的理论只关注艺术品，并不涉及自然对象。这两点不同之处并不违背其理论的基本精神和意图。

与审美态度理论家们的假设相同，比尔兹利同样承认，存在一种可以被我们用来将审美对象从其他事物中区分出来的明确方式。然而，他并没有试图用审美态度的观念来加以区分。尽管比尔兹利在发展审美对象理论的过程中并没有提出明确的批评标准，但是他隐含地使用了三重标准：独特性（distinctness）、可感知性（perceptibility）及其对感知领域基本属性的思考。

比尔兹利自始至终都没有忘记独特性的标准。对此标准最为清晰的使用出现在比尔兹利的如下论证中：艺术家的意图（艺术家想要做的事情）不属于审美对象。他的论证十分简洁，尽管艺术家的意图与他所创作的艺术品之间存在着因果关系，但意图却截然不同于（不属于）一件实际的艺术品。他认为如果某物不是艺术品的一部分，那么它也就不是审美对象的一部分。针对这一问题，比尔兹利还进行了许多其他有益的探讨，但上述讨论却是他论证的核心。

作为审美对象的一个必要条件，独特性的标准可以通过以下的方式来表述：

> 如果某物是某个审美对象的一部分，那么它也一定是（而非不同于）某件艺术品的一部分。

这种批评标准可以起到将某些事物，如艺术家的意图，从审美对象中排除出去的作用。（这里并没有对"艺术品"进行概念分析，对其分析要等到以后来进行，此处是在分类学而非价值判断的意义上使用这一措辞的，并且它不能被当作"审美对象"的同义词。）需要记住的一点是，目前我们对审美对象的讨论仅仅限于艺术的范围。当然，自然事物也可能是审美的对象，但它们却不在我们目前的讨论范围之内。在本章的结尾，我们将对作为审美对象的自然事物做一个简短的评论。

假如独特性的标准得到了人们的认同，并且在牵涉意图的情况下运用正确的话，那么很明显，还需要借此挑选出艺术品最为独特的方面。把艺术品的其他方面也当作审美对象的做法显然是愚蠢的。例如，一幅画背面的颜色或一场戏剧表演中幕后进行舞台管理的举动就不是审美鉴赏和批评的合适的对象。

长期以来，在美学中存在着一种强调感性因素的重要传统。受其影响，比尔兹利试图利用可感知的与不可感知的之间的差异，并使可感知性成为审美对象的一个必要条件。可感知性的标准可以表述如下：

> 如果某物是某个审美对象的一部分，那么在正常的情况下，艺术品作为审美对象一定能被感知到。

必须对正常的情况增加一个限制性的条件，因为就像一幅画背后的颜色那样，虽然它是可感知的，但这种感知却不属于观看绘画的正常情况。这一批评标准同样可以将某些事物从审美对象中排除出去。

接下来，我将用一些例子来阐明可感知性的批评标准是如何发挥作用的，以及在某些特定的情况下困难是如何产生的。

首先，让我们来看一下传统戏剧表演中舞台管理的例子。尽管这项工作对于演员们成功的表演来说是必不可少的，然而进行舞台管理的举动明显并不是戏剧表演中属于审美对象的部分。从广义上来讲，舞台管理也是一件完整艺术品的一部分，也就是说，它并非完全不同于艺术品，所以用独特性的批评标准无法将其排除。不过，在正常的情况下，进行舞台管理的举动对于观众来说是无法被感知到的。由比尔兹利的可感知性标准我们可以推论出，舞台管理不属于审美对象的一部分：

1. 如果某物是某个审美对象的一部分，那么在正常的情况下，它是可以被感知到的。

2. 在正常的情况下，舞台管理是无法被观众感知到的。

3. 因此，舞台管理不是审美对象的一部分。

在这个例子中，我们的直觉和运用比尔兹利的可感知性批评标准所得出的结果是完全相同的，即管理舞台不属于审美对象的一部分。这个例子没有给比尔兹利的理论提出任何难题。

其次，让我们来看《哈姆雷特》中一个演员舞台表演的例子。很明显，在《哈姆雷特》中，一个演员在舞台上的表演可以被当作审美对象的一部分，也就是说，它可以被当作鉴赏和批评对象的一部分。此外，在正常的情况下，它是可以被感知到的。这就满足了比尔兹利的可感知性批评标准，因此若按照这一标准，它就不能被排除掉。但是，另一方面，舞台表演并不能被划入戏剧中属于审美对象的部分，因为比尔兹利的可感知性批评标准并没有与有关这种表演的陈述建立逻辑联系。以下列出的两个前提表明了这一点：

1. 如果某事物是某个审美对象的一部分，那么在正常的情况下，它是可以被感知到的。

2. 在正常的情况下，一个演员的舞台表演是可以被感知到的。

在这两个前提之后便没有任何东西了。比尔兹利的可感知性批评标准不能否认舞台表演是审美对象的一部分，这并不令人感到惊讶。因为这种表演符合这一标准，即它是可感知的。但比尔兹利的可感知性批评标准也不能承认舞台表演是审美对象的一部分，这同样不会令人感到惊讶，因为前两个批评标准都可以起到将某些事物从审美对象中排除出去的作用。这个例子表明，比尔兹利的可感知性批评标准无法对审美对象做出一种清晰的说明。

还有第三个批评标准，即对感知领域基本属性的思考，也许这一标准可以完成将那些需要被归入或被排除掉的事物归入审美对象或从审美对象中排除出去的任务。通过对这一批评标准的讨论，比尔兹利把审美对象分别描述为一种视觉设计（visual design）、一首音乐作品或一部文学作品，等等。因此，第三个批评标准可以表述如下：

某个审美对象或是一种视觉设计，或是一首音乐作品，或是一部文学作品……

以下我将只讨论视觉设计的情况，因为它可以充分地说明这一批评标准是如何起作用的。比尔兹利将"视觉设计"定义为"一种展示异质性的、有界限的视觉领域"。据推测，这种定义是为了分离出纯粹视觉审美对象的构成因素。

现在让我们回到《哈姆雷特》中演员进行舞台表演的例子，而且只聚焦于它的视觉方面，如从剧场中的观众席位上所看到的。这里我们可以运用比尔兹利的视觉设计观念来进行分析。戏剧舞台的轮廓为戏剧表演提供了一个界限，而在此界限之内的各种构成因素则展现了一种异质性。由于视觉设计按照定义就是一种审美对象，因而视觉设计的任何一个构成因素，包括一个演员的舞台表演，都可以被算作审美对象的构成因素。

再来看第三个例子——中国传统戏曲中道具管理者的例子。当戏曲演出正在进行的时候，道具管理者常出现在舞台上移动道具、转换舞台布景等。（在这个例子中，我们同样只关注戏曲表演的视觉方面。）然而和演员不同，道具管理者不是审美对象的一部分。从广义上来讲，道具管理者也是一场完整的戏曲演出的不可分割的一部分，而且在正常的情况下，他是可以被观众感知到的。因此，若按照前两个批评标准，则无法将他从戏曲表演的属于审美对象的部分中排除出去。那么视觉设计观念能够将它排除出去吗？由于舞台上的道具管理者是可见的，如同舞台上的演员那样，如果视觉设计观念可以把演员当作审美对象的一部分，那么它同样可以把道具管理者当作审美对象的一部分。视觉设计观念对被它所归入审美对象的事物不具有足够的辨别力。

第四个例子则是一种假设，即一个芭蕾舞者为了实现惊人的跳跃而使用观众感知不到的吊索。这种情况虽与第三个批评标准无关，但它与第二个批评标准有关。这些感知不到的吊索可以被当作审美对象的一部分，因为我们有必要知道这些吊索是不是为了正确地观赏和评价该舞者的舞蹈表演而被使用的。即使没有使用吊索，该舞者的一次跳跃也可能是壮丽的，反之，即使使用了吊索，他的跳跃也可能水平一般。但是，这些吊索却是该舞者的舞蹈表演的不可分割的一部分。[1] 然而由可感知性的批评标准我们可以推论出，这些吊索不是审美对象的一部分，正如以下的论证所显示的那样：

---

[1] Joseph Margolis's review of Beardley's *Aesthetics* in *The Journal of Aesthetics and Art Criticism*（1959），p. 267.

1. 如果某物是某个审美对象的一部分，那么在正常的情况下，它
   是可以被感知到的。
2. 这些看不见的吊索是无法被观众感知到的。
3. 因此，它们不是审美对象的一部分。

可感知性的批评标准被证明是错误的，因为它产生了一个错误的结论，即无法被感知到的吊索不是审美对象的一部分。在这个例子中，我们的直觉与运用比尔兹利的可感知性批评标准所得出的结果是不吻合的。

对感知领域基本属性的思考，这一批评标准是错误的，因为它把本不该归入审美对象的事物，如道具管理者，归入了审美对象。可感知性的批评标准也是错误的，因为它把本不该排除掉的事物，如看不见的吊索，从审美对象中排除出去了。

结语性评论

如果说审美态度理论家们的基本研究路径是错误的，那么比尔兹利的理论更多关注的是细节方面的问题。也许朝着比尔兹利所指明的道路继续走下去，我们就可以发展出一种适当的、有关审美对象的"元批评"理论。①

也许独特性的批评标准可以第二次被用来得出想要的结果。第一次的时候，它是被用来区分艺术与非艺术的——尤其是区分艺术品与艺术家的意图。而这一次，它可以被置于艺术的范畴下使用，从而将艺术品中属于审美对象的部分与不属于审美对象的部分区分开来。经过检查和反思，对独特性批评标准的第二次运用是可以成功的，只要艺术品包含的所有方面都可以纳入两个不同的种类，且其中的一个种类只包含了全部那些适于被鉴赏和批评的方面。这些方面构成了审美对象。

然而通过第二次的运用，我们可以清楚地看到，对独特性批评标准的第一次运用实际上没有通过一种简单、直接的方式。一个人知道某物完全不同于一件艺术品，这一事实本身就已经假定了这个人已经知道了何种事物是或不是艺术品的一部分，以及它们是或不是审美对象的一部分。判断

---

① 更多关于此美学概念的论述可参见我的"Art Narrowly and Broadly Speaking"，*American Philosophical Quarterly* (1968)，pp. 71—77；*Art and the Aesthetic* (Ithaca, N. Y.：Cornell University Press, 1974)，pp. 147—181。

某物是不是一件艺术品的一部分，实际上是在识别某一特定的事物是或不是一件艺术品的一部分，而这种识别是建立在识别者对该艺术品了解的基础之上的。当然，还存在着艺术革新的情况，这种情况主要关注哪种微小的信息可以被利用，以及为了进行某种革新一些惯例有没有被建立起来。时间将会通过此种或彼种方式来关注这种情况。即便不能用简单的方式对两种事物（属于艺术品的一部分事物和不属于该艺术品的一部分事物）之间的区别做出判断，但表面上看来却是可以进行判断的。如果真是这样，那么它会促使人们认为在属于艺术的范围中也可以做出另一种与之类似的判断。也就是说，在充分了解各种类型的艺术和制约它们表现的各种惯例和规则的基础上，人们才能认识到艺术品的哪些方面是适于被鉴赏和批评的。这两个层面中的任何一种判断，若想一开始就实现是不容易的，甚至总是不易的。在多数情况下，一些新的想法是必要的，而且很多争论都得不到美学上的解决。例如，有关艺术家的意图是不是艺术品一部分的争论仍在激烈地进行着。值得注意的是，已被抛弃的可感知性标准也不能通过一种简单、直接的方式被运用，可感知性被加上了限制性条件——在艺术体验的正常境况下，这表明可感知性不能脱离特定的艺术概念而被独自确立。

总之，无论是审美态度理论家还是比尔兹利，他们都没有像他们所希望的那样通过一种明确的方式来获得审美对象的概念。在对某类艺术品有着丰富的体验并获得充分的了解之前，对于特定的艺术品来说，人们是无法知道属于这类艺术品的哪些方面是适于被鉴赏和批评的。因此，探寻审美对象概念的方法必须建立在仔细思考相关艺术的基础之上。通过这一过程所得到的概念将会是复杂和多样的，但这恰恰表明了艺术的复杂性。

在此，还有两点值得一提。首先，比尔兹利与审美态度理论家所说的审美对象在范围上不同。根据后者的观点，任何事物——艺术品或自然物——都可以成为审美对象。然而比尔兹利的理论却将自然物排除在审美对象之外了。这并不令人惊奇，因为元批评以艺术批评为主题，而艺术批评又以艺术而不是自然物为主题。由于"元批评"旨在成为一种完整的审美理论，因而有关自然物的部分一定要加以补充。我们无法在此进一步说明这部分理论，但它的建构可能会遵循以下路径：当自然物以一种类似于艺术品的方式在某人的经验中发挥作用，并被当作鉴赏和批评的对象时，它便是审美对象。

其次，表面上看起来，这里比较适合探讨审美经验的性质，但只要关注审美态度理论家们的理论——审美经验意味着在审美的态度中所获得的经验，你就会明白，审美经验的概念实际上已经被审美态度理论家讨论过了。不过，比尔兹利的审美经验理论更明确，它认为审美经验有着区别于日常经验的某些特殊的品质。由于比尔兹利的审美经验理论与他对审美价值的阐释如此密切相连，因此我们最好把它留到第四部分来讨论。

第五章 艺术理论：从柏拉图到 19 世纪

　　本章第一部分将讨论艺术模仿论。从古希腊时期到 19 世纪，艺术模仿论的影响挥之不去，且未经细察就被认定为一种正确的艺术理论。柏拉图并没有如此超前，也没有为了用模仿论攻击艺术而为它辩护。亚里士多德至少含蓄地赞同模仿论。我也会讨论柏拉图和亚里士多德的艺术起源论及艺术效果论。接下来，我将讨论表现论，它是 19 世纪第一个挑战以模仿论为主导的艺术理论的观点。自柏拉图到 19 世纪，我们旨在讨论在模仿论内部产生的艺术理论及其所涉及的特定模仿对象。20 世纪的艺术理论将会在第六章加以讨论。

　　模仿论聚焦于艺术品的客体特征，可以说是一种以客体为中心的艺术理论。柏拉图也持有一种关于艺术起源与艺术效果的情感论。艺术表现论在 19 世纪的发展可以被视为从艺术起源与艺术效果的情感论向艺术理论自身的转换。柏拉图区分出两种理论，即艺术理论和艺术起源论，表现论者则把两者合而为一。表现论将关注焦点从艺术品转向艺术家，它是一种以艺术家为中心的理论。

　　尽管柏拉图和亚里士多德都运用并坚持艺术模仿论，但在艺术如何影响人这点上，分歧明显。同时也需注意柏拉图关于艺术模仿论的叙述是与艺术相敌对的，亚里士多德的观点则是友好的。

柏拉图

　　"艺术即模仿"无疑是柏拉图时代流行的观点。柏拉图旨在将这种观点与他的理式论哲学结合起来，并改编成一种具有两个层次的模仿。柏拉图在《理想国》①中以制作椅子为例，认为制作家具的工匠模仿了椅子的理

---

　　① Plato，*The Republic of Plato*，trans. F. M. Cornford（New York：Oxford University Press，1945），pp. 325ff.

式，而绘制一幅椅子的画家则模仿了椅子。这便是模仿的两个层次。当然，当一个艺术家描绘一个自然物（非人工制品）时，也涉及模仿的两个层次。柏拉图认为，首先存在着理式，感官世界的物体模仿理式，艺术家的表现则模仿感官世界的物体。柏拉图把绘画比作镜中之像，认为绘画仅仅是表象，因而是"不真实的"。（事实上，在柏拉图的理论中，由于感官世界中的物体是理式的表象，因而绘画应当被称为"表象的表象"。）柏拉图将非真实的表象视为绘画的特征也许是"艺术即幻觉"观的起源，"艺术即幻觉"是当下很多理论家持有的观点。

　　柏拉图反对艺术的第一个理由直接源于他的艺术概念。由于艺术与真实（理式）隔了两层，因而模仿不可能是知识的丰富来源。于是柏拉图将艺术置入了与诸如数学、科学等作为知识来源的学科竞争中，他尤其强调与诗歌的竞争。荷马和其他诗人的诗歌被许多希腊人视为权威，这些诗歌不仅仅是关乎骑马术、发动战争以及其他技术性知识的可靠来源，也是道德知识的来源。柏拉图坚持认为，只有哲学家才是道德知识的来源，只有骑马术领域里的专家才是此类技术的正确指导者。当诗人谈论驾驭战车、发动战争或是高尚的行为时，他们仅仅是假装知道，因此是错误的指导者。柏拉图反对艺术的第一个理由即艺术无疑是不真实的，因此它主要是一种低等产品，是行为的不良向导。

　　柏拉图反对艺术的第二个理由关系到所谓艺术对人们的坏影响，部分因为艺术有时表现不恰当的行为，部分因为艺术的情感天性。第一个问题可通过审查来解决，柏拉图在理想国里倡导一种严格的审查制度。但是，艺术的情感天性是由非理性驱使的，因而更难处理甚至不可能根除。在《伊安篇》中，苏格拉底与游吟诗人伊安进行了讨论。① 苏格拉底提出理论来解释诗歌是怎样产生的以及它是如何影响观众的。其主要观点是这个过程是非理性的，所有与诗歌有关的人都"丧失了他们的理智"。诗人创作诗歌不是出于理性，而是神灵禀赋的结果。像伊安这样的游吟诗人在表演时受诗歌驱使，而观众则受游吟诗人驱使。苏格拉底用一块磁铁和一串铁环做比喻：第一个铁环紧贴着磁石，第二个铁环紧贴着第一个铁环，依此类推，直到组成一个铁链。尽管只有第一个铁环接触到了磁石，但磁石的磁性却贯穿了整个链条，并使之保持稳定。与此类似，神通过诗人的灵感维持诗歌—吟诵诗人—观众这根链条。在这根链条上，没有人知道自己在做什么，

---

① Plato, *Ion*, trans. W. R. M. Lamb (London: Loeb Library, 1925).

他们都被自身之外的力量控制着。当聆听游吟诗人唱诗或观看戏剧表演时，观众可能会落泪或惊慌失措。诗歌"浇灌激情"而不是培育理性，因此柏拉图非常担心诗歌对观众产生的影响。他认为滋长激情会培养出坏公民。在《斐德罗篇》①中，他说被神灵禀赋的诗人在非理性的状态下写的诗比神志正常的人凭技艺写的诗要好些。这似乎表达了对灵感说的赞同。柏拉图反对艺术的第二个理由有些模棱两可。有一点需要注意，柏拉图在讨论灵感时，仅仅谈论了诗歌，或许他希望把灵感说限定在诗歌创作上。换言之，他本来就没有提出一种适用于所有艺术的普遍理论。

亚里士多德

柏拉图对艺术的关注，是在尝试解决理想国中诸如艺术家的位置这样的问题时派生出来的。亚里士多德（Aristotle）却直接关注艺术，或者说关注艺术的多种类型（如悲剧和喜剧）。亚里士多德并没有关于艺术基本问题的专著（或许有，但没有留存下来）。他的许多著作中都有一些关于艺术的评论，对美学的主要贡献则是他的《诗学》②。《诗学》关注三种艺术：悲剧、喜剧和史诗。亚里士多德相信"艺术即模仿"。不过由于亚里士多德认为理式与感官世界不可分离，他对感官世界没有敌意，因而也并不敌视模仿感官世界的艺术。事实上，亚里士多德的基本哲学态度对他的诗学理论干扰不大，或者可以说他的基本哲学态度使他的诗学理论建立在对当时的悲剧、喜剧和史诗的分析之上。《诗学》令人印象深刻的特点之一就是丰富的信息：既讨论了艺术形式的历史，也讨论了戏剧的技巧与剧场的技术层面。

《诗学》是一种文学理论，更准确地说是有关古希腊文学的理论。考虑到文学是模仿，亚里士多德面临的第一个难题就是区分不同种类的文学，并最终给这些种类下定义。为此，他区分了模仿的三个方面：模仿的媒介、模仿的对象与模仿的方式。关于模仿的媒介，他援引了韵律、语言和音调。但是仅靠媒介无法充分地区分诗歌与散文，比如诗人荷马和哲学家恩培多克勒都用韵文写作。模仿的对象是人的行动，这一点可被用来区分喜剧（模

---

① Plato, *Phaedrus*, trans. R. Hackforth（Cambridge：Cambridge University Press，1952），p. 172.

② Aristotle, *On Poetry and Style*, trans. G. M. A. Grube（Indianapolis：Bobbs-Merrill，1958）.

仿下层人的行动)和悲剧(模仿高贵的人的行动)。模仿的方式涉及这个故事是叙述体、对话体(或二者兼具),还是由演员表演出来的问题。亚里士多德认为这些区别对区分和定义不同的文学体裁是有用的。

对主要区别做出判定之后,亚里士多德讨论了悲剧、喜剧和诗歌的起源。他给出了他著名的悲剧定义,并确定了悲剧六要素——情节、性格、语言、思想、表演和歌曲。现存的《诗学》有五分之四的篇章详细分析了悲剧的要素,只有很小的部分讨论了史诗和喜剧。其中,对悲剧要素的分析主题是对情节的讨论:情节的大小和统一性,情节与历史、传奇的关系,情节的种类,情节的反转,最好的情节和有缺陷的情节,等等。亚里士多德对悲剧的定义如下:

> 那么,悲剧就是对一个完整的、有一定长度的、好的行动的模仿;它借助语言的手段来使戏剧各个独立的部分具有悦耳之声;在它的多种要素中,它依赖行动而不是叙述来表达;通过怜悯和恐惧,戏剧获得了情感的净化效果。①

值得注意的是,亚里士多德通过定义构建了他的艺术普遍理论(模仿论),并确定了三个区分的原则:模仿的对象(好的行动),模仿的媒介(令人愉悦的语言),模仿的方式(表演)。还需要注意的是,他的定义包含了净化说。这意味着他的定义既涉及悲剧本身的多种客观因素,也涉及观众情感这样的主观因素。因此,他的悲剧理论与后来表现论者的艺术理论密切相关。

亚里士多德试图用净化说反对柏拉图对艺术(至少是对悲剧)的质疑,即艺术使观众在情感上陷入一种不安的、危险的精神状态中。按亚里士多德的说法,悲剧使观众产生怜悯与恐惧之情,剧场释放了这些情感。亚里士多德显然严肃对待了柏拉图关于诗歌的论点(由于悲剧是一个内在地与情感相连的种类),但他发展出一种理论,认为悲剧并没有造成坏的影响。遗憾的是,亚里士多德在《诗学》中很少谈情感。在《诗学》中,当"净化"这个词出现时,亚里士多德甚至一次也没有讨论过它。至于净化对观众的效用,亚里士多德是在《政治学》中加以阐释的。

---

① Aristotle, *On Poetry and Style*, trans. G. M. A. Grube (Indianapolis: Bobbs-Merrill, 1958), p. 12.

悲剧定义的最后一项规定：被模仿的行动必须是令人怜悯或使人恐惧的。这个条件限定了亚里士多德在《诗学》后半部分对悲剧主人公特征的描述。悲剧主人公有两个重要特征：其一，主人公在品行上必须是像我们一样的人，并从好的命运转向坏的命运；其二，主人公的命运必须是由错误（悲剧缺陷）造成的。因为戏剧中的事件对于我们来说是可怕的，噩运必然降临在像我们一样的人身上，这就是说，降临在和我们有同样特性的人身上；为了使戏剧中的事件是令人同情的，噩运则不能降临在一个好人（这将令人厌恶）或坏人（其人罪有应得）身上；通过一个错误，它降临在一个不好也不坏的人身上。或许，亚里士多德在悲剧的定义、悲剧主人公的描述和悲剧角色的其他谈论中存在着一些连贯性问题或至少需要解释的问题，但这里且按下不表。

19 世纪：新方向——艺术表现论

直到临近 19 世纪，模仿说才开始受到质疑。19 世纪，艺术（尤其文学）是艺术家情感表达的观点开始成为理论的主流，而模仿论则走向了衰落。一种艺术理论不会从知识的真空里弹出。事实上，典型的希腊艺术有一种再现功能，这种功能转换成与理式论相关的艺术理论。而艺术表现论的兴起则与浪漫主义有关，这是 18、19 世纪知性和哲学的重要发展。

浪漫主义的哲学信条由费希特（Johann Gottlleb Fichte）、谢林（Friedrich Wihelm Joseph Schelling）、叔本华和尼采（Friedrich Wilhelm Nietzsche）奠定，尽管这四人对艺术的思考做出了别的贡献——发展了源于康德的知识论。康德区分了自然的经验世界（是自然知识的对象）和在某种程度上位于感性世界之后而不被我们所知的（受限于经验世界的知识）本体世界。在某种程度上，经验世界拥有它的本质，因为通过人脑的结构映射在它的结构上。实体世界，或者物自体，不受人脑结构的影响而神秘地存在于感性世界之后，19 世纪很多哲学家和知识分子曾为之着迷。就哲学理论而言，人们认为浪漫主义是对经验哲学和心理科学的反抗，旨在探寻被常识所遮蔽的重要思想。一种强烈的宗教和神秘主义的氛围环绕在浪漫主义周围。

当哲学上的浪漫主义应用到艺术世界时，就产生了一种艺术家的新角色及其对艺术创作的新兴趣。成为艺术家被认为是触及和获得一种科学无法给出的知识的重要途径，艺术创作被认为是或至少是与情感的释放有关。在这种语境下，情感被赋予了一种前所未有的重要性，它在某种程度上涉及获得一种更高级的知识。而艺术则成为这种知识的载体，成为科学的竞争对手。尼采《权力意志》中的这段文字强调了艺术家的这种新角色：

> 至今，我们的美学乃是一种女性美学，因为从艺术接受者的观点来看，它们仅仅论述为美的经验。在整个哲学中，艺术家一直是缺失的。①

除了男性沙文主义式的语言之外，尼采的主张还有点夸张，因为柏拉图的艺术创作论在某些层面上与浪漫主义观念相似。

除了哲学的发展，这个时期似乎存在对艺术中的酒神精神（力度、强度、兴高采烈）的高度欣赏和对日神精神（冷静、秩序）的冷淡。基于这种知识背景出现了艺术表现论：艺术是艺术家情感的表达。大多数表现论遵循以下两个公式：一是情感的表达，二是表达情感的艺术家。例如，欧仁·维隆（Eugène Véron）在 19 世纪晚期写道：

> 艺术是情感的显现，时而通过线条、形式或颜色的有表现力的安排，时而通过一系列有韵律控制的手势、声音或语言获得外部阐释。②

亚历山大·史密斯（Alexander Smith）在 1835 年用与散文做对比的方式来定义诗歌：

> 诗歌与散文的本质区别在于：散文是理智的语言，诗歌是情感的语言。在散文中，我们交流有关感知或思想对象的知识；在诗歌中，我们旨在表达这些对象是如何打动我们的。③

列夫·托尔斯泰（Leo Tolstoy）的表现论坚持三段论，涉及观众、读者，就像他对艺术的定义：

> 艺术是这样一种人类活动：人有意识地借助某种外在的符号，把

---

① Friedrich Nietzsche, *The Will to Power*, vol. 11, trans. O. Levy（London：1910），p. 256.

② Eugène Véron, *Aesthetics*, trans. W. H. Armstrong（London：1879），p. 89.

③ Alexander Smith,"The Philosophy of Poetry", reprinted in Sesonske, *op. cit.*, p. 366.

他所经历的情感传达给别人，其他人受到情感的感染，也会体验到同样的情感。①

人们认为，艺术表现论是完成一系列事件的尝试。首先，它是一次重建艺术在西方文化中的中心地位的尝试。到了 19 世纪，科学的地位逐渐提高，随之而来的是技术的膨胀和工业化，这些大大降低了艺术在文化中的角色地位。表现论试图说明艺术对于人们来说也是十分重要的。如果这种说法成立的话，那么艺术家的角色将拥有它之前所没有的重要意义。其次，表现论试图把艺术与人们的生活联系起来。情感是每个人都能经历的，因而毫无疑问对每个人都十分重要。最后，这种理论尝试说明艺术的情感特质以及艺术是怎样打动人的。模仿论似乎足够解释为什么再现了（模仿）一个情感事件的作品，如基督受难能对人们产生情感影响。然而，并非所有的艺术从外在看都是再现的，比如乐器演奏的音乐和非具象绘画同样也能打动人。顺便提及一下，音乐在浪漫主义哲学家们的思想里占有重要地位，而在 19 世纪之前的数个世纪中，音乐的巨大发展为反对模仿论提供了一种强大的动力，从而为表现论铺平了道路。音乐的表现力似乎是表现论的强有力的支撑。

什么是艺术理论？

当一个哲学家提出一种关于艺术的理论和定义时是想做什么？根据传统的定义方法，一个哲学家要说明一个事物成为艺术品的充分和必要条件。成为 X 的必要条件是指为了成为 X，所有的对象都必须具备某一特质。X 的一个充分条件是这样一种特质，如果一个对象拥有这一特质，那么它就是一个 X。例如，希腊人将人定义为一种理性的动物，根据这个定义，理性和动物性各自是一个事物成为人的必要条件，而理性和动物性结合起来则是一个事物被称为"人"的充分条件。

艺术的模仿论和表现论都如此简单，以至于当它们被当作传统定义而衰落时并不令人感到惊讶。在必要条件的层面上，不能说所有艺术品都是模仿。例如，按照定义，许多音乐、非具象绘画就不是模仿。类似地，并非每件作品都表达情感。例如，一些完全由形式设计所构成的作品。

---

① Leo Tolstoy, *What Is Art* (Indianpolis: Bobbs-Merrill, 1960)，p. 51.

至少在必要条件上可以为这些理论做英勇的辩护，每种理论都说明了一种关于艺术本质的特质，任何一种不具备这种特质的事物都不是艺术。这种辩护的尴尬结果是一个抽离于大量对象的个体，每个人（除了辩护人）都称之为"艺术"并把它们当作艺术来对待，但是辩护者却坚称其不是艺术。这引起了一个普遍的哲学问题，即如何争论某个给定的定义的充分性，但在这里我们没有展开讨论的空间。

也许我们不能给艺术下定义，艺术的概念内涵也许因过于丰富和复杂而不能凭借传统的方式来掌握。这个问题会在接下来的三章中被加以讨论。但是，即使模仿和表现的定义作为艺术理论有一些不足之处，它们无疑对艺术品的某些方面还是做了重要的说明。一些艺术品是模仿的，有时这是作品最重要的特征，即使不是最重要的特征，也仍是一个非常重要的因素。相似地，艺术的情感内容也意义重大（情感内容是否因是某个特定人的表达而具有意义仍需细致讨论）。由于二者与艺术品的一些要素有着显而易见的关联，因而我们不能简单地搁置模仿论和表现论。也许二者都可以被视为关于艺术的某些方面的理论，也就是说，理论在一些作品中有其适用范围，这一点意义重大，并在艺术的特征中普遍适用。

然而论及艺术理论这一主题，我必须指出"艺术"或"艺术作品"这一术语至少有两层含义：一是分类学层面上的，二是价值论层面上的。第一个层面的含义是某个给定的事物能否归类到艺术品之下的问题。但是说某物是一件艺术品，并不能判定它是一件好的艺术品，正如一只动物被划分到马类动物之下并不意味着它是一匹好马。然而，"艺术品"这样的说法有时被用来对事物做正面的评价，说一幅画或一条瀑布是一件艺术品是一种赞美。显然，说"这幅画是艺术品"是一种价值判断而不是一种归类，因为这句话的前两个词——"this painting"（这幅画）——已经预设了被谈及的这个事物必须被划为艺术品。区分这两层含义是重要的。

第六章　20 世纪艺术理论：从 1914 年到 20 世纪 50 年代

在前文中，我概述了两种艺术理论或艺术哲学：源于古代的模仿论和在 19 世纪变得重要的表现论。本章我们将讨论 20 世纪前半叶的四种艺术理论。其中两种——苏珊·朗格和柯林伍德的理论——是先前讨论过的两种哲学的继承者，此外，克莱夫·贝尔的理论与传统的美的理论密切相关，莫里斯·维茨关于"艺术"界定的理论则有更近的源头。在 20 世纪前半叶的美学发展过程中，这四种理论扮演着重要的角色。

首先要讨论的是贝尔的"有意味的形式"（significant form）理论，它被认为是从柏拉图的美的理论中发展而来的。尽管现在鲜有支持者，但"有意味的形式"在 20 世纪早期极有影响力。朗格的"符号表现论"（expressive symbolism）被视为模仿论的现代版本，尽管她本人也许并不情愿被如此理解。就普通大众而言，其艺术作为符号形式（symbolic forms）的概念曾十分流行，然而她的观点却受到许多哲学家的严厉批评。柯林伍德的"想象性表现"（imaginative expression）是表现理论的一个复杂版本，它后来发展成为一种强有力的传统。维茨关于艺术概念的分析是一种将维特根斯坦的哲学洞见转化成艺术理论的尝试。

克莱夫·贝尔：20 世纪的艺术美理论

克莱夫·贝尔（Clive Bell）那本名为"艺术"的书①出版于 1914 年，被奉为现代主义经典之作。该书论述简单明晰，因此拥有大批读者并一度产生重大影响。该书提出了"有意味的形式"这一广为流传的说法。贝尔的理论是谈论艺术哲学的好的开始。然而需要牢记于心的是，贝尔通过声明他所说的仅仅是关于视觉艺术来限定他的谈论，尽管在某一刻，他也暗示他的

---

① 　Clive Bell，*Art*（New York：Capricorn Books，1958）．

理论可以适用于音乐。

在许多方面尤其在基本假设上，贝尔的理论与柏拉图的理论相似。但是，对贝尔产生最直接影响的是英国哲学家 G. E. 摩尔（G. E. Moore），一位柏拉图主义者。摩尔在他的伦理学理论中，发展了"开放问题论证"（the open-question argument）的概念。这个概念在伦理学界影响巨大。① 贝尔尝试将摩尔的论证结论运用到美学上来。摩尔考察了几种关于"善"的传统定义，通过"开放问题论证"，每一种定义都被证明是有缺陷的。举例来说，享乐主义式的定义认为"善"即"愉悦"。摩尔同意许多愉悦是善的，但他否认"善"和"愉悦"在意义上是等同的，因为他认为面对特定的愉悦，人们提出"这种愉悦是善的吗"的问题是有意义的。摩尔的论点是，如果善和愉悦含义相同，那么上文中的提问就如"这个单身汉结婚了吗"之类的问题一样愚蠢。当我们仔细考虑某种特定愉悦是不是善的时候，摩尔认为，毫无疑问，这并不是一个愚蠢的问题。某种愉悦是不是善，这是一个简单的开放问题。从这个例子可以看出，摩尔关心的是这个伦理术语（或概念）的多重含义，并且假定诸如此类道德概念的正确定义的标准，是我们对它们的直觉理解。

实际上，摩尔只将这种分析应用到了少数几种关于善的定义上，但是他认为这种分析动摇了所有的这类定义。他的结论是，"善"是不能被定义的。另外，摩尔总结道，"善"表明了一种简单的、不可分析的、非自然的特质，这种特质是事物某些功能和状态的特征。这种所谓的事实，即"善"是一种简单的、不可分析的事物，意味着它不能被分成若干部分，因而也不能被定义。与之相悖的是古希腊关于"人"的概念——人是有理性的动物，可以分为"理性"和"动物性"。当摩尔说"善"是一种非自然的特质时，意为它不是一种可以通过感觉感知到的经验特质（如一种颜色或一种声调）。大脑通过直觉而不是通过看、听等方式知道事物的功能或状态是善的。摩尔的直觉观念类似于柏拉图关于先验理式的概念。与柏拉图一样，摩尔在发展"善良"的概念时做出了本质主义的假设。他写道："对所有毋庸置疑的伦理判断来说，我们必须找到某种既普遍又特殊的东西。"②他的观点是本质主义的，因为他假定某种"单一本质"是所有道德判断对象的特征，亦即善本

---

① G. E. Moore, *Principia Ethica* (Cambridge：Cambridge University Press，1903)，Chapter 1.

② G. E. Moore, *Principia Ethica* (Cambridge：Cambridge University Press，1903)，p. xiii.

身。（在本章，我会讨论莫里斯·维茨对艺术理论中的本质论的抨击。）

贝尔的理论的三个基本组成成分是：（1）现象学的出发点；（2）方法论上的假定；（3）主要结论。第一个是他所谓的"审美情感"部分；第三个是他认为每件艺术品都有的"有意味的形式"；第二个是本质主义的假定，它与其他两个部分有关，使有意味的形式受到审美情感的驱使。在《艺术》的第一章中，我们可以看到他的论证结构：

> 所有美学体系的起点必定是个人对某种独特情感的体验。我们将唤起这种情感的对象称之为艺术品。所有敏感的人都会同意：存在一种为艺术品所唤起的独特情感……我们把这种情感称为审美情感。①
>
> ……如果我们能找到一切对象某些共有的或特殊的属性，我们就解决了我所谓的美学中心问题，也就是发现了艺术品的本质属性……要么所有的视觉艺术品具有某些共性，要么我们在谈论艺术品的时候是在胡言乱语……这种属性是什么呢……可能的答案只有一个——有意味的形式。②

贝尔转向内部，并声称可以区分出与生活中普通情感（如恐惧、愉快、生气等）不同的特殊审美情感。然后他转向外部，声称唤起这种审美情感的对象是艺术品。最后，他尝试通过艺术品唤起人的审美情感，去寻找艺术品中普遍而又特殊的特征，他认为这种特征就是有意味的形式。贝尔常因循环论证而遭受批评。亦即当问"什么是审美情感"时，答案是有意味的形式唤起的情感，而当问"什么是有意味的形式"时，回答是能唤起审美情感的对象。也许贝尔表达自己观点的方式使他无法避免这种质疑，但很明显，他想要说明，审美情感可以从其他情感中区分开来，且能作为艺术哲学的基础。批评贝尔观点最有效的做法，是说明其实根本没有审美情感。不过，由于贝尔表述其观点的方式，想要说明没有审美情感几乎是不可能的。如果琼斯坚持他不能从他的经验中发现审美情感，贝尔可以答复琼斯，称他一定不够敏感（或者没有充足的经验），因为"所有敏感的人都同意有一种特殊的情感……审美情感"。问题是，如果一个人不能从他自身的经验中发现审美情感，那么这里一定有某种令人不安的怀疑，即某人也许不够敏感，

---

① Clive Bell, *Art* (New York: Capricorn Books, 1958), pp. 16—17.

② Clive Bell, *Art* (New York: Capricorn Books, 1958), p. 17.

因此这个人的经验并不能成为贝尔理论的真正反例。纯粹的数字统计毫无帮助，也许存在大量不敏感的人。最好是可以通过某种测试的方式，来检测一个快乐的、博学的、有丰富的艺术体验，并且足够精于哲学、能理解这个问题的人是否有审美情感。如今，这样的人没有发表声明，那么似乎有理由认为，贝尔相信有一种特殊的审美情感的主张是错误的。这种从定义上设定和解释的测试仍然是困难的，我们必须保持某种怀疑。

在这一点上，贝尔的本质论假说应允许争论。不过在本章后半部分，本质主义将会被细致地讨论，在这里我们先略过。在讨论有意味的形式之前，对"形式"这个术语的基本特征加以讨论是有益的。一件艺术作品的形式指的是它所有元素中关系的集合，例如，均匀的颜色是艺术品的元素。考虑一件由十三个点组成的设计作品：

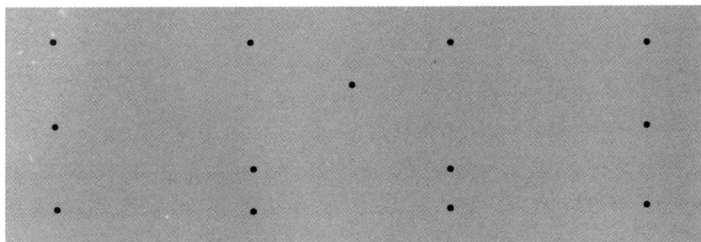

这件设计作品的形式是这十三个点之间的整体关系。在作品中，有些点之间的关系比另一些关系更重要：作品边缘的十个点倾向于把自身塑造成四条直线来组成一个囊括中心三个点的四边形，而这三个点组成三条直线，形成一个三角形。我们注意到，虽然这件作品中的十三个点都在前面被提到了，但并不是所有的关系都是特别的。例如，左上方的直线的点和三角形的顶点之间的关系没有被提到，因为它在这件设计作品中没有意义。这些在一件设计作品中被认为是重要的或者最重要的关系被称为"构图""结构"或"形式"。显然，最后一种"形式"的用法和我们讨论的"形式"是不同的，但这两个概念是联系在一起的。

贝尔坚持所有艺术作品都有某种共同的属性，这种共同的属性是什么呢？

可能的答案只有一个——有意味的形式。在每件作品中，以某种独特的方式组合起来的线条和色彩、特定的形式和形式关系激发了我们的审美情感。我把线条和颜色的这些组合和关系，以及这些在审美

上打动人的形式称作"有意味的形式"，它就是所有视觉艺术品所具有
的那种共性。①

初读之下，贝尔好像是从一种可以被称为哈奇生式的观点出发的，因
为二者观点相似。哈奇生主张"多样中的统一"（有意味的形式）引起美的意
识（审美情感）。在这种哈奇生式的解读中，"有意味的形式"成为某些关系
集合的名称：一套关系和审美情感。由于摩尔对贝尔的重大影响和他表达
观点方式的细微差别，用直觉主义去解释贝尔的理论是可能的，这比哈奇
生式的解释要复杂一些。在引文中，贝尔认为"有意味的形式"是某些关系
的名称，但他也说"有意味的形式"是一种属性。哲学家们一直有用"关系"
和"属性"去指涉事物的区别和差异的传统。那么贝尔的理论似乎有两个可
能的版本：一个是哈奇生式的，认为"有意味的形式"是某些关系的名称；
另一个是直觉主义的版本，认为"有意味的形式"是一种某些关系拥有的非
自然属性的名称。直觉主义的版本涉及三个部分：（1）审美情感；（2）某些
关系集合；（3）某些被称为"有意味的形式"的关系集合拥有的非自然属性。
在这两个版本中，贝尔坚持的是哪一种呢？他的大部分评论似乎倾向支持哈
奇生式的解释。不管怎样，他也继续将有意味的形式称为一种属性。在书的
后面部分，当他谈论艺术伴随历史的进程而发生变化时，他说："因此，尽管
意味这一本质属性是不变的，形式的选择却是千变万化的。"②在这里，"意味"
被单独使用，而不是和"形式"组成一对，不是作为属性的名称。这为直觉主
义的版本提供了一些证据，即有意味的形式（或者说意味）是伴随着某些形式
或情境的非自然属性。然而对这种情况最合理的解释也许是，贝尔并不精于
哲学思考，从而无法意识到他的观点和词汇中的混乱，这些评论和词汇大多
借用了 20 世纪最敏锐的分析哲学家之一摩尔的分析。

贝尔没有纠结于提供一种关于"艺术"或"艺术品"的特定定义，但是他
清楚地暗示了以下想法：艺术品是一种拥有"有意味的形式"的对象，有意
味的形式是任何唤起审美情感的东西的名称。一个问题随之产生，即一个
自然物是否可以拥有"有意味的形式"并由此成为一件艺术品？贝尔评论说，
有时人们"在自然中可以看到我们在艺术中看到的东西"③，但他认为这种现
象是极少的。有了这种限制，我们也许可以更准确地替贝尔说：艺术品是

① Clive Bell，*Art*（New York：Capricorn Books，1958），pp. 17—18.

② Clive Bell，*Art*（New York：Capricorn Books，1958），p. 147.

③ Clive Bell，*Art*（New York：Capricorn Books，1958），p. 20.

一种拥有"有意味的形式"的人工制品。

但是，现在定义中出现了矛盾。贝尔在书中说得很清楚，按照这个定义，并非每一个被叫作"艺术品"的对象都是艺术品。似乎存在不是艺术品的艺术品，这是矛盾的。若记得艺术品至少有两个层面的含义，这个矛盾就迎刃而解了。从分类学的意义来看，一切绘画、雕塑、花瓶、建筑等都是艺术品，但贝尔阐述的显然不是这个层面上的意思。还存在价值论层面上的意义，即用"艺术品"的表达来赞扬人工制品，有时甚至是自然对象。我们要把贝尔的定义视为一种尝试，把"艺术品"第二个层面的意思孤立起来。这是在本章标题中把他的理论称为艺术美理论的理由。美在它所有的传统意义中——作为经验特征的名称或柏拉图式的美的理式——都带有一种价值论层面的意义。说某种东西是美的，是对它的赞扬。

贝尔的定义是恰当的吗？既然它建立在审美情感的基础之上，那么这个定义就遗传了此概念的不确定性与含混性。同样，要求某种恰当的艺术理论对艺术品的所有基本含义提供说明，也是似是而非的。贝尔的理论并不是在分类学的意义上处理所有问题的。"艺术品"的两种含义将在第七章和第八章的某些段落中来加以详细讨论。

毋庸置疑，贝尔的理论不应被忽视，至少要提到其视觉艺术中有关再现价值的著名结论。到目前为止，一直有人认为贝尔的思想是正确的，视觉艺术中的形式关系是伟大价值的来源。不过，贝尔得出的结论更有力，即视觉艺术中的再现根本没有审美价值，并且常常是审美的贬值。他写道：

> 不要认为再现本身是不好的，现实主义的形式如果在设计中运用得当，也可以和抽象的形式一样富有意味。但是，如果一个再现的形式具有其艺术价值，它是作为一种形式，而不是作为现实的再现才具有价值的。一件艺术品中的再现成分可能是有害的，也可能是无害的，它经常是无关紧要的。①

就像贝尔在别的地方声明的那样，他主张再现与美学价值毫不相干，尽管他乐意承认再现可能有一种非美学的价值。他区分两种价值的依据是以审美情感为基础的。他认为只有形式的关系能够唤起审美情感，再现不能唤起审美情感。再现也许可以描绘、暗示以及唤起生活中的普通情感（如

---

① Clive Bell, *Art* (New York: Capricorn Books, 1958), p. 27.

恐惧、愉悦等），但并不能作用于审美情感。

就像贝尔的理论辩护那样，他对再现意义的否认是模糊而缺乏说服力的。在《艺术》出版后，他的结论在艺术批评和趣味的塑造中扮演了重要角色。他的艺术理论为抨击感伤的、图解性的艺术——这些艺术在那段时期的英国趣味中是主流——奠定了批判的基础。流行的再现艺术大多忽视了绘画的形式层面，贝尔和其他理论家试图改变人们对这类艺术的看法。贝尔是当时把塞尚和其他法国后印象派画家介绍给英国公众的人之一。因此，其含糊不清的艺术理论为艺术与趣味史的重大发展要承担部分的责任。

苏珊·朗格：20 世纪的艺术模仿论

1948—1957 年，苏珊·朗格（Susanne K. Langer）以一系列著作开始了她的艺术哲学探索，如《哲学新解》①、《情感与形式》②和《艺术问题》③。尽管她的理论可以用这样一种观点来表达，即艺术是一种富有表现力的象征符号，但这种描述具有误导性。细察起来，它不过是一种为了适合情绪和情感而改造过的模仿论。概而言之，朗格的艺术理论由艺术定义和艺术功能论的命题构成。这种理论以七个基本的、彼此相互关联的术语为支撑：符号、抽象、表现、情感、形式、幻象和虚拟形象。前五个概念涉及艺术的界定，后两个概念（它们实际上是一体的）与艺术功能有关。

朗格相信，"艺术的本质是单一的"。这意味着，她认为艺术可以按照充分与必要条件加以界定。她给的定义是："艺术是人类情感符号的创造形式。"④虽然五个术语中的两个即抽象和表现在这个定义中并没有明确地出现，但它们在她的符号概念中不言而明。符号是通过抽象的手段来表现人类情感的。从定义上看，这似乎意味着艺术品是人类情感的一种象征符号，尽管朗格并没有明确地使用过"象征的"（iconic）或"象征的符号"。象征符号在某些方面与它所指示的符号相似。例如，两条线相交的高速公路的符号就是一个象征符号，因为这个符号与它指示的十字形的路相似。大多数的符号都是象征的。我们从一开始就应说清楚，朗格明确区分了艺术中的符

---

① Susanne Langer, *Philosophy in a New Key* (New York：New American Library, 1948).

② Susanne Langer, *Feeling and Form* (New York：Scribner's, 1953).

③ Susanne Langer, *Problems of Art* (New York：Scribner's, 1957).

④ Langer, *Feeling and Form*, p. 40.

号和作为符号的艺术，她把后者称为"艺术符号"（art symbol）①。艺术中的符号是艺术作品的元素，例如，对光环、羊羔等事物的描绘象征着神圣和爱的属性。对朗格来说，艺术符号是作为整体的艺术作品，它也许包含、也许不包含艺术符号类型中的符号。

　　每一种艺术都以自己的方式象征着"人类的情感"。"音乐是情感生活的音调相似物。"②"正如场景（scene）是图像艺术的抽象基础，运动的体块是雕塑抽象的基础，建筑抽象则是以民族风为主导的。"③相似的陈述在其他种类的艺术上也出现过，这大概意味着音乐象征情感，图像艺术象征着多种不同的场景，等等。在这一点上，该理论是模糊不清的。例如，在何种意义上场景与人类情感必然是相关的？朗格的理论引出了两个基本问题：（1）艺术是一种符号吗？（2）艺术的主题总是人类的情感吗？

　　"符号"是什么意思呢？"一个符号，"她说，"是任何一种我们能够借此进行抽象的策略。"④但是，"抽象"又是什么意思呢？当形式被从其平常的语境中抽离或汲取出来时，它就是一种抽象。⑤那么，当一个形式从它的通常语境中抽象出来时，它便是一个符号，至少在艺术符号的例子中它看起来会成为它所意指的。一幅妇女的素描可以变成抽象的，因为素描的形式比作为模特的妇女生活的整个语境的形式要少。按照朗格的意思，这幅素描是一种符号。在此意义上，由于每件艺术品都与素描一样，所以每件艺术品都是一种艺术符号。顺带提一下，这个例子并没有表明，每件艺术品都会有一个像模特那样的实在之物。

　　即使再现（在空间中刻画对象）似乎满足了朗格的符号定义，但结果证明她对再现并不感兴趣。如她所言，建筑物、点和音调都不是再现的，而她的理论要求所有的艺术品都有相同的唯一特征。

　　　　再现性的作品，若它们是好的艺术，与非再现性的作品有同样的原因。它们不只有符号再现的功能……艺术表现也是如此，它是思想情感的表达。⑥

---

① Langer，*Problems of Art*，pp. 124—139.

② Langer，*Feeling and Form*，p. 27.

③ Langer，*Feeling and Form*，pp. 94—95.

④ Langer，*Feeling and Form*，p. xi.

⑤ Langer，*Feeling and Form*，p. 94.

⑥ Langer，*Problems of Art*，p. 125.

在第二种意义上，所有的艺术品同时也是艺术符号。所有的作品都抽象并象征着人类的情感，但情感不是通过再现的方式被象征的。在这一点上，朗格的观点极其难以理解。但也许可以说，所有的作品都与人类情感的形式相似，但是相似的程度与再现不同。在艺术表现的意义上，艺术品是象征性的：

> 它明确表达了情感与客观体验的表象，表达了所谓"内在生活"的特征。这些……词语的通常用法……是难以准确表达的，因此我们只能以一种普遍的、表层的方式涉及它们。①

朗格使用"符号"这个术语的做法被许多哲学家强烈批评。② 这些批评的要点是从定义上来说的。符号是凭借一种明晰的或心照不宣的惯例来指示其他事物的，而朗格关于艺术符号的概念不带有这种被要求的惯例层面。她认为艺术符号是作为整体的作品，而每一件作品都是独特的艺术符号。因此，符号的独特性和符号的元素之间存在着悖论。艺术符号可以和艺术中的符号（如光环）相比较。光环是在悠久的传统中反复出现的、高度惯例化的一种实体。朗格的艺术符号的特征旨在使符号功能成为人类情感的象征。然而，没有约定俗成的符号不足以使某物变成一个象征，否则几乎所有的事物都可以成为另一个事物的符号，因为几乎所有事物在某种程度上都象征着其他的事物。例如，一张桌子与另一张桌子相似，但我们不能下结论说一张桌子是另一张桌子的符号。即便象征符号也是建立在惯例之上的，如高速公路的十字路口符号。由于缺少必要的惯例，我们很难把作为整体的艺术品视为符号。

后来，朗格也感受到了此类批评的分量。她声称艺术品不是一个"纯正的符号"，今后她将用"表现性的形式"取代"艺术符号"的说法。然而，即使在她接受批评的文章中，她仍继续交替使用"艺术符号"和"表现性形式"。作为一种结语，她补充道："我所谓的'艺术符号'的功能……更像是一个符号功能而不是其他。"③为什么她如此依恋符号学的概念呢？因为这不仅是她的艺术哲学的核心，也是使她的理论新颖而富有意义的唯一特点。诸如符

---

① Langer, *Problems of Art*, p. 133.

② 特别参见 Ernest Nagel's review of *Philosophy in a New Key*, *Journal of Philosophy* (1943), pp. 323—329。

③ Langer, *Problems of Art*, p. 126.

号这样的符号学观念在哲学领域中有着非常重要的地位，把这种观念应用到"艺术品"的界定中被认为是一种重大的哲学贡献。

没有符号观念，朗格的理论就不过是模仿论的简单翻版。艺术品以某种不明确的方式象征或模仿着人类的情感。请注意，这是一种带有限定性的模仿论。在模仿论中，一幅画对一个女人的再现会被当成一种模仿，而在朗格的观点中，只有人类的情感才是艺术的普遍对象。即便这种理论中最具原创性的特征，即音乐是人类情感的象征，也曾被亚里士多德部分地讨论过。亚里士多德认为长笛、竖琴和管乐器发出的音乐是模仿。

现在我们来讨论朗格艺术定义的第二个层面。如其所言，艺术"是情感的表现"，一切艺术都存在主观的情感问题。一切艺术都是如此吗？评价这个观点的最大难题是它表述的含混性。有一些例子的确可以证明，艺术是情感的象征。比尔兹利认为拉威尔（Maurice Ravel）的《波莱罗舞曲》也许是一些心理过程的象征①，一些音乐是渴望、悲伤等情绪的表达。但是，一切音乐都是象征性的吗？蒙德里安（Piet Mondrian）的绘画象征着人类什么样的情感呢？无需赘言，读者自己可以对"艺术是情感的表现"这个说法进行评价。

朗格艺术功能论的命题是：艺术是一种幻象。或者换一个术语，每件艺术品都是一种虚拟的形象。在她的理论中，"幻象"与"虚拟形象"似乎在本质上含义相同，尽管这一点尚不能令人十分确信。在讨论图像艺术时，她常常用一个术语来解释另一个术语。

> 纯粹的视觉空间是一个幻象，我们的感性经验不会认同它们传达的东西……物理学家所谓的"虚拟空间"是如同镜子表面"背后"的空间——一个难以触摸的形象。②

"我们的感性经验不会认同"意味着空间中存在着客体的表象，但他们不能触摸或感觉到它。或许也可以这样说，除了极少的例外，在图像艺术中，空间中客体的表象在认知上与我们日常所体验到的完全不同。把艺术品称为"幻象"或"虚拟形象"旨在突出这层意义：它与日常体验中所遇到的客体有点不同。例如，一幅绘画及画中的空间同一扇窗户及窗外的风景是迥然有异的，舞台上表演的谋杀和现实中的谋杀是不一样的，等等。这一

---

① Monroe Beardsley, *Aesthetics* (New York：Harcourt Brace，1958)，p. 336.

② Langer, *Feeling and Form*，p. 72.

点是显而易见的，没有例外。

若朗格的主张没有争议的话，她的术语"幻象"则会被批评为有误导性。它暗示艺术愚弄或欺骗了人们，这种情况并不常见，尽管人们偶尔的确会被骗。她意识到了这个问题，并明确宣称她不是在说人们会被艺术欺骗。不过，这个术语的使用依然要有所保留，因为在通常意义上它与欺骗有关，正如它在字典上的定义所揭示的那样：①一种不真实或误导性的形象；②被欺骗的状态或事实；③一种未能给出感知对象真实特征的感知。① 她选择了一个带有既定意义的条目，改变了它的含义，将之变成一个术语。她的读者对此感到疑惑是不难理解的。在这方面她使用的其他术语——"假象"和"虚拟形象"——能够更好地表达她的意思。把绘画中的空间称为"虚拟空间"或者"空间的假象"，意在表达它不是一个真实的空间，但并没有暗示里面含有欺骗。

声称艺术创造了幻象，这重要吗？没有人认为他可以使手穿过一幅画，就像穿过一扇窗一样，也没有人认为一个舞者的姿势与招待员的姿势在同一个语境中。坚持这个观点似乎有些古怪。这种主张的提出也许是由于在美学传统中，观众一直或至少有时会陷入混淆艺术与现实的危险中，比如舞台上的谋杀和真实的谋杀。我在第三章中提到，朗格的幻象理论和"心理距离说"有相似之处。然而谈论幻象不仅并非真正有益（或不仅无益），而且其中还存在着某种风险。正如彼得·潘的案例展示给我们的那样，认为艺术是幻象，这暗示着有一些幻象可能会破碎，因此必须要在艺术技巧上加以限定。

最后，朗格的艺术观还表明了另一种共同的难题——让艺术成为好艺术的主张与艺术的定义混淆了，这在她试图为"艺术是一个符号"辩护时尤为清晰。她说，可以把艺术称为一种符号，因为它具备了表达情感的功能，"每一件好的艺术品都具备这种功能"②。这种关于好的艺术的评论是不得要领的，因为假如朗格的理论是对的，那么所有的艺术——好的或坏的——都能表达情感。问题的关键是，艺术的概念必须独立于好的艺术的标准，否则我们无法谈论坏的艺术。事实上，我们的确经常谈论坏的艺术。朗格模糊了这种区别。

---

① *Webster's New Collegiate Dictionary*，2nd ed. (Springfield，Mass．；1953).

② Langer，*Problems of Art*，p. 133.

柯林伍德：20 世纪的艺术表现论

1938 年，柯林伍德（Robin George Collingwood）在《艺术原理》①中发展了一种全面而有影响的艺术表现论。他试图以宽泛的哲学范畴系统地说明艺术与情感表现之间有一种本质的联系，在书中用一种持续而复杂的论点来支持自己的结论：艺术是一种想象性的表现（imaginative expression）。

柯林伍德艺术理论的基础是他对工艺概念的分析。他分析认为，艺术和工艺是完全不同的。"艺术技艺论"（the technical theory of art）始于柏拉图并留传至今，这种观点认为艺术和工艺属于同一类。柯林伍德否认艺术和工艺享有同样的本质特征，并从他对艺术技艺论的考察出发，与之做斗争。"手段与目的的关系"是柯林伍德关于工艺的中心特征。然后，他总结了工艺的概念：工艺是通过已知的技能把原材料转变成预想产品的一种活动。工艺品是此种活动的产品。制鞋就是工艺活动中很好的例子，鞋匠的技术和皮革是生产这种特殊和预知目的（鞋）的手段。

柯林伍德允许工艺和艺术重叠，所以同一件事物既可能是工艺品，也可能是艺术品。他也明确表示，艺术家必须掌握一定的技艺作为艺术交流的先决条件：画家必须同时懂得如何操作颜料和诗一样的语言才能使他们的艺术（一种表现）公之于众。然而掌握这些技艺并不能确保一个人成为艺术家。柯林伍德认为，通过艺术技艺可以让一个人成为艺术家的观点是错误的。艺术（他称为"真正的艺术"）和技艺完全不同的根据是什么呢？他相信，只要简单地解释清楚英语中如何使用"艺术"一词即可。柯林伍德在1938 年使用了之后十分流行的"普通语言学"（分析美学的一支）的方法。他认为在英语中"艺术"被人熟知，当他描述并讲到"真正的艺术"从"错误地被称为艺术"的东西中区分开来时，所有的英语使用者都会明白他的描述是"艺术"的一种用法。他还认为这种用法是我们严肃谈论艺术的基础。正如他所说，他的艺术理论仅仅是一种告诉我们一些我们已经知道的东西的尝试——因为它源于我们的语言习惯。我们也许在这方面无法讲述清楚我们已知道的东西，但柯林伍德的目标是帮助我们厘清它。他没有给出论据来支持他的"真正的艺术和工艺完全不同"的观点，他假定这种区别是正确的，

---

①　R. G. Collingwood, *The Principles of Art* (New York: Oxford University Press, 1958).

而他所要做的是去描述它，读者们就会意识到它的正确性。人们可以把这种描述当作一种论证。他所给出的论据是艺术与工艺区别的结果，也是这种区别的预设。

柯林伍德首先尝试给真正的艺术一个精确的描述，揭示出许多被称为"艺术"的事物并不是真正的艺术。他讨论了两种被错误地称作艺术的事物，一种是"娱乐艺术"，另一种是"巫术艺术"。他这样概括娱乐艺术的特征：

> 如果一件人工制品的设计旨在激发某种情感，且不想把这种情感释放到日常生活的职业之中，而是作为本身有价值的东西加以享受，那么这种人工制品的功能就在于娱乐和消遣。①

柯林伍德认为："当今以艺术之名从事的绝大多数活动根本不是艺术，而是娱乐。"②为了给讨论巫术艺术做铺垫，柯林伍德借用了人类学的研究，对巫术的概念（其价值绝不仅仅局限于艺术理论）进行了新颖的分析。巫术艺术有很多种类，宗教艺术可以作为一个很好的例子：

> 显然，宗教艺术的功能旨在唤起并反复唤起某些情感，以便在日常活动中把这些情感释放出来。把宗教艺术叫作巫术，并没有否认它可以具有宗教之名。③

爱国主义纪念碑也是巫术艺术一个很好的例子，它们能激起人们对日常生活有用的情感。柯林伍德小心翼翼地指出，如果节制地使用并且不被错误地当作真正的艺术的话，娱乐艺术并不一定是坏的。他同样也指出，当作为组织社会生活的仪式的重要组成部分时，巫术艺术有重要的地位。

娱乐艺术和巫术艺术的共同点是它们都意在激发情感，只不过在激发情感时扮演着不同的角色。巫术艺术唤起的情感与生活的寄托交织在一起，并成为我们日常生活的动力。例如，爱国主义情感激励一个人去保卫国家。

---

① R. G. Collingwood, *The Principles of Art* (New York: Oxford University Press, 1958), p. 78.

② R. G. Collingwood, *The Principles of Art* (New York: Oxford University Press, 1958), p. 278.

③ R. G. Collingwood, *The Principles of Art* (New York: Oxford University Press, 1958), p. 78.

娱乐艺术唤起的情感"意在'接地'，而不是泛滥流入被再现的真实情境中"①。娱乐艺术的这种再现情境是"虚构的""不真实的"，释放了艺术所唤起的情感。柯林伍德将亚里士多德的"净化"概念与娱乐艺术而不是真正的艺术联系起来。他认为娱乐艺术和巫术艺术不是真正的艺术，因为它们是工艺形式，而真正的艺术和工艺的区别是不言自明的。娱乐艺术和巫术艺术是工艺，因为它们的设计意在唤起制作者预先设定的特殊情感。柯林伍德认为这种情感产物和鞋匠制作的鞋子是同样的道理。娱乐艺术家、巫师和鞋匠的脑海中都有一个他们想要生产的产品，而且都具备达成目的的技术。

在唤起情感方面分析过娱乐艺术与巫术艺术之后，柯林伍德没有进一步论证便认为，在真正的艺术和情感之间有一种必要的联系，尽管这种联系并不是一种"唤起"。（著名的表现论者，柯林伍德在牛津大学的导师凯里特，解释过他的假设。也许，柯林伍德未经质疑地继承了他在学校所学的传统。柯林伍德的理论也受到意大利哲学家克罗齐的重要影响。）对柯林伍德来说，艺术和情感之间的联系看起来如此明显，因而他只是简单地发表断言：

> 艺术与情感有关，它看起来像是唤起情感，实则不然。②
> 既然真正的艺术家和情感有某种关系，而这种关系又不是唤起情感，那么他所干的究竟是什么呢？③

他的答案是艺术表现情感而不是唤起情感，论证结构如下：

1. 艺术与情感有关　　　　　　　　　　　　　　　　假设
2. 艺术要么唤起情感要么表现情感
   只有这两种可能　　　　　　　　　给第1条假设加上可能性
3. 艺术不是工艺　　　　　　　　　　　　　　　　已证明

---

①　R. G. Collingwood, *The Principles of Art* (New York: Oxford University Press, 1958), p. 79.

②　R. G. Collingwood, *The Principles of Art* (New York: Oxford University Press, 1958), p. 108.

③　R. G. Collingwood, *The Principles of Art* (New York: Oxford University Press, 1958), p. 109.

4. 如果它不是工艺的话，艺术便不能唤起情感　　根据 2 和 3 推导
5. 艺术是情感的表现　　　　　　　　　　　　　根据 2 和 4 推导

　　很明显，柯林伍德的论证过程依赖于假设，我稍后将讨论它们的可接受性。下一个任务是搞清楚柯林伍德的"表现情感"的含义。

　　理解柯林伍德的"表现情感"的含义是重要的，因为他认为自己证明了艺术和情感表现是一致的。在这一点上，对情感表现的充分描述就是对艺术理论的充分描述。情感可以通过许多不同的方式来表达，比如通过演讲或手势，然而并不是每一个身体动作牵涉到情感都是那种情感的表达。一个人也许可以通过说"你是一个恶毒的人"来表达他的愤怒。但是，如果一个人说"我生气了"，那么他并不是在表达自己的愤怒而是在描述它。对柯林伍德来说，更重要的是不要将暴露情感与表现情感混淆。这里需要注意，因为有时我们会说，脸部的扭曲表现了痛苦，面孔苍白或结巴表现了恐惧。身体现象和其他被认为是表现的活动截然不同，柯林伍德通过说它们是情感的暴露来区分这种不同。暴露情感是不受控制的反映，柯林伍德认为这种反映与艺术是不同的。我们通常所说的"表现"和柯林伍德想要辨别的艺术，指的是"在我们的控制之下并由我们设想，并且当我们在表现这些情感时，我们意识到我们在控制它们"①。暴露情感和表现情感的重要差别就在于控制和意识到控制：疼痛时面部的扭曲是不受控制的，或者是不需要人们意识到一个人的面部是扭曲的。结巴、脸色苍白等情况也是如此。在后文中，柯林伍德说暴露情感是表现情感的原初形式，能够表明他们的"心理表现"②，但他这样说是为了与所谓的"真正的表现"区别开来。柯林伍德认为，持续控制的情感的表现是语言——广义上的语言的意思是"包括任何器官的表现性活动，就如同说话是表现性的一样"③。柯林伍德总结道："艺术必定是语言，是情感的表现。"④"真正的艺术"和"语言"是同一件事：表现＝

---

①　R. G. Collingwood, *The Principles of Art* (New York：Oxford University Press，1958)，p. 235.

②　R. G. Collingwood, *The Principles of Art* (New York：Oxford University Press，1958)，p. 229.

③　R. G. Collingwood, *The Principles of Art* (New York：Oxford University Press，1958)，p. 235.

④　R. G. Collingwood, *The Principles of Art* (New York：Oxford University Press，1958)，p. 273.

艺术＝语言。

也许他所说的是没有疑问的，但是柯林伍德表现情感的概念还有一个特征需要被充分地阐明，因为它对他的艺术概念产生了深远的影响。在这段常被引用的文字中，他确立了自己的观点，描述了当一个人表现情感时发生了什么：

> 首先，他意识到有某种情感，但没有意识到这种情感是什么；他所意识到的一切是不安或兴奋，他感到它在内心里进行着，但对它的性质却一无所知。当处于这种状态的时候，他对自己的情感只能说："我感觉……我不知道我感觉到的是什么。"通过所谓的自我表现活动，他把自己从这种无助的、压抑的处境中解脱出来……他通过言说来表现自我……对于表现出来的情感，感受它的人对于它的性质不再是无意识的了。①

这段文字清楚地说明，情感的表现涉及表现者对要表现的特定情感的清醒认识。当柯林伍德谈论特定情感时，他不是简单地指恐惧、生气等，而是指特定类型的生气、恐惧等。在分析情感的表现之前，我们不可能知道要表达哪一种特定的情感或什么样的情感将会被表达。由于艺术被等同于表现情感，这就意味着一个艺术家不可能提前知道他或她会创作出怎样的作品。柯林伍德特别强调这一点。他不仅仅是说一个艺术家不能完全知道他要做的事情的细节。"没有一个艺术家……能够设定去写一出戏剧、一部悲剧或一首挽歌。只要他是一位真正的艺术家，他就有可能像其他人那样写出任何一种类型的作品。"②柯林伍德不是简单地陈述显而易见的事实，比如说一个艺术家可能开始时想写喜剧而最终写出了悲剧，因为真正的艺术家"有可能像其他人一样写出任何一种类型的作品"。读者可能会想出很多反例，但是柯林伍德会尝试通过将其归入娱乐艺术或巫术艺术而使之无效。娱乐艺术家和巫术艺术家事先知道他们想要生产什么并且掌握了生产的方法，这就是为什么他们的作品不是艺术而是工艺的原因。柯林伍德在把事物归类到工艺这点上十分大胆，在此他暗示莎士比亚的戏剧不是艺术，

---

① R. G. Collingwood, *The Principles of Art* (New York: Oxford University Press, 1958), pp. 109—110.

② R. G. Collingwood, *The Principles of Art* (New York: Oxford University Press, 1958), p. 116.

因为它们意在取悦（唤起情感）伊丽莎白时代的观众。①

　　这是一个惊人的结论，因为大部分人都把莎士比亚的戏剧看成艺术作品的典范。更进一步的问题是：除了艺术家本人之外，别人怎么知道他的作品是表现情感的呢？柯林伍德的回答是："艺术家使我们能够表达我们自己的情感，通过这个事实，我们知道他（艺术家）在表达自己的情感。"②这个答案在某些情形下是不错的，但如果是在另一些情形中，比如说一位诗人实际上表达了他或她的情感，但读者由于某些原因没有意识到这个事实呢？在这样的例子中，读者将不能分辨出该作品是工艺还是艺术。柯林伍德对莎士比亚的解读或许就是一个例子。可能是因为柯林伍德对莎士比亚的语言"不感冒"，所以他推论说莎士比亚的作品是为了唤起情感而设计的，是工艺。这一点说明柯林伍德关于真正艺术的标准是难以被应用的。

　　到目前为止，我们只讨论了柯林伍德的艺术理论的表现性方面，但他认为艺术的定义还涉及另外一个方面——想象。某物要成为艺术，它必须既是表现性的，也是想象性的。③ 柯林伍德对想象的使用已经被许多人批评过。阿兰·多纳根（Alan Donagan）不赞同柯林伍德的艺术理论，称柯林伍德混淆了"去想象"（to imagine）的两种含义因而得出了错误的结论。④ 这两种含义分别是形成心理图像的行为和把某物带入意识中的行为。在第一种含义上，当柯林伍德说一件艺术品可以是想象性的时候，他是对的。例如，一位诗人可以通过对自己说话来创作一首诗歌，而且这首诗（用柯林伍德的话来说）仅存在于"诗人的头脑中"。让我们假设在第二种含义上柯林伍德也是正确的：所有的艺术作品都是想象性的。换言之，它们是把某物带入意识中的产物。没有任何被带入意识中的事物要求这件事必须只在"头脑中"进行。例如，当一位艺术家在画布上作画时，他将某事物带入了他的意识，如再现了一位妇女，但它不是只存在于艺术家的头脑中而是一个公开的对象。"去想象"的第二种意思与柯林伍德所说的"去表现"（to express）是一致的。因此，在

　　① R. G. Collingwood, *The Principles of Art* (New York: Oxford University Press, 1958), p. 103.

　　② R. G. Collingwood, *The Principles of Art* (New York: Oxford University Press, 1958), p. 118.

　　③ R. G. Collingwood, *The Principles of Art* (New York: Oxford University Press, 1958), p. 273.

　　④ Alan Donagan, *The Later Philosophy of R. G. Collingwood* (Oxford: Clarendon, 1962), pp. 116ff.

第二种含义上说艺术品是表现也是想象，有点多余。他推论说，所有的艺术品都是想象性的而且只是"在头脑中"的。在这方面，柯林伍德似乎的确混淆了"去想象"的两种含义，结果是，他否认一些公共的对象，如雕塑、绘画等，是艺术作品。他认为真正的艺术品是艺术家在制作公开物体时存在于他脑海中的心理形象，是观众在体验作为结果的公共物体时脑海中的心理形象。这个结论对于一个支持并追随通常用法的哲学家来说尤其奇怪。

柯林伍德坚持艺术和情感表现是等同的，同时他又坚持艺术仅仅存在于脑海中，这之间是有矛盾的。问题在于，当情感在被表达时，发生的表现一直是公开的对象——微笑、皱眉、挥舞拳头、欢呼，等等。这就是说，情感的表现绝不只存在于脑海中。①

柯林伍德从他的艺术定义里推论出好艺术与坏艺术的标准。他以"任何给定种类的事物的定义同时也是这类事物中好的事物的定义"②这样的评论来开始他关于艺术评价的讨论。但是，这并非真理。想想字典上关于"山羊"的定义："某类空角的反刍哺乳动物，与绵羊属于同一大类，但是有着更轻的体格，向后的弓形角，短尾巴，（通常是）笔直的毛。"③某只动物可能满足定义中的所有标准，但它却是一只非常低劣的山羊。例如，它有向后的弓形角但是很短，它可能有慢性病，等等。柯林伍德混淆了将一个事物归入某类事物与判断某物是这类事物中好的事物的问题。如果他是对的，那么每只山羊都是好山羊，每个人都是好人，每件艺术品都是好作品。然而，我们却时常谈论坏的艺术品。柯林伍德试着表述"一件坏的艺术品是代理人想要表达一种特定的情感，但是却失败了"④。换句话说，一件坏的艺术品是某物想要成为一件艺术品但却没有成功。这种观点似是而非，其难点在于一件坏的艺术品变成了不是艺术品！人们可以认为某物在某种类别中是坏的事物，但它仍是属于这个类别——一匹坏马首先得是一匹马。同样，柯林伍德的评价体系是如此简单，因而不能说明坏的艺术的事例。例如，有人写了一首诗，这首诗确实表达了他的情感，而且没有预先想要唤

---

① 情感表现中的表现并不存在于人的脑海中，关于这一认识，我要感谢1994年秋季美学导论课上的学员赛义德·沙尔曼·拉蒂夫（Syed Salman Lateef）。

② R. G. Collingwood, *The Principles of Art*（New York：Oxford University Press, 1958），p. 280.

③ *Webster's New Collegiate Dictionary*.

④ R. G. Collingwood, *The Principles of Art*（New York：Oxford University Press, 1958），p. 282.

起情感的计划，但是它仍有可能是一首坏诗。

现在是时候检验柯林伍德的假设和结论了。首先，艺术必然"与情感相关"是不甚清楚的。人们可以想到很多非具象绘画和作品，它们并不是情感的（或其他任何的）表达。如果柯林伍德尝试回应这个批评的方式是说这些事物不是艺术，他将陷入一个困境，即坚持我们平时称之为艺术的东西不是艺术。然而，柯林伍德试着给予当下的批评的回答可能是，所有的表达都会涉及情感。这在他分析话语或演讲时就出现了：

> 事实上，努力要讲述真理的话语保留了情感表现的因素。没有哪个严肃的作家或演讲者，会发表他认为不值得发表的思想。①

他可能认为这适用于文学艺术，也同样适用于绘画、雕塑等。但是，情感的概念被延伸得太过稀薄以至于变得毫无意义。当我对孩子说"去刷牙"的时候，我一直认为这是值得说的，但是这种说法并不总是表达情感。在某些场合下，我只是提醒他而已，并不带有情感；在另一些情形中，当他拒绝这样做时，高声说出同样的话则带有情感。并不是所有的评论都表达情感，这个道理是简单的，而柯林伍德只有在架空了内容的情感概念之后才能确保情绪的存在。这种批评的重点在于，情感的表达并不是艺术的必要条件。

另一个难点在于，柯林伍德的定义将数量大得人们无法想象的事物归为艺术品。例如，用一种带有情感（愤怒）的方式说"去刷牙"可以成为一件艺术品，也许可以是一首诗，如果它不是意在唤起情感。很明显这个理论太宽泛了。柯林伍德的理论有一种既太窄又太宽的奇怪的特点。它认为莎士比亚的戏剧以及其他很多作品是娱乐而不是艺术品，他将许多作品看作巫术而从艺术中排除出去。任何将那些艺术的经典范式排除了的理论都因太狭窄而显出缺陷。

柯林伍德理论的一个瑕疵是他把艺术品的两种不同层面的内涵——分类学意义和价值评判意义——混为一谈。这两种意义都是被认可的普遍用法。早先，我用了"这幅画是一件艺术品"这样的说法来解释价值评判。在这里，"艺术品"的说法被用来说明这个句子的主语是好的甚至是伟大的。

---

① R. G. Collingwood, *The Principles of Art*（New York：Oxford University Press，1958），p. 264.

除非这种说法是用作价值判断，否则它就是多余的，因为"这幅画"的说法所指的对象在分类学的意义上已经是一件艺术品了。我们可以通过说"这是一幅画"来解释分类学上的意义。当这个句子被用来告诉某人，一个构图是一件艺术品而不仅仅是自然物；一堆金属是一件艺术品而不是被丢弃的垃圾；或者从一个考古现场挖掘出来的是一件艺术品而不是一块石头。价值评判意义似乎更常用，因为在日常生活中我们需要用到分类层面上的用法的时候并不多。然而，即使我们在说话时并不常常使用分类意义，它也植根在我们的思维中，并且在我们考虑周围的世界时扮演着重要的角色。揭示艺术品在分类学意义上的重要性的方法是，反思我们经常说的一件艺术品是坏作品的事实，如果我们仅仅用价值评判层面上的含义则无法做到这一点。一种恰当的艺术理论在术语上有必要区分这两层含义，并且给出连贯的解释。这种解释将在第八章被尝试讨论。

在《艺术原理》的结尾处，柯林伍德讨论了他心目中的艺术典范——艾略特的《荒原》。在探讨这首诗的同时，他谈论了艺术家的角色。

> 艺术家的任务就是说话，就是把心里话清楚地说出来。但艺术家必须言之有物，而不是像艺术个性论要我们相信的那样言说艺术家的隐私。作为共同体的代言人，他言说的秘密必须属于那个共同体。①

这一评论揭示了其理论背后的动机——解释他所谓的"真正艺术"，最好称之为"严肃艺术"。如果他一开始就把严肃艺术、娱乐艺术和巫术艺术构想为艺术的三种类型，他可以有更好的起点。纵然这样，他的理论仍然面临许多难题。然而，柯林伍德指出了艺术可以做的重要一点——揭示秘密而且可以表达，但认为所有的艺术都如此则是错误的。他抓住了艺术的一个重要层面，但是错误地认为这个层面是艺术的全部。与其说柯林伍德有一种艺术理论，不如说是一种关于艺术某个层面的理论。

到目前为止，我们谈论的三位艺术哲学家都给出了自己的艺术定义，而且每一个定义都指出了所有的艺术品共有的某些特征：有意味的形式，人类情感的符号形式和情感的表现。在下一部分，我将讨论维特根斯坦式的艺术哲学，以挑战传统观念，这种传统观念要求艺术品有一些共同的特

---

① R. G. Collingwood, *The Principles of Art* (New York: Oxford University Press, 1958), p. 336.

征，或者有一种本质。如果可以找到这种本质的话，它将服务于艺术特征的界定。

莫里斯·维茨：艺术是一种开放概念

关于维特根斯坦的美学对象概念的影响，我们已经阐明过了。但是，他后来众人皆知的"开放概念"的著作对艺术理论有着更大的影响。开放概念是这样一种概念：使某物成为该概念的一个例子不需要必要条件。维特根斯坦经常援引游戏的例子。他主张如果考虑游戏的范围，比如从足球到跳棋，我们将无法发现所有游戏的共同特征，因而某物成为游戏没有一个必要的特征。维特根斯坦认为很多（也许是大部分）概念是开放的，而哲学家们却经常错误地尝试用必要和充分条件去详述这些概念的定义。值得注意的是，维特根斯坦并不是说开放概念有什么不妥，而仅仅是说哲学家在发展他们的理论的时候应该注意到有些概念是开放的。

20 世纪 50 年代早期的一系列文章表明，哲学家们开始将维特根斯坦的概念应用到艺术哲学中。其中最著名的、不断再版的是莫里斯·维茨的理论。他认为艺术是一种开放概念。[①] 在陈述他的论点时，维茨区分了艺术的类概念和子概念。维茨的论证由以下两部分构成：（1）一个论据，旨在说明艺术的子概念即小说，是一种开放概念；（2）一个论点，即艺术的所有其他子概念和艺术的类概念自身也是开放的。他说，如"多斯·帕索斯（Dos Passos）的《美国》是不是小说"这样的问题说明小说是一个开放概念。《美国》有一些和其他小说相同的特征，但是它没有常规的时间顺序，而且有真实的报纸故事点缀其间，正是这些新颖之处让一些人质疑它是不是小说。维茨认为，如果比较那些不容争议地被称为"小说"的作品，我们也将发现相似的差别。他的意思是，小说的种类就像维特根斯坦所认为的游戏的种类一样。他归纳道：

> 我认为，对小说来说是正确的东西，对艺术的每一个子概念——

---

① Morris Weitz，"The Role of Theory in Aesthetics"，reprinted in Francis Coleman，ed.，*Contemporary Studies in Aesthetics*（New York：McGraw-Hill，1968），pp. 84—94.

悲剧、喜剧、绘画、歌剧等——来说也是正确的，"艺术"本身也是正确的。①

根据维茨的看法，艺术的子概念——比如悲剧——也许并不存在一个共同的特征。悲剧 A 和悲剧 B 也许有共同的特征，悲剧 B 和悲剧 C 也许有共同的特征，但是悲剧 A 和悲剧 Z 也许没有。维茨的观点是悲剧之间有"家族相似性"，但没有共同的特征。当然在他看来，也许艺术门类的所有成员在特定的时间内会有相同的特征，但他主张的是所有的艺术门类。不过，不可避免的是，被创作的新作品与许多子概念的成员相似，但是缺乏共同的特征。维茨认为当此类事情发生时，尽管新作品缺乏共同的特征，但通常还是把它包括在子概念内，而这说明子概念是一种开放概念。他认为艺术在类概念上也是如此。为了说明维茨将其观点推进到多大程度，我们也许应该注意他的一个主张：对类概念意义上的"艺术"来说，"成为一件人工制品"并不是必要条件。他的理由是，有时候人们会说"这块浮木是一件可爱的雕塑"。他推论道，如果我们愿意将一块浮木归为雕塑，即作为艺术品，那么人工性就不是艺术的必要条件。

就艺术概念的特性而言，维茨补充说，如果我们愿意，我们也可以通过设定一个（或多个）必要条件接近一个概念，并将它（或它们）附着在概念之上。不过，他告诫说："由于它取消了艺术中的创造性这一特殊条件，这样做是可笑的。"②

长期以来，维茨的观点似乎是无可辩驳的。这种观点与维特根斯坦的关系使之拥有无上的地位，虽然并不是所有人都认为他的论证是有说服力的，也有一些人抨击它。但他的结论在很多哲学家看来似乎是正确的。

接下来我要说的是，维茨关于"艺术"不可定义的观点是有缺陷的，尽管它关于所有（或部分）的艺术子概念（诸如小说、悲剧、陶瓷、雕塑、绘画，等等）是开放的，缺少它们作为子概念应用的条件。例如，也许不存在一种让所有悲剧与喜剧、滑稽羊人剧、偶发剧及其他艺术领域的种类区别开来的共同特征，但艺术品存在一些特征能把它与非艺术区别开来。

艺术定义的第一个障碍是维茨主张"人工性不是艺术的必要条件"。大

---

① Morris Weitz，"The Role of Theory in Aesthetics"，reprinted in Francis Coleman, ed.，*Contemporary Studies in Aesthetics*（New York：McGraw-Hill，1968），p. 90.

② Morris Weitz，"The Role of Theory in Aesthetics"，reprinted in Francis Coleman, ed.，*Contemporary Studies in Aesthetics*（New York：McGraw-Hill，1968），p. 90.

部分人都认为艺术品和自然物有明显的区别，但维茨已说明这样一个事实，即我们有时会认为像浮木这样的自然物也是艺术品，这打破了艺术品与自然物的界限。根据维茨的看法，有一些艺术品不是人工制品。然而，维茨的论证不能使人信服，因为他未能考虑到"艺术品"的双重含义——价值评判意义和分类学意义。有些讽刺的是，虽然维茨在他的文章里做了区分，但是他并没有意识到这其实削弱了自己的论点。价值评判层面上的"艺术品"被用来赞扬一个物体，如"这块浮木是一件艺术品"或"这幅画是一件艺术品"。在这些例子中，我们是在说浮木和画有一些值得注意和赞扬的品质。在任何一个例子中，我们都不认为句子中的主语所涉及的宾语在分类学意义上是一件艺术品，我们是从价值论层面谈论浮木和绘画的。从分类学上声称"这幅画是一件艺术品"是愚蠢的；通常情况下，"这幅画"这样的说法已经在分类学意义上承认了所提到的东西是艺术品（分类学意义上的用法只是表明某物属于某种人工的分类）。我们很少说一些分类学意义上的句子，因为它是非常基础的概念。我们很少处于一种必须要在分类学意义上对某物是否是艺术品进行提问的情境。一般来说，我们立刻会知道某物是否是艺术品。艺术的发展，如废料雕塑和现成品艺术，有时会影响这种判断。例如，有次我在现代艺术博物馆的展厅里看到一件作品，它由 144 个一英尺的金属盘组成，分散在地板上。一个男人走进房间并且直接从作品上走过，显然没有注意到它。我没有这样做，但是我可以说："你知不知道你正走在一件艺术品上？"这里要说的分类学意义上的"艺术品"是一个构建和引导思考世界的基本概念。整个观点也许可以通过这样的方式说清楚：考虑一下，如果一个人试着从分类学意义上去理解"这幅画是一件艺术品"会发生什么。正如上文所提到的那样，"这幅画"的说法已经包含了这样的信息，即该物体与艺术品有关。随之而来的是，如果"这幅画"的说法再次以与它几乎同等的意思出现在句子里时，"这件艺术品把颜料涂抹在一个平面（如画布）上"，得出的句子便是"这件把颜料涂抹在一个平面（如画布）上的艺术品是一件艺术作品"。这样一来，如果在分类学意义上去理解这个句子中最后出现的"艺术作品"，整个句子就显得多余。然而只有在很少的情况下，人们说"这幅画是一件艺术品"是想要表示一种多余，即仅仅是在分类学意义上说一件艺术品是分类学意义上的艺术品。显而易见，在通常情况下，说一幅画是分类学意义上的艺术品，这个句子旨在从价值层面上来说艺术品。我们可以用这个句子做一个关于浮木的类似分析，除非有人试着在分类学意义上通过"这块浮木是一件艺术品"来解释"艺术品"，结果会是一种矛盾而不是多余。然而，在价值层面上却很容易理解这个句子中"艺术品"的含义。

维茨的结论是：成为一件人工制品不是成为一件艺术品的必要条件。这是令人困惑的。他的论述是从价值论层面上展开的，对于一个物体来说，为了被（十分正确地）称为艺术品而成为一个人工制品是不必要的。顺便提及，我们发现值得注意或赞扬的物体种类中的成员并没有共同特征，这一点并不总是令人惊讶。这个范围可以理所当然地广泛而多样。一旦掌握了"艺术品"的双重含义，明白了维茨的论点是误导人的，我们就可以自由地在分类学意义上反思我们的理解。毫无疑问，在这样的反思中，我们会意识到，当我们想或者说某物（不是赞扬）是艺术品时，它是一件人工制品意味着什么。

维茨的艺术概念分析还有一些难点。维茨的论述给人的印象是，一个物体与先前已有的作品相似是它成为艺术品的唯一途径。如果这是某物成为艺术的唯一途径，那么一种要求艺术品无限倒退以便与先前艺术品相似的现象就会出现。其他一些成为艺术的途径会要求阻止这种倒退，认为需要通过某种方式施以人工（也就是制作一件人工制品）才能成为艺术的想法是似是而非的。因而，被称为"人工性"的艺术要求阻止这种倒退。另外，维茨的"家族相似"要求人工艺术存在过，这使得人工艺术拥有某种优先权。

维茨的论述里还有更深的困境。当传统的艺术哲学家对艺术加以理论化时，他们经常对人工制品特别感兴趣，因而人工性是一种"嵌入"艺术的必要条件——通过他们的特殊兴趣"嵌入"。他们主要关心的通常是人工制品所共有的特征。事实上，维茨的描述——由先前存在的艺术品形成的家族相似，并不能颠覆艺术哲学家从他们关于人工制品的特殊范围中进行理论化的传统任务。

第二部分

20世纪美学：从20世纪
60年代到现在

第七章　方向的转变与新的发展

20 世纪 60 年代早期，一些哲学家发表了一些文章，标志着出现了影响分析美学两个核心构成特质的新方向，这两个核心是艺术的独特经验论（the proper experience of art）和艺术特征论。其中，有三篇文章关注艺术经验，一篇由马歇尔·科恩（Marshall Cohen）撰写，两篇由我撰写①；另外两篇文章关注艺术理论，分别由阿瑟·丹托和莫里斯·曼德尔鲍姆撰写②。这五篇文章的共同之处是强调艺术所处的文化语境。在此之前，几乎所有的艺术理论——美的理论、趣味理论、审美态度理论，都忽视了艺术的语境。除了柏拉图关于美的理论和艺术的理论（以形而上学的理式概念为核心），这些早期的理论都围绕着我所谓的"个体心理学的概念"组织起来，这些概念指的是人作为个体所做的和所经历的，与作为文化族群成员的人所做的和所经历的相对。个体心理学概念的简单例子是感知（perception）和情感（emotion）。当然，感知和情感可以与文化事件联系起来。但是这样的感知和情感是个别现象，动物也有感知和情感。文化概念的简单例子，如打一场篮球赛或从大学里获得一个学位，没有复杂的、持续的文化组织作为语境，这些活动是不可能发生的。

艺术经验的新方向

我在第三章考察了三种审美态度，在第四章讨论了比尔兹利的元批评。

---

① Marshall Cohen, "Aesthetic Essence", *Philosophy in America*, M. Black, ed., (Ithaca: Cornell University Press, 1965), pp. 115－133; George Dickie, "Is Psychology Relevant to Aesthetics?" The Philosophical Review(1962), pp. 285－302; George Dickie, "The Myth of the Aesthetic Attitude", *American Philosophical Quarterly* (1964), pp. 56－65.

② Arthur Danto, "The Artworld", *Journal of Philosophy* (1964), pp. 571－584; Maurice Manderbaum, "Family Resemblances and Generalization Concerning the Arts", *American Philosophical Quarterly* (1965), pp. 219－228.

审美态度理论试图说明独特的艺术经验和艺术特征，以便指导批评与鉴赏。每种审美态度理论都声称要确立艺术独特经验的基础，因而依据特殊的个体心理学观念分别进行了描述——心理距离、非功利性注意或审美感知。每种审美态度理论也都声称，其个体心理学观念使指引鉴赏与批评的艺术品特征孤立起来。先前，我曾试图表明审美态度理论中的个体心理学观念是不存在的。

为了让指引鉴赏与批评的艺术品特征孤立起来，比尔兹利的"元批评"也强调了个体心理学观念，他称这些特征为"审美对象"（aesthetic objects）。在他的分析中，比尔兹利谈到了可感知性的标准和思考感知领域基本属性的重要性。很明显，这些标准以个体心理学观念为基础。我曾论证过，虽然比尔兹利的标准不涉及不存在的心理现象，但它们也不能独立于"审美对象"。我认为，比尔兹利的个体心理学标准需要文化观念的引导和辅助。

审美态度理论家认为，一种特殊的心理状态控制着艺术体验者的思想和行为。如果保持心理距离，那么心存猜忌的丈夫也能够欣赏《奥赛罗》。孩子们因彼得·潘要求鼓掌而受到干扰，因为这摧毁了心理距离。同样，如果有合适的心理距离，那么英勇的观众就不会攻击舞台上的恶棍。如果没有这样的心理状态，那么当人们面对艺术现象时，控制其思想和行为的是什么呢？

18世纪塞缪尔·约翰逊（Samuel Johnson）的回答如下："真实的情况是观众一直保持理智，从一开始到最后，他们都知道舞台仅仅是舞台，演员仅仅是演员。"约翰逊暗示，每一名观众都具备关于戏剧活动特征的知识。想想那位袭击演员的观众和彼得·潘的恳求。这里有一个普遍的规则或惯例，一个所有人都明白的文化现象，即观众不与戏剧行为互动。那位攻击舞台上恶棍的英勇观众，要么是出于对戏剧艺术的无知而轻视这一惯例，要么是因为精神错乱。这样的观众并不是一个丧失了审美态度的人，而是某个失去了理智的人。当彼得·潘恳求掌声时，这标志着通常情况下的惯例被放置在一旁，一个不同的惯例正在被实施。孩子们立刻就会明白这里有一种惯例转向，即使一些美学家并没有意识到。从定义上说，一个惯例可以通过不止一种方式来实现，不同的戏剧有不同的惯例来管理观众的参与。这种审视揭示出在观众面前表演的艺术会涉及许许多多的惯例。比起其他两个例子，尽管在《奥赛罗》的例子中，心存猜忌的丈夫并没有更多地加入或失去审美态度，他也并没有直接地参与剧院惯例。那个丈夫仅仅是一个想到自己妻子的男人，这也许致使他无法专注于看戏。

这些理论家认为，审美态度揭示了属于审美对象的艺术特征，即那些被欣赏和批评的特征，比尔兹利对可感知性和其他标准持有相似的看法。这些观点都失败了。是什么把注意力引向艺术品的审美对象？正是戏剧的背景知识——作为一种文化现象的戏剧特征和戏剧惯例，使戏剧的审美对象孤立出来。

其他艺术门类同样如此。正是关于绘画、文学等的背景知识，而不是个体心理学的运作机制，引导人们去关注那些被鉴赏和批评的艺术特征。

艺术理论的新方向

将艺术作为一种开放概念进行分析的困难在不知不觉中走过了相当长的时期，这种观点不容置疑地影响了大多数艺术哲学家。从 20 世纪 50 年代到 60 年代早期，尝试把艺术的本质属性理论化的活动几乎停止了。然而到了 20 世纪 60 年代中期，有两位哲学家——阿瑟·丹托和莫里斯·曼德尔鲍姆，分别以不同的方式来反对这种盛行的维特根斯坦式观点。

1965 年，曼德尔鲍姆直接挑战维特根斯坦的游戏观和维茨的艺术观，从而开启了一条别出心裁的艺术哲学化之路。他首先证明了游戏有一些相同的目的："一种吸引参与者或观众的非实践性兴趣的可能性。"[1]曼德尔鲍姆认为，维特根斯坦没有注意到这个特征，因为他似乎只关心"可展示的"（exhibited）、容易注意到的特征，如一场比赛是否用到球或者比赛的胜负。曼德尔鲍姆并没有试图定义艺术或艺术的子概念，但他明确地指出根据一些"未展示出来的"（non-exhibited）和不太明显的特征，艺术也许是可定义的，也许可以根据一些艺术品同"一些现实的或潜在的观众"[2]的关系特征来定义。例如，人工性（artifactuality），一种关系性的、未被展示出来的特征。也许这对于其他的特征来说，同样是正确的，这些特征将艺术与非艺术区别开来，并与艺术的定义有关。

1964 年，丹托发表了三篇系列文章中的第一篇。[3] 1981 年，这些文章

---

① Maurice Mandelbaum，"Family Resemblances and Generalization Concerning the Arts"，*American Philosophical Quarterly* (1965)，p. 221.

② Maurice Mandelbaum，"Family Resemblances and Generalization Concerning the Arts"，*American Philosophical Quarterly* (1965)，p. 222.

③ Arthur Danto，"The Artworld"，*Journal of Philosophy* (1964)，pp. 571—584；"Artworks and Real Things"，*Theoria* (1973)，pp. 1—17；"The Transfiguration of the Commonplace"，*The Journal of Aesthetics and Art Criticism* (1974)，pp. 139—148.

被收入《寻常物的嬗变》①一书。在他所有的出版物中，丹托完全不顾维特根斯坦式的研究方法而开始对艺术进行理论化研究。同样，在所有著作中，丹托都使用了他发明的论证——视觉上难以辨别的成对论证（the visually-in-distinguishable-pairs argument）。他设想有一对从视觉上无法辨别的物体，但其中一件是艺术品，而另一件不是。这种成对物中的一个例子是伦勃朗（Rembrandt Harmenszoon Van Rijn）的《波兰骑士》（*Polish Rider*）和一块假设的画布，上面偶然地用这样的方式覆上颜料，使之看起来就像是伦勃朗的绘画。丹托举了一些实际的例子，沃霍尔（Andy Warhol）的《布里洛牌纸盒》和一个真实的布里洛牌纸盒完全相似，杜尚（Marcel Duchamp）的《喷泉》和一个真正的小便器看起来毫无差别。在每一种成对物中，第一个物体是艺术品，第二个物体看起来几乎与第一个完全一样，却并不是艺术品。丹托追问，是什么使第一个而不是第二个物体成为艺术品？原因不会是艺术品的外观，因为这两个物体看起来几乎是一模一样的。丹托总结说，是因为第一个物体处于某种语境中，而第二个物体却不在这种语境中。（无法从视觉上区分的成对物也可以用于非视觉艺术。）

在1964年发表的《艺术界》这篇文章中，丹托写道："把某物看成艺术需要某种肉眼无法察觉的东西——一种艺术理论的氛围，一种艺术史的知识，这就是艺术界。"②在这篇早期的文章中，丹托认为在难以辨别的成对物中，使第一个物体成为艺术的原因是它被置于艺术理论的语境之中。（他认为，这种语境是使所有艺术品成为艺术品的原因。）丹托的"艺术理论"从来都是含混的，但是视觉上难以辨别的成对论证是重要的，因为它表明，正是某种未展示的关系网使得置身其中的一个物体成为一件艺术品。

显然，丹托对早期关于"艺术制造语境"的解释很不满意。他在后来的文章和著作中宣称艺术制造的语境就是让对象与某种东西有关，且是易于阐释的。因此，在后期著作中，丹托用性质上类似语言学的艺术制造语境——关系属性/阐释（aboutness/interpretation），取代了早期的艺术制造语境——一种包含艺术理论的艺术特性。即使丹托后期的主张——一种类似语言学的艺术制造语境——是正确的，他也没有一套完整的艺术理论，一种用以辨别所有艺术品和仅仅是艺术品的理论。雕塑法则、科学理论、机器装配指南以及其他许多非艺术品都与某物有关，且是易于阐释的。因

---

① Arthur Danto，*The Transfiguration of the Commonplace*（Cambridge，Mass：Harvard University Press，1981），p. 212.

② "The Artworld"，p. 580.

此，他的主张包括了非艺术品。此外，在这种方式上，丹托的理论中存在许多反例。例如，尽管许多艺术品与某物有关，但非具象绘画和乐器演奏的音乐与任何事物都没有关系。

在某些方面，丹托的思想中似乎对艺术制造语境有另一种解释。他主张艺术语境就是使某个对象：(1)成为能与某物相关的某类事物；(2)成为可以阐释的某类事物。如果语境按照第二种方式来理解，那么某物成为艺术不是因为它与某物相关且可阐释，而是因为它是某类事物，一些能使它与某物相关且可阐释的事物。在这种说法中，非具象绘画和乐器演奏的音乐不能成为反例，因为它们是绘画和音乐作品，绘画和音乐作品是与某物相关且可阐释的某类事物。如果第二种解释是丹托的观点，那么他的主张便是：艺术品的分类就是事物的分类，其中有些与某物有关且是可阐释的，另一些既没关系属性也是不可阐释的。按照这种方式来理解，这个理论听起来是空洞的。不过，丹托成熟的观点似乎是：艺术品既与某物有关，也是可阐释的。

无论如何，丹托对关系属性与阐释的谈论包含许多有趣的意思。"关系属性"为那些倾向于指涉某物的艺术家指明了方向，阐释则为那些作为阐释者的公众指明了方向。因此，他的观点说明艺术家角色和公众角色是艺术制造语境的一部分，尽管他并没有特别明示这点。

第八章　艺术惯例论

　　为曼德尔鲍姆的文章与丹托更早的文章所导引，从 1969 年的《界定艺术》这篇文章开始，到 1974 年的专著《艺术与审美》，我做了艺术惯例论的两种早期版本的前期工作。作为对早期版本受到的各种批评的回应，我对后来的版本做了重大的修订，而且我认为惯例论在我 1984 年的《艺术圈》一书中得到了推进。我将对这两种版本都给予考虑。

　　传统的艺术理论将艺术品置于简单与狭隘聚焦的关系网络中。例如，模仿论暂时把在三维网络中的艺术品置于艺术家与主题之间，而表现理论则将艺术品置于艺术家与作品的两维网络中。惯例论的两种版本都试图将艺术品置于多维网络当中，它较之各种传统理论的设想拥有更大的复杂性。传统理论的网络或者语境过于"单薄"，难以胜任。惯例论的两种版本试图提供一种"厚重"的语境，足以应对这份工作。一种理论将艺术品置于其中的关系或者语境，我会称之为这种理论的"架构"。

　　所有的传统理论都假设艺术品是人工制品，尽管它们与人工制品的本质有所区分。在这个意义上，惯例的方法就是一种对传统艺术理论化方式的回归。在两种版本中，我始终坚持艺术品都是人工制品。我所意味的"人工制品"就是通常辞典中的定义："一个被人所造的对象，特别伴随了一种作为结果而使用的观点。"尽管许多艺术品并不需要是物理对象，例如，诗歌就不是物理对象，但它却是人工制品。再者说，诸如表现之类的事物，比如即兴创作的舞蹈，也是"被人所造"的，因而是人工制品。

　　表面上看，极多数量的人造艺术品的制品并不存在秘密；它是被按照各式各样的诸如绘画、雕刻之类的传统方式被人工制造出来的。然而某些相对晚近的艺术品却存在着人工性的迷惑，如杜尚的现成物（readymade）、现成艺术，等等。有人否定此类东西是艺术，因为它们并不是被艺术家制作出来的人工制品。我认为能被展示出来的都是艺术品，它们就是艺术家的人工制品。在杜尚现成物及其类似物的例证中，两种版本在如何获得人工性的方面是有差异的。

早期版本

艺术惯例论的早期观点可以用我在 1974 年《艺术与审美》一书中的如下定义加以总结：

> 1. 一件人工制品；2. 一系列方面，这些方面由代表特定社会惯例（艺术界中的）而行动的某人或某些人，授予其供欣赏的候选者的地位。①

在早期版本中，"授予地位"（conferring the status）是核心的观念。授予地位的最清晰明显的例证就是合法地位被包含在内的某种国家行为。某位国王授予了骑士爵位，或者见证人宣称某人和某人结为夫妻的活动，都代表了某一体制（国家）被赋予了合法地位。博士学位通过大学授予某人，或者某个人、某些人通过授予非合法的地位而选举某人作为劳特莱（Rotary）的主席。早期的"艺术品"惯例定义所建议的，恰恰就像是两个人能够获得与某个合法系统联姻的地位，并且就像某人能获得成为劳特莱主席的非合法地位一样，某件人工制品在被称为"艺术界"的文化系统中能够获得供欣赏的候选者的地位。

然而根据早期的版本，供欣赏的候选者地位是被授予的吗？某件人工制品被悬挂在博物馆中，被当作某一次展示或者戏剧表演的一部分，那么它就确实是已经被授予了地位的符码。这两个例子似乎暗示着，许许多多的人需要在这个问题里被真实地授予地位。许许多多的人需要去制造出艺术界的文化惯例，但是仅需要一个人作为艺术界的代理人而代表艺术界去实施，并去授予供欣赏的候选者以地位。这个问题里的"地位"，典型地需要通过"单一的个人将某个人造物当作某个供欣赏的候选者"而得以实现。当然，没有人阻止某一群体去授予地位，也就是像艺术家那样行动，但这通常是被单一的个人授予的，其中艺术家就是创造人造物的那个人。事实上，许多的艺术品从来都不是被任何人除非是创造出它们的人如此看待的，但是它们仍然是艺术品。

---

① George Dickie, *Art and the Aesthetic* (Ithaca, N. Y. : Cornell University Press, 1974), p. 34.

你可能会感觉到，在早期版本的构想中，艺术界授予地位的观念是相当模糊的。确实，这种观念作为在合法系统中的地位授予并不是明晰的，在此，程序与权威的线索被明确地界定或者整合在法律当中。艺术界的对立面将（没有地方被加以法规化的）程序与权威的线索加以特殊化，艺术界在惯常实践的水平上就实现了自身的事业。仍然存在着一种实践，它定义了一种文化惯例。这样一种惯例并不需要在形式上去建构章程、高级职位与规章制度以获取存在，而且它们拥有了授予地位的能力。某些惯例是形式的，而某些惯例则是非形式的。

现在考虑欣赏的观念。在早期的版本中，"艺术品"的定义所言说的是供欣赏的"候选者"的地位授予。关于真实的欣赏没有什么可说的，而它所允许的是艺术品不被欣赏的可能性。重要的不是去建构"艺术品"之"分类"（classificatory）意义上的定义，该艺术品拥有诸如真实欣赏的价值属性；这样做是为了让言说那些非供欣赏的艺术品变得不可能，而且难以言说坏的艺术品（bad works of art），这明显是不受欢迎的。任何艺术理论都必须保存特定的核心特征，按照这种方式谈论艺术，我们发现必要的是某些时候要去言说非供欣赏的艺术与坏的艺术。也要注意到，并不是艺术品的每个方面都包括在供欣赏的候选者当中。例如，某一绘画的黑色通常并不是供欣赏的某个对象。读者将意识到的问题是，艺术品的某一方面要被包括在供欣赏的候选者当中，这在第一部分已有论述。

惯例论的早期版本并不包含某种特殊类型的"审美"欣赏。第一部分已经认定，并不存在特殊类型的审美欣赏，而且没有理由认为，存在某种特殊类型的审美欣赏。在早期的定义中，"欣赏"所意指的就是诸如"在经验某物特质的时候某人发现其值得欣赏或者有价值欣赏"的那些东西。

艺术惯例论的两个版本已有意识地被艺术界之实践所实施——特别是在近百年的发展中，出现了如达达派、波普艺术、现成品艺术与偶发艺术等艺术实践。惯例论与这些发展提出了相当多的问题，其中的一些要在此得到解决。

首先，如果杜尚能将一个小便器、一只雪铲与一个挂帽钩转化为艺术品，那么浮木等不也同样能成为艺术品吗？如果许多东西中的任何一个这样做便会成为艺术，如小便器这样的对象就能成为艺术品。一件要成为艺术品的东西，会被从自然物中选择出来，被带回家并悬挂在墙面上，或者被选择出来并带到展览馆中。这就被假定了维茨早期关于浮木所做的，是参照河滩上的一种日常情境且并未被人类的手触动的判决。请记住，某个东西成为分类意义上的艺术品，这并不意味着它已经具有了任何一种真实的价值。根据早期版本，自然物要成为艺术品所依据的是正在被讨论的方式——它是不使用工具而人工化的。人造物被授予为对象，非人造物则制造出对象。即使这是真的，在艺术品的大多数的例证中，人工性依据按照某种方式被制造从而得以实现。因而根据早期的版本，人工性就被实现在两种相当不同的方式中：通过被制造，或者通过被授予。在诸如杜尚的《泉》这样的现成物的例证中，一件与水管连接的人工制品拥有被授予的艺术化的人工性，而且这就是一种双重的人工制品。

请注意，根据早期的版本，这两种相当不同类型的东西能够被假定获得了授予：被授予为人工性与欣赏的候选者。

其次，一个经常出现的与艺术观念的讨论相关的问题似乎特别关涉惯例论的语境，这个问题就是"我们如何设想诸如贝琪（Bestsy）这样的来自巴尔的摩动物园的黑猩猩"。在此，称黑猩猩贝琪制造了"绘画"，并不意味着对其采取歧视态度而它们并不被当作艺术品，恰恰在于，某些词语需要以它们为参照。判断贝琪的绘画是否是绘画，所依赖的是对它们做出了什么。例如，芝加哥的自然博物馆，有次展示了某些黑猩猩与大猩猩的绘画。在这些绘画的例证中，我们必须说它们并不是艺术品。然而如果在远处的芝加哥美术馆中展出，它们就"能"成为艺术品——如果在美术馆的某个人认为只要通过肢体制造出来就"能"是艺术。这全部依赖于惯例的境遇——某个境遇令人愉悦而成为艺术创造，另外的语境则不能。（在言说惯例的境遇过程当中，我所参照的并不是诸如此类的美术馆，而是一种惯例性实践。）根据早期的版本，使得贝琪的绘画成为艺术品的东西能被某些执行人进行人工性的授予，并代表艺术界而授予其欣赏的候选者的地位。尽管事实上黑猩猩贝琪并不是在绘画，由此得到的艺术品并不会是黑猩猩贝琪的绘画，但却是并未授权的某人的作品。黑猩猩贝琪并不能授权，因为它并没有将自己看作艺术界的执行人——它不能（全面地）参与我们的文化。

维茨认定艺术的定义或其亚概念无视创造性。某些传统的艺术定义可能已经无视创造性，某些传统艺术定义的亚概念也无视创造性，但是艺术惯例所考虑的两种版本却都没有无视于此。既然人造性就是创造性的一个必要条件，那么对于人造性的需求很少能保护创造性。没有某类被生产出来的人造物，如何能存在一种创造性的例证呢？早期版本的其他需求中包含了对欣赏的候选者之地位的授予，却不能抑制创造性。事实上，它激发了创造性。既然几乎所有被用以制造艺术的东西都是可能的，这种定义就没有给创造性强加限制。在艺术的某些亚概念已经无视创造性上，维茨可能是正确的，但是现在的危险在于过去存在的东西。随着对已建立的类型的忽视和对艺术中新奇的寻求，对创造性的阻碍可能不再存在了。今天，如果一个崭新的或不寻常的作品被创造了出来，它同某些业已建立起来的种类就是相当类似的，进而它可能会被整合在这种类型中，或者被认为是与任何先前已存在的作品都截然不同的作品，那么，一个新的亚概念就可能被创造出来。今天的艺术家不会轻易地退缩，他们将艺术类型视为松散的指导原则，而非严格的详尽说明。

艺术惯例论的早期版本听上去是这样说的："一件艺术品是某人所说的那个对象：'我将授命这个对象为艺术品。'"按照早期版本的假定，虽然这并不意味着承认艺术是个简单的问题。就像在教堂的历史与架构的背景中给孩子洗礼一样，成为艺术也要有艺术界的拜占庭式的复杂背景。有人可能发现这样的情况很奇怪，在被讨论的非艺术例证中存在着授予错了的情况，然而按照这种方式，这种情况却没有出现在包括能被视为无限的生产艺术在内的授予当中。例如，某一份起诉书或许起草得并不合适，而事实上被告人也不会被起诉。类似的情况在艺术例证中似乎是不可能的。这个事实反映了艺术界与法律体制之间的差异。法律系统处理的是有严重个人后果的事情，其程序必定反映了这一点。艺术界也应对重要的问题，但却是完全不同的那种类型。艺术界并不需要严格的程序，它允许甚至鼓励轻浮与任性，只要不失其严肃的目的。然而，如果在包括生产艺术在内的授予过程中不可能犯错误，错误就可能通过授予欣赏以候选地位而犯下。在将艺术地位授予某个对象时，某人就假定，在其新的地位上对该对象负有某种特定种类的责任。为欣赏而呈现出来的某一候选者始终面对着这种可能性，亦即没有人欣赏它，而授予地位的那个人将因此而丢脸。某个人可以做出"无米之炊"式的艺术品，但却没有必要将之做成丝绸钱包。

晚期版本

我相信，惯例论的早期版本在某些方面存在失误，但是其方法始终切实可行。在早期版本中，我宣称自己错误地认定人造性是被诸如杜尚的《泉》和现成艺术所授予地位的，我现在则相信人造性并不是那类能够被授予地位的东西。

通过转化为某些前存在的物质，通过加入两种物质，通过去除某些物质，通过塑形为某些物质，等等，一件人造物被典型性地生产出来。这通常所做的是为了转化物能被用以去做某些东西。当物质能被如此转化，有人已经清楚了这个例证匹配于辞典里面"人造物"的定义——"一个被人所造的对象，特别伴随了一种作为结果而使用的观点"，其他的例证很少如此清晰。假定某人选择了一块浮木而没有将之转化，而是用来挖洞或者在有威胁的狗面前挥舞。再假定这块未被转化的浮木，已经被"制成"了被用以置入其中的挖掘工具或者武器。这两个例证都没有明确界定"特别伴随了一种作为结果而使用的观点"的非必要条款。因为它们在这一点上并没有被规定去提供服务。在这个意义上，似乎并不存在某物在这些例证中被制成的情况。如果浮木未被转化，它是如何被做成了什么东西的呢？在明晰的例证中，物质是被转化的，一个复杂的对象被生产了出来：原初的物质是为了当前的目的而成为一种简单的对象，它正在被转化中生产出复杂的对象——被转化的物质。在这两个缺乏清晰形态的例证当中，复杂对象已经被制造了出来——木头被用作挖掘工具或者武器。在这两个不甚清晰的例证中，浮木都不会是人工制品，人工制品在这里是被以特定方式制造与使用的浮木。这两个例证确实都类似于某类人类学家头脑中的东西，人类学家声称，那些非转化的石头被发现是与人类相关的，或者被发现是作为人造物的同人近似的化石。人类学家将这些被按照某种方式使用的石头包括进来，也就是将石头的特定标记当作遗留在石头上的痕迹加以使用。人类学家在头脑中有了复杂对象的同样观念，这些对象通过某一简单（亦即未被转化的）对象的使用而被制造出来。

在艺术界的语境中，一块浮木可能是被以一种类似的方式使用的，亦即按照绘画与雕塑所展示的那种方式被选择与展示出来。这样的话，一块浮木就会被当作艺术媒材而加以使用，因而它就会成为更复杂对象的一部分——"被当作某种艺术媒材使用的浮木"。这个复杂对象就会是某个艺术界系统中的一个人工制品。杜尚的《泉》能按照同样的线索而被理解：小便器（简单对象）被当作一个艺术媒材以制造出《泉》（复杂对象），它就是出自艺术界的一件人造物——杜尚的人造物。浮木和小便器会被以诸如此类的方式当作艺术媒材来使用，按照颜色、大理石那种被使用得更为传统的艺术品方式。浮木被用来当作武器，小便器被用来当作极少类型的艺术媒材。杜尚并没有去确定人工制品，他所制造的是极少的人工制品。

早期看法的第二个问题是由门罗·比尔兹利指出的。他观察到了围绕着理论的早期版本对艺术定义的讨论，我将艺术界的特征称为一种"已被建构的实践"（established practice），一种非正式类型的行为。他在形成观点的时候，在引用定义之处使用了诸如"授予地位"与"代表而行动"这样的短语。此类短语是典型地被应用在正式惯例里的，这些惯例指的是诸如国家、企业、大学之类。比尔兹利正确地意识到，这是一种对正式惯例的错误的语言使用，它力图描述的是我所设想的艺术界的那种非正式惯例。比尔兹利质疑说："这意味着代表一种实践的行为吗？地位获得的权威性可以聚焦于一种正式惯例，但是诸如此类的实践似乎缺少权威性所必需的资源。"①

我接受比尔兹利的批评，已经禁用了过于正式的"授予地位"与"代表而行动"这样的观念，同时也禁用了与这些观念相关的早期版本的某些方面。成为一件艺术品就是占有正确的地位，亦即占有在艺术界的人类行为之内的某个地位。然而成为一件艺术品却并不包括被授予的某个地位，毋宁是获得了某个地位。在艺术界的背景中或者反对艺术界的背景中，这种地位是作为创造某个人造物的结果而存在的。

早期版本宣称（正如晚期版本所做的那样），艺术品是作为在某个已被建构的实践（艺术界）当中所占据的地位或者地点的结果而存在的。关于这个宣称存在两个关键问题：这个宣称是真实的吗？如果这个宣称是真实的，那么艺术界该如何被加以描述呢？

这就是关于人类惯例存在的那种宣称，对其真实性的检验与关于人类组织的其他宣称——对于观察的检验——也是同样的。然而，"观察"艺术界与艺术品被整合在其结构当中，这并不像"观察"某些其他人类惯例那么容易，这些惯例是在被更习惯化方面来加以思考的。

丹托的视觉难以识别的对象的观点，展现出艺术品存在于某一语境或者架构当中，但是它并没有揭示出制造出架构之要素的本质。进而，许许多多的架构都是可能的。例如，每一种传统艺术论都暗示其自身的特殊架构。举个例子，苏珊·朗格"艺术是人类情感的形式符号的创造"的观点，就暗示了（作为做出创造行为的人的）艺术家的某一架构与某一特定类型的主题（人类情感）。然而朗格的理论与其他传统理论很容易遇到反例，结果就是并不存在它们暗示的能成为正确的那种架构。传统理论容易遭遇反例的理由在于，这个架构通过理论暗示了它太过狭隘地聚焦于艺术家和更具有明显特征的艺术品，而非环绕着艺术品的"一切"架构的要素。这一切的结果就是太容易发现艺术品，而这样的艺术品缺乏被作为普遍性与定义性的某一实践的传统理论所捕捉的特质。

传统理论的架构在这一方面指向了正确的方向。每种传统理论都设想，

---

① Beardsley, "Is Art Essentially Institutional?", *Culture and Art*, Lars Aagaard-Mogensen, ed. (Atlantic Highlands, N. J.: Humanities Press, 1967), p. 202.

把艺术制成人类实践，这种实践是行为的某种被建构的方式。结果就是每种理论的架构都设想，通过实践及其重复的坚持来作为一种文化现象而存在。我认为这种对于作为文化实践的某种架构的坚持已经足够了，它使得传统理论自身成为准惯例的（quasi-institutional）。然而在某种传统理论当中，并不存在仅仅一种被建构的想象角色，它就是艺术家或者人工制品制造者的角色。在每一个例证当中，艺术家都被视为某一人工制品的创造者，他们成就再现、成就符号或成就表现是适宜的。对于传统的理论而言，艺术家的角色被简单地设想为产生再现、产生符号形式、产生某种表现或者诸如此类的东西。艺术家角色的狭隘观念是对能够被产生出来的容易出现的反例负责的。尽管传统理论是不足的，关于艺术家角色方面一定存在着更多不足，较之为传统理论设想所产生的全部种类的东西而言都有更多不足。当某位艺术家创造一件艺术品的时候，他所理解与所做的东西，就超出了传统理论所导致的那种简单理解与所做的东西。

无论是艺术家何时创造的艺术，它始终是为了"公众"而创造的。结果就是架构必须包括为了"公众"的某个角色，而艺术则是呈现给观众的。当然，由于各式各样的理由，许多艺术品事实上并不是呈现给所有观众的。某些艺术品恰恰不再抵达观众那里，虽然它们的制作者意在如此。某些作品通过它们的创造者而从观众那里退出，这是由于他们以某种低级方式判断这些作品并不是值得被呈现。事实上，是艺术家使某些艺术品得以退出，因为他们判断作品是不值得呈现的，这种呈现就展现出作品是某"种"被呈现的东西，否则就判断作品无意义而不值得呈现。因而，即使艺术并不意在为假定面对观众而呈现给观众，因为它可能并不仅仅是为观众而呈现的（如某些时间所发生的那样），它也是某类具有呈现给公众的目的的东西。公众的观念始终盘旋在这个背景上面，即使当被给定的艺术家拒绝呈现他或者她的作品。在这些例证当中，艺术品从观众那里退出，可能存在着"双重意图"——存在着创造出被呈现的某类东西的意图，但是同样存在事实上并未得以呈现的另一种意图。

什么是某一艺术界的公众呢？它并不只是人们的集合。某一艺术界公众的成员，他们知道如何去填充角色，这个角色需要知识与理解，这与艺术家所需要的许多方面是类似的。面对不同的艺术，存在着各类不同的观众，因为某类观众所需要的知识是不同于为另一类观众所需要的知识的。在所扮演阶段的观众所需要的一些知识，就是要去理解某个人所扮演的那个部分。任何被给定的公众成员都拥有非常多的那些信息。

艺术家与公众角色是艺术创造的最小的架构，而这两个相关的角色可以被称为"呈现的团体"(the presentation group)。艺术家的角色具有两个核心方面：首先是所有艺术家的普遍方面的特征，即意识到被呈现而成为艺术所创造出来的东西；其次是使用一种或者更多的、更广阔的艺术技巧的能力，这种能力可以使得某人创造出某一特殊类型的艺术。同样，公众的角色也具有两个核心方面：所有公众的普遍方面的特征，亦即意识到被呈现而成为艺术的东西；能使某人感知与理解到被某人所呈现出来的某种特定类型的艺术所需要的能力与感性。

几乎在每一个现实社会中，都存在某一艺术制造的惯例。此外，对于艺术家与公众角色而言，存在着许多补充艺术界的角色，诸如批评家、艺术教师、导演、策展人、制片人等。呈现的团体就是相关联的艺术家与公众的角色，然而这几组角色成为艺术制造的基本架构。

在对早期版本更频繁的批评中，难以展现出艺术制造是惯例性的，因为难以展现出艺术制造就是被规则所统治的。对于批评的基础性假设就是它是具有规则统治性的，惯例实践（如承诺）与那种诸如遛狗的非惯例是彼此不同的。真实的是，早期版本并没有带来艺术制造的规则统治性，这就需要被加以匡正。早期著作所发展的理论存在着一定的规则，但遗憾的是，我没有使它们变得清晰。在讨论使艺术制造明晰的规则统治时，早期理论并没有形成自己的观点，但是那些呈现使被修订的理论可以被陈述出来。早期我认为，人工性并不能成为艺术品的必要条件。这种必要性的宣称暗示出艺术制造的一个规则：如果某人希望去制造一件艺术品，这个人就必须通过创造出人工制品而这样做。我同样也宣称成为被呈现给艺术界公众的某类东西，就是成为艺术品的一个必要条件。这个宣称必要性地暗示出艺术制造的另一个规则：如果某人希望去创造出艺术品，这个人必须通过创造被呈现给艺术界公众的某类东西而这样做。存在两种相互关联的规则就足以制造出艺术品。

问题很自然地出现了，为何这种架构被描述为惯例性的一种，但它并不是正确的基本架构而是某些其他的架构？传统理论的架构是明显不足的，其不足并没有证明惯例论当前版本中的架构的正确性。证明这种理论正确是相当困难的，尽管证明这个理论错误有时非常容易。对于惯例论的当前版本而言，可以言说的是，这就是架构的观念，其中艺术品很明显是被整合于其中的，而没有其他貌似合理的架构是即将出现的。即使缺少更有说服力的论点，惯例论的架构也是正确的，依赖于对它的描述，我已经赋予了这种论点及其正确性以功用。如果这种描述是正确的，或是适合的，那么它就会在听者那里激发起"这很正确"的经验。

在早期版本当中，我谈论到了大量关于惯例的问题及它们是如何被整合在艺术惯例中的，并尽力区分出我所谓的"首要惯例"与其他的"次级惯例"，后者是被包含在艺术的创造与呈现中的。例如，这里所讨论的次级惯例是西方戏剧惯例隐藏在场景背后的舞台工作人员。西方艺术惯例是与中国古典戏剧的惯例相对而言的，中国戏曲舞台上的工作人员（被称为道具管理人）在演出的过程同道具与场景的更换过程是同时出现的，这就对同一任务的不同戏剧解决方式，亦即对舞台工作人员的雇佣，带来了惯例的一种基本特征。任何做出某物的惯例方式，都能够按照不同的方式被做出来。

难以实现的是，正在被讨论成为惯例的这类东西能在混淆的理论中得出结果。例如，西方戏剧的另一种惯例就是观众并不参与到表演行为中。特定的审美态度理论也难以实现，这个特殊的惯例就是一种惯例，它包括了观众的非参与就是一种从审美意识而来的规则，这种规则必定是不能被冒犯的。此类理论为彼得·潘所颠覆，潘所需要的是让观众鼓掌来拯救小仙女叮叮铃。然而这种需要仅仅被算作对孩子们的新惯例的引入，某些美学家并未按照正确方式来把握它。

存在着难以统计的惯例，它们被包含在艺术的创造与呈现中，但正如我在早期版本中所宣称的那样，其中某些并不是"首要的"惯例，而所有其他的惯例则都是次级的。事实上，在早期的版本那里，我所宣称的不仅仅是存在许多被包含在艺术的创造与呈现当中的惯例，而且整体行为的基础部分完全都是惯例性的。但是戏剧、绘画、雕塑诸如此类的东西，都不是能按照其他方式而做出某物的方式，因而它们就不是惯例性的。然而，如果"首要的"惯例并不存在，那么就存在着首要的"某物"，难以统计的惯例在其中是拥有某种地位的。而何谓首要的，就是对所有包含于其中的东西加以理解。人们致力于建构行为或者实践，其中存在着各式各样的角色：艺术家角色、公众角色、批评家角色、导演角色、策展人角色等。我们的艺术界包含了这些角色的总体，其中艺术家和公众的角色是居于核心的。在某种程度上，可以用更为结构化的方式加以描述，艺术界包含着一系列的个体化的艺术界系统，其中每个都包括了特殊艺术家与公众角色，还有其他的各种角色。例如，绘画就是一个艺术界系统，戏剧则是另一个，等等。

于是，艺术的惯例就包括了各种不同类型的规则。存在着的惯例规则，它们来自为呈现与创造艺术所执行的各式各样的惯例。这些规则是反对改变的。存在着支配所致力于的行为中的更基本的规则，而这些惯例并不是惯例性的。人工制品的规则——如果某人希望去制造一件艺术品，这个人必须通过创造出人工制品而这样做——就不是惯例性的规则，它所陈述的是致力于某种特定类型实践的某个条件。

正如我早期所言及的，人工制品规则与其他的惯例规则是不足以创作出艺术品的。而且正如每一个规则都是必要的，它们都被用以形成"艺术品"定义的公式。

> 一件艺术品就是那种被创造出来而呈献给艺术界公众的人工制品。

这个定义明确地包括了"艺术界"与"公众"的术语，而且它同时也包括了"艺术家"与"艺术界系统"的观念。现将这四个要素定义如下：

> "艺术家"是理解一个艺术品被制作出来的参与者。
> "公众"是一系列的人，这些成员在某种程度上准备去理解要提交给他们的物。
> "艺术界"是整个艺术界系统的整体。
> 一个"艺术界系统"就是一个艺术家将艺术品提交给艺术界公众的构架。①

这五个定义提供了对艺术惯例的极少的可能性描述，因而这也是对艺术惯例论的极少的可能性考虑。

要预先阻止对"艺术品"定义的反对意见，这让我意识到存在着被创造出来以呈现给艺术界公众的人工制品，但它们并不是艺术品，比如戏剧海报。然而，这类东西对于艺术品而言就是寄生的与次级的。艺术品是在这个领域中的首要类型的人工制品，戏剧海报与诸如此类的东西都是独立于艺术品的，在这个领域内部，人工制品都是次级的类型。此定义中的"人工制品"一词，要依据首要类型的人工制品而加以理解。

早期版本给出的"艺术品"定义，尽管并未经过如此严格的论说，但我已经意识到它是一种循环论证。晚期版本中"艺术品"的定义也是经由循环论证而得出的，尽管也未经过严格的论说。事实上，这五个核心术语的定义包含了一种术语链的逻辑循环。

存在一种理想的非循环论证的定义，它假定在定义中所使用的术语意义并不会将术语退回到原初的界定那里，但是会成为或者导向更为基础性

---

① George Dickie, *The Art Circle* (New York: Haven Publications, 1984), pp. 80—82.

的术语。非循环论证的理想定义同样假定，我们能达到具有首要意义的术语，这些术语能按照某些非定义的方式而被认知，即通过直接的感性经验或者理性直觉而得到。存在某些系列的定义满足这个理性，但是惯例论中对于五个核心术语的定义却并非如此。这难道意味着观念论包含着严格的循环论吗？定义的循环论展现出核心观念的相互支撑。这些核心观念是曲折变动的，亦即相互投合、相互假定与相互支持。定义所揭示出来的是艺术制造包括了一种错综复杂、相互关联的结构，它们不能按照直接的方式被加以描述，这种线性的方式是通过理想的非循环的定义而得以设想的。艺术曲折变动的本质，通过我们从艺术当中得以学习到的那种方式反映出来。学习有时是通过被教育如何成为艺术家而到达通途的，如学习如何画出一幅能被展示的绘画。这种学习有时是通过被教育如何成为艺术界观众中的成员而到达通途的——学习如何观看被作为艺术家意图生产而被展出的绘画。这两个通途同时都教给我们关于艺术家、作品与公众的观念，这些观念彼此之间并不是独立的。我怀疑在文化疆域中的许多领域都拥有与艺术惯例同样类型的曲折变动的本质，如"法律的""合法的""执行的"与"司法的"观念。

非循环的理想定义也同样把握到了不能提供有用信息的系列循环定义。这可能对于某些系列的定义是真实的，但也可能并非如此，我认为这就是惯例论定义的真实性所在。因为这些定义恰恰是相互独立的项目之镜像，这些项目组成了艺术的事业，进而告诉了我们其曲折变动的本质。

近些年来，杰罗尔德·列文森（Jerrold Levinson）①、诺埃尔·卡罗尔（Noël Carroll）②、斯蒂芬·戴维斯（Stephen Davis）③，还有其他人已经提出了他们的艺术理论或者关于艺术的理论的结论，这是关于艺术惯例论的一种或者另一种方式。

---

① Jerrold Levinson, "Defining Art Historically", *The British Journal of Aesthetics*, 19 (1979), pp. 232—250; "Extending Art Historically", *The Journal of Aesthetics and Art Criticism*, 51 (1993), pp. 421—422.

② Noël Carroll, "Art, Practice, and Narrative", *The Monist*, 71 (1988), pp. 140—156; "Historical Narratives and the Philosophy of Art", *The Journal of Aesthetics and Art Criticism*, 51 (1993), pp. 313—326; "Identifying Art", *Institutions of Art* ed. Robert J. Yanal (University Park, Pa.: The Pennsylvania State University Press, 1994), pp. 3—38.

③ Stephen Davis, *Definitions of Art* (Ithaca, N. Y.: Cornell University Press, 1991), p. 243.

第三部分
美学的四个问题

前面诸章关注了美、艺术与审美的核心观念，这些观念组成并界定了美学领域。然而，通过对艺术的思考与谈论所生发的哲学问题还有许多，并且各式各样。某些问题与核心问题相关，有些则不相关；它们同核心问题之间的关系也需要明晰化。"核心"与"非核心"被用于指明如此被确定的重要与急迫之问题，发现何为核心的尝试是通过对杂乱原则的普遍赞同而实现的。核心问题提供了一个定位的架构，使得我们认识到能在哪里对美学问题展开探究。

在大量的非核心问题中，我选择了四个。它们是：(1)有意图的批评；(2)艺术中的象征；(3)隐喻；(4)表现。隐喻仅仅涉及文学艺术，其他问题则跨越了所有的艺术。这四个问题中的每一个都被哲学家与批评家当作十分重要的问题。为何它们会被如此看待呢？我想答案会出现在以下的讨论中。

第九章 意图主义批评

艺术家的意图

艺术家在创作一件艺术品时，通常带有某个意图，即使这件作品是一个"偶然艺术"事件。某个画家试图制造一种明确的效果，如光亮，或者去展示某种景观。某个作曲家想要创作一部乐谱，其乐音效果是宏伟、华丽、庄严的，或是其他质地。某个诗人想要用一行或整首诗歌表达一个明确的意义。在偶然艺术中，如果艺术家有意留下未经修订的结果，那么一个偶然的结果也是有意图的。

许多批评家明确宣称或认为艺术家的意图在批评中扮演着重要角色。意图主义批评家并非普遍认同艺术家意图的重要性。有人认为某个艺术家的意图对于理解艺术作品和评价作品而言同样重要，同时其他人则否认意图对于评价的重要性。我将试图证明，意图主义批评从根本上被误导了。

考虑一些常见的意图主义批评的例子。① 根据一个意图主义批评家的解释，一幅画必须被认为是再现性的，比如某个国王的画像，那是因为画家本就打算用这幅画来再现这位国王。假设上述那幅画是一幅抽象派作品而且难以弄清它展示了什么，某位意图主义者可能会试着通过诉诸画家的意图来决定一幅画作所展示的内容，或者假设它是关于一首诗歌中某行难以理解的诗句的意义问题，难度在于它是晦涩的或者含糊不清的。意图主义者认为艺术家的意图决定了诗行的意义，并且因此消除了含糊不清和晦涩。

---

① 意图主义批评的具体例子，参见 W. K. Wimsatt and Monroe Beardsley, "The Intentional Fallacy", *Sewanee Review* (1946), pp. 468 – 488; Monroe Beardsley, *Aesthetic*(New York: Harcourt Brace, 1958), pp. 17 – 29。也可参见 Beardsley, "Textual Meaning and Authorial Meaning", *Genre*(1968), pp. 169 – 181。本书这部分观点的早期版本参见我的"Meaning and Intention", *Genre*(1968), pp. 182 – 189; 一个意图主义批评的辩护参见 E. D. Hirsch, Jr., *Validity in Interpretation*(New Haven: Yale University Press, 1967)。

一种稍微复杂但是逻辑上相似的情形存在于那些与表演有关的艺术家中。意图主义者声称一部剧作的正确表演应以剧作家明确的舞台导向为根据，或者如果缺少舞台导向，则根据以其他方式显露出来的剧作家意图。类似地，某段乐谱理应根据作曲家的意图进行演奏。

用艺术家的意图作为评价标准的尝试，不同于艺术家的意图如何与理解表演或者正确表演联系起来的问题。意图主义评价的主张是，如果艺术家成功实现其意图，那么艺术品就是好的，又或者艺术家未成功实现其意图，那么在这种程度上说，艺术品就是坏的。艺术家意图的这种评价性用法面临诸多难点，包括两个明显会削弱它的难点。第一个难点是实践性的，即常常不能发现艺术家的意图是什么，因此也不清楚这个意图是否实现了。在这一点上莎士比亚是个很好的例子，无人知晓他的那些意图是什么。当然，意图主义者不需要说明艺术家的意图是评价的唯一标准，即使他或她清楚地想将其一直作为首要的标准。第二个难点在本质上是更为理论性的。某个艺术家可能带有非常谦逊的意图，而且最终总是实现了其意图，那么这意味着他或她的作品总是好的吗？某个艺术家可能带有极为雄心勃勃的意图，但从来未曾实现，那么是否意味着他或她的作品总是不好的？第二种情况表明，对于艺术作品的评价而言，成功实现意图并非一个有用的标准。就像比尔兹利提到的，艺术家成功实现其意图，至多只是艺术家在何种程度上完成他或她想做的事情的评价标准。①

艺术家的意图同理解或部分理解艺术作品意义之间的关系问题不可能轻易得以解决。这里的"意义"，包括诸如某句诗行的意义和图形艺术中所表现的意义。艺术家的意图与诗歌的意义将获得非常详细的讨论。如此，一个目的是显示讨论的结果能够普遍地解释各种各样的艺术，还有一个目的是表明这种具有普遍意义的结论如何适用于正确表演。

为显示某个诗人的意图独立于他或她的诗行的意义，最简单的方式可能就是考虑"计算机诗歌"（computer poems）。为制造这类"诗歌"，计算机必须在词汇、标点符号、断词间隔等方面被设定好程序，便于任意地以各种各样的方式进行组合。大部分组合都将毫无意义，然而计算机迟早会写出：

> 那只猫在垫子上。
>
> 那只猫非常胖。

---

① Beardsley, *Aesthetic*, p. 458.

这是首乏味的诗歌，其意义对于任何懂英语的人来说都是显而易见的。不过它并未产生什么意图，因为计算机没有意图。当然，计算机编程中含有意图——某个特殊的单词被放入其中，诸如此类——但计算机以任意的方式把词语放在一起，并且没有任何程序员的意图能够为制造出来的词语序列负责。给定充足的词汇和时间，计算机总能写出其实不意指任何事的诗歌。

日常交流中的意图

我们可以解释"计算机诗歌"的某种意义，这个事实表明意义与意图是独立的。然而一位意图主义批评家可能不会被计算机诗歌所打动，并且声称一串没有意图的词语是不可能有意义的。为避免这种异议，我将仅仅考虑那些带有意图的词语，这些词语我称之为话语。我也将相当广泛地讨论这个问题，不局限于文学问题。我将要争论的是，如果意图对于确定意义而言是真正必需的，那么交流就无法进行了。既然我们可以交流，那么意图主义者肯定是错误的。

我将用如下例子来阐明交流。当安托万（Antoine）看到一只昆虫掉进布伦南（Brennan）的汤里时，他们正在一家餐馆喝汤。为了警告布伦南，安托万说："有只苍蝇在你的汤里。"按照意图主义者的主张，意图决定意义，所以在此意义上，只有当布伦南知道安托万的意图时，他才能够理解安托万的话语。布伦南如何才能知道安托万的意图呢？这可能暗示我们通过理解其话语并推断其意图来找出说话者的意图。意图主义者不能接受这种常识性的结论，因为它需要独立于意图之外来理解话语。面对这个问题，某个杰出的意图主义者声称，在我们听到其他人的话语并且因此理解他们的话语时①，我们才能猜测他们的意图。但是如果独立于理解他人话语之外来猜测，那么我们就是在盲目猜测。当然，我们有时在其他人非语言行为的基础上推断他们的意图。例如，当看到某人正在从其他人的钱包里拿钱时，目击者可能会推断出此人的意图。不幸的是，对于意图主义者而言，绝大多数有关话语的事例都不同于这个例子。独立于话语之外去推断话语背后的意图，基本上是不可能的。在意图主义者看来，听者并没有一个发现说

---

① E. D. Hirsch, *Validity in Interpretation* (New Haven: Yale University Press, 1967), p. 99.

话者意图的普遍有效的方式，因此不能理解他们所听到的大部分话语。

假设安托万是一个意图主义者，试图以声明其意图的方式帮助布伦南，他说："我想要说的是有只昆虫在你的汤里。"安托万声明其意图并不会起到帮助作用，因为根据意图主义者的观点，布伦南要理解安托万关于其意图的声明，他就必须知道安托万在发表其声明"我想要说的是有只昆虫在你的汤里"时的意图，并且布伦南无法接受安托万身上可能会带有的第二个意图。安托万可以永久持续地声明其意图，但是在意图主义者看来，布伦南绝不可能理解他，因为总是会出现更深层的意图。意图的声明作为一种促进理解的方式，在意图主义者看来，产生了一种关于意图的无限回归，这意味着布伦南将永远不可能理解安托万所说的话。

作为一种关于话语如何被听者所理解的理论，意图主义承受着反驳，因为按照这种观点，听者没有了解说话者意图的有效方式。如果意图主义作为一种话语如何被理解的理论而遭到反驳，那么看起来它不可能是一个有关话语如何获得意义的正确阐释。意图主义也许可以用来解释语言如何为神一样的生物服务，他们可以直接凭直觉获得其他人的意图。但是显然这些生物需要的并非人类所使用的那种语言。

如果意图主义是错误的，那么我们该如何理解话语？考虑模棱两可的句子，这可作为一个检验案例。当一个句子能被解释出两个或更多意义时，它就是模棱两可的。一个关于模棱两可的句子的例子是"我喜欢我的秘书甚于我妻子"，这可能被理解成为"我比我妻子更喜欢我的秘书"或者"我喜欢我妻子但我更喜欢我的秘书"。

尽管不时会说出模棱两可的词句，但句子的模棱两可并不带有典型性，要是这样的话，那么交流是不可能的。有时一句话被说出来的那种非语言条件，会使它清晰明了。例如，某人当着一群人的面说"我看见她的鸭子了"（I saw her duck），这里有一位年轻的女士，她正好低下头（ducked her head），并且鸭子中没有一只成员出现或者已在场。有时出现在相同话语中的其他句子足以使一个给定的句子清晰明了。例如，在"我看见她的鸭子了"之后，紧接上"它的羽毛是黑白色的"。有时，非语言条件和语言环境的共同作用让一个句子变得清晰明了。当然，有时出现的情况是这二者之一或者二者都不够充分，而且句子仍然模棱两可。所以一个给定的句子是不是模棱两可，取决于其产生的情形。我们知道该如何避免说出模棱两可的词句：我们确保存在一些特定的非语言条件，或者我们提供其他句子。

由于缺少适当的条件，某个句子在一个特定场合可能是模棱两可的，但有时那仅仅只是事情出现的方式，甚至当某人努力为之时也是这样。假设我突然认识到我昨天告诉你的事情是模棱两可的，我打电话给你并使事情变得清晰准确。然而昨天我所说的事情，就其本身来说，依然模棱两可；在电话交谈之后，不再模棱两可的事情是我昨天意指（或者打算说）的事情。昨天的交谈加上今天的电话交谈，我已经成功地说清我想要说的事情。当昨天所说的句子与今天所说的句子，被认为构成了单纯的对事实的披露，那么它们从一开始就意指我所要表达的意思。

我不可能仅仅通过说"我看见她的鸭子了"，或通过一边说"我看见她的鸭子了"一边打算获得关于禽类的理解，以让"我看见她的鸭子了"意指我看到了一只作为禽类的鸭子。一个打算并不能使我得到想要的结果。我不得不去做的事情是在说"我看见她的鸭子了"之后，做一些其他事情——用手指指，说出其他句子，诸如此类——或者想想存在的一些确定条件。如果给定(1)一段话语，（2）这段话语被说出来的非语言条件，（3）一个特定的语言共同体，某个句子在这段话语中将带有确定的意义或者保持模棱两可。

文学情形中的意图

从通常的情形来说，到现在为止，关于语言和意义的解释已经得到发展，但是当人们转向文学时，在某些重要方面就会出现不同情况。首先，就文学而言，存在着一个戏剧性的说话者，因此典型的文学情形要比通常的情形更为复杂。在通常情形中，简单地存在着一个说话者和他或她的话语，但是在文学情形中存在着作者、戏剧性的说话者以及戏剧性说话者的话语。重要的是，不能将作品的作者与作品中戏剧性的说话者混为一谈。莎士比亚是《哈姆雷特》的作者，而在戏剧中，角色哈姆雷特则是戏剧性说话者中的一个。在一部小说中，戏剧性说话者是讲述故事的那个人，如《白鲸》(*Moby Dick*)中的伊希梅尔(Ishmael)。当然，许多小说里戏剧性的说话者是没有名字的，并且不会提及自己。其次，文学不同于之前提到的三种可以决定句子模棱两可或清晰明了的一般条件中的第二种。第一种和第三种条件似乎支持一般情形与文学情形。

1. 话语条件(The discourse condition)。在令人愉快的事例中，我们有着完整的话语——一个完整的交谈、一段关于天文学的完整论述、一首完整的诗歌、一部完整的小说。这些事例之所以令人愉快，是因为我们有一个完整的文本，我们所拥有的全部就是用来决定一个句子是否是模棱两可的，只要与这个条件有关。在令人不愉快的事例中，我们要么知道话语是不完整的，要么不能说出它是否是完整的。这些事例之所以令人不愉快，是因为尽管我们能决定一个给定的句子是否模棱两可，或者是否与可能不完整的话语无关，但我们知道如果我们拥有完整的话语，我们关于模棱两可的决定可能会改变。

2. 语言知识条件（The-knowledge-of-a-language condition）。在令人愉快的事例中，我们知道某些语言共同体的语言，例如，20 世纪美国英语、某些 20 世纪美国英语的地区性变种、16 世纪伊丽莎白时代英语、某些 16 世纪伊丽莎白时代英语的地区性变种，等等——根据这些我们才能够理解一段话，并且决定一个给定的句子是否模棱两可。在令人不愉快的事例中，我们缺少某种程度上的，或者其他方面的用以理解一段话语的语言知识。

有必要弄清楚语言知识条件所涉及的内容，以及为在特定语言中找出某段话里的某个单词、短语或句子的意思而进行必要探究所涉及的内容，或者未涉及的内容。为了理解某个给定的、用 16 世纪英语写成的一段话中的句子，我可能会在某个单词的意思上做些研究。但是为了找出那个单词在 16 世纪英语中的意思，我不会去调查上述那段话的 16 世纪作者用那个单词所表达的意思。（在这里，我忽略掉词语意义同句子意义之间的差异。）此处，某个说话者以其说话的形式所表达的意思，同其话语所表达的意思之间存在着至关重要的差别。可以发现，例如，那些关于某个作者用一个单词表达意思的历史记载，在作者那个时代的语言里，可能会被作为这个单词意思的一个线索。但是我坚持的那种差别仍然存在：在某种语言中，一个特定作者在特定使用场合下，通过一个单词或一句话所表达的意思并不能为那个单词或那句话赋予意义。否则，思考就变成了回溯。在某种语言中，一个单词或一段话的意义是摆在首位的，并且在特定场合下，特定的说话者能够用它来意指其他事情。这里所说的顺序是逻辑顺序，而非一种实存的顺序。①

现在我们来看第二种一般性条件，在此条件下，通常的情形和文学的情形不一致：话语是在非语言条件下被说出来的。一般情况下，这些条件可能会是这些事情，如用手指点、听者事实上可以看见说话者是谁、一只鸭子事实上在场，等等。但是在与诗歌和小说相关的文学情形中，非语言条件的问题并没有出现。在一部小说或者一首诗歌里，戏剧性的说话者不

---

① 保罗·格莱斯（Paul Grice）在很长一段时期内提出了一种成熟的意图主义意义理论，对其观点的尝试性反驳，参见 George Dickie and W. Kent Wilson, "Defending Beardsley", *The Journal of Aesthetics and Art Criticism* (1995), pp. 233—250。

可能用手指向一只鸭子或者指向在场的一个女人，因为尽管这样的戏剧性说话者可能提到文学作品世界之外的事物，但是他们不可能指出这些事物。听者（或读者）无法看见说话者是谁，因为不可能在一部小说或一首诗歌里见到说话者。读者可能被告知这样一个戏剧性说话者看上去像什么，即使他不可能被看见，但这是一个语言事件而不是一个非语言条件问题。关键在于文学情形中的句子——换言之，在诗歌中、小说中，诸如此类——并不典型地带有非语言的语境。考虑一些对照性的方式，相同的句子可能以这些方式在某种通常情形和文学情形中运作。在通常情形中，只要一座山是可见的，那么"它在远处曾经发生过战斗的山上"这个句子中的"山"（hill）的所指对象并没有模棱两可。然而，如果有两座山是可见的，并且没有办法指明提及的是哪座山的话，这个叙述就是模棱两可的。但是，如果"它在远处曾经发生过战斗的山上"出现在一个文学作品里，那么就不存在任何模棱两可的涉及非语言性话语语境的参照物。当然，在涉及作品故事方面的参照上可能存在模棱两可，例如，当第二个角色说"两座山中的哪一座"。尽管存在由组成一部文学作品的话语所建构起来的参照语境，这种语境也并不独立于话语而存在，并且它与通常情形下的语境十分不同。

我认为，文学作品的本质就在于它们并不典型地带有非语言的语境，而普通话也是如此。（某些通常情形全部或部分地缺乏非语言的语境——如电话交谈。）关于这点没什么值得说的，它只不过是一个我们关于文学生活的实践或方式的事实。我们所有的文学作品可能为了其中的句子清晰明了，以至于不得不在具体的地理位置或此类位置的副本，或在拥有特定地貌类型的地理位置或其副本方面有所表现。当然，某些文学作品需要这类背景——即戏剧和电影——而且一个完整的文学讨论也将需要关于此类作品的细致论述。但我关心的是诸如诗歌和小说之类的文学作品，它们典型地以不带非语言语境的方式被体验（阅读）。我们的体会是，这些文学作品通常都不具有非语言的语境。通常一首诗歌或一部小说的作者，要么成功地让戏剧性的说话者不依赖某种非语言语境来表达他或她想要他们去表达的意思，要么以失败告终。一个可能的例外是某部以具体的、众所周知的地理位置为背景的小说。在这个例子中，关于地理地形的知识可能被看作一个确保获得戏剧性的说话者的条件，而且也可能服务于让话语中的某些句子清晰明了。

这里的主要观点是，意义是一件公开的事情，而不是一件作者，或者更广泛地说，说话者在他或她思想的隐秘处计划好的事情。所以，如果一个作者告诉我们其诗歌所表达的意思，却又不能脱离作者的陈述去发现诗歌中的意义，那么就不能说这首诗表达了它的作者想要它表达的那个意思。作者在写出诗歌中的词语时，脑海中带有明确的意图，这个事实并不能保证那些意图全被包含在那些词语中。作者和普通说话者一样，有时未能说清他们本来要说的意思，而且尽管对于意图的诉求能够帮助澄清原文词语所表达的意思，但这种诉求并不能改变原文词语的意义（或无意义）。为防止可能出现的误解，应该弄清楚的是作者可以作为一个批评家，去解说、阐释甚至评价自己的作品。而且，他也许会是一个好的或者不好的批评家。由于作家具有关于自身意图的私人性知识，反意图主义者否认作者像批评家一样拥有特权地位（批评家仅仅只能与他们从文学作品中发现的公开意义为伍）。

与文学中的意义类似，视觉艺术中的再现也在艺术家意图所关心的范围内。某个艺术家想要他的构图再现一个苹果，或者一个女人，又或者丘吉尔，这个意图并没有完成任何事情。构图自身所具有的性质决定了它所再现的内容。事实上，艺术家或其他跟批评家一样行事的人，可能会叫我们把注意力放在之前未曾留意的构图的特定属性上，从而让我们看到构图再现了（或可能暗示）一个特定的物体或人物。但是这仅仅意味着我们未考虑到公开可见的东西，并且根本不需要涉及艺术家的意图。

在绘画和文学中，对于象征的解释也是一件公开的事情。诸如光轮（halos）等符号，在获得常见的、公开的意义的方式上，类似于其他拥有公开意义的词语。事实上，符号有时也会由艺术作品所创造或确立，但它是以让符号在绘画或文学作品中扮演特定角色这样一种公开的方式完成的。某个符号的意义不是由艺术家的意图所确立的。

关于正确表演和艺术家意图的问题不同于上述问题，因为这涉及包括理解在内的更多事情。另外，表演涉及两个不同的问题：（1）在剧本或乐谱中，总是存在一些活动空间，因为艺术家从未准确详细地说明该如何去表演每个要素；（2）在一个特定的演出中，实际上的舞台或乐谱导向可能被忽视，或者特定要素（一个通道、一个场景、一个动作）可能会被遗漏。那些追随艺术家意图的意图主义批评家对于第一种情况没有给出任何意见，因为对于表演者而言，如果存在活动空间，那么它就一定存在。

然而，第二种情况是不同的。如果某些东西被遗漏了，那么艺术家的意图就会被表演者故意轻视（导演、作曲家、乐曲改编者等，即对演出都负有责任的无论哪一个人）。在这种情况中，意图主义批评家感觉艺术作品受到了暴力对待。事实上，作品的特性已经被破坏，甚至可能被彻底改变。但那又有什么关系呢？如果批评家关注的是对某个作品表演的描述、解释或评价，这个事实会让批评家所体验和谈论的通过改变现有作品而来的表演产生什么不同吗？批评家依然能解释和评价他或她体验过的表演。批评家可能会说，除了别的以外，如果在某种程度上增加一些东西，那么表演可能会更好，而且他可能清楚或者不清楚什么东西缺失了。如果在一部被表演的作品中，那个缺失的部分对批评家而言是众所周知的要素，相当于表演者、导演等所遗漏的某个要素，那么批评家可能会非常具体且正确地说，被遗漏的要素就是被表演的作品所需要的东西。另一方面，在给定的情况中，批评家可能正确地说，如果没有讨论中的那个要素，被表演的作品会更好。

关键在于批评家必须谈论和评价这个被表演的作品。批评家也许会推断为什么一个被表演的作品是好的或是不好的。在某些情况下，他或她会正确地说如果艺术家的意图没有被轻视的话，那么被表演的作品可能会更好。然而被表演作品的不好之处，可能会被归因于轻视艺术家的意图，也可能会被归因于导演或乐指所做的具体改变。一旦某人改变艺术的特性，他就引起了内在于具有创造性的作品之中的危险，即创造不好事物的危险。但是这也存在创造确实好的事物的可能性，而且值得一试。

从关于被表演的艺术作品的批评主义角度出发，满足眼睛和耳朵的东西才是被描述和评判的东西。未删减版的《哈姆雷特》、删减版的《哈姆雷特》、人物穿着现代服装的《哈姆雷特》，等等，这是一些描述和评判，它们本身并不属于莎士比亚的意图。批评主义关注的是帮助我们理解和区分好的艺术与不好的艺术，而在实现这两个任务的过程中，艺术家的意图并不拥有特权。

第十章 艺术中的象征主义

　　象征与思想中某些神秘和具有魔力的东西联系在一起。这不是一种必要的关联，而且在艺术中象征发挥作用的方式也没有什么魔力可言。尽管在特定例子中，关于象征的过程可能是非常复杂的，但这其中不存在神秘的事情。对于艺术中的象征主义来说，也不存在任何具有内在价值的东西——象征主义是一种表达意义的形式，它有可能被运用得比较好，也可能被运用得缺乏技巧。象征主义可能被优雅简练地使用，但它也可能显得过头和笨手笨脚。象征主义可以促进艺术作品，又或者成为负担。①

象征的功能与特征

　　我们处理的最常见的象征就是词语。虽然这里给定的象征与词语无关，但是与艺术中的象征有关。此处，我关注的象征出现在绘画、诗歌、戏剧等艺术作品之中。文学作品由象征（词语）建构出来，但我感兴趣的是由词语描述所产生的象征。在一幅画中，某些事物，如一只羊，被描绘出来，而且这个被描绘的事物反过来可能会作为某些事物的一个象征起作用，如基督。类似地，在一个文学作品中，某物是被描述（described）出来的，并且是那种可能作为一个象征起作用而被描述出来的事物。艺术中的词语和象征有着共同承担意义的象征功能，并且此处给定的象征将展示这个共同特征。当然，词语的象征功能可能会比艺术中的象征更为复杂，因此在这里将不予讨论。

　　在试图阐明艺术中象征主义的定义之前，列举一些关于象征主义的例子并描述它们是如何进行的，可能会有所帮助。格兰·荷米伦（Göen

---

　　① 我有关象征主义的观点参考了 Beardsley，*Aesthetics*，pp. 288－293；Isabel Hungerland，"Symbols in Poetry"，reprinted in W. E. Kennick，ed.，*Art and Philosophy*（New York：St. Martin's，1964），pp. 425－448；Gören Hermerén，*Representation and Meaning in the Visual Arts*（Lund：Berlingska，Boktryckeriet，1969）。

Hermerén)借鉴潘诺夫斯基(Panofsky)，列举了如下关于象征主义的例子。① 扬·凡·艾克(Jan van Eyck)在绘画中描绘了一个御座，御座的扶手上有黄铜色的鹈鹕图案。鹈鹕是一个关于基督的基督教传统符号。这是一个有趣的例子，因为对于这种特殊的象征主义，鹈鹕看起来像一个不太可能的候选者。这个象征的基础是一部12世纪动物寓言集所表达的一个寓意，即鹈鹕是具有献身精神的父母。根据这部动物寓言集，小鹈鹕用翅膀殴打父母，父母予以还击并杀死了它。然而三天之后，鹈鹕母亲刺穿自己的胸脯，将鲜血倾洒在小鹈鹕的尸体上，让小鹈鹕起死回生。鹈鹕母亲起死回生之力的根源可以作为鹈鹕象征具有同样力量的基督的表现基础。

要列举一个当代的象征主义的例子，可以考虑海明威(Hemingway)的短篇小说《一个干净明亮的地方》(A Clean, Well-Lighted Place)。在小说开头，"一个老人坐在因树叶遮挡灯光而形成的阴影里"。十几行之后，小说描写道，"一个老人坐在随风轻轻摇摆的树影里"。许多行之后，"一个老人坐在阴影里"。这三次关于坐在阴影里的复述明显是一个临近死亡和虚无的象征。

伊莎贝尔·汉格兰德(Isabel Hungerland)引用了电影《消失的地平线》(Lost Horizon)中有关象征主义的例子。② 当香格里拉的大喇嘛圆寂的时候，摄像机聚焦在快要被风吹灭的蜡烛上。我们知道蜡烛熄灭就意味着大喇嘛已经圆寂，因为熄灭的蜡烛象征着他的死亡。

在格吕内瓦尔德(Grünewald)的伊森海姆祭坛画《基督受难图》(The Crucifixion)中，一只羊羔站在耶稣旁边。羊羔用右脚挽着一枚小十字架，把它背负在肩上。带十字架的羊羔明显是一个象征，大概是象征基督的牺牲，这也是画作的主题。十字架是基督教的象征，旗帜是国家的象征，二十五美分硬币上的鹰是一个关于国家特质的象征。

如果这些能够被当作象征主义的真实例子，那么我们可以注意到关于象征主义的某些特征。(1)像某些假设一样，象征并不必然是具体的，即非抽象的。诸多词语是不具体的。毫无疑问，艺术中大多数象征是具体的，但是在阐明"象征"的定义中，仅仅只有特征一致的真实象征能被使用。(2)象征的对象是多样化的，如一个人(基督)、一个事件和一种状态(死亡

---

① Hermerén, *Representation and Meaning in the Visual Arts* (Lund: Berlingska, Boktryckeriet, 1969), p. 98.

② Hungerland, "Symbols in Poetry", reprinted in W. E. Kennick, ed., *Art and Philosophy* (New York: St. Martin's, 1964), p. 427.

和虚无)、一个事件(大喇嘛的圆寂)、一个行为(耶稣牺牲)、公共机构(基督教和一个国家)以及特质(力量和高尚)。似乎没有理由去限制能被象征的事物类型。(3)就视觉艺术来说，某个象征并不描绘其象征的事物，同时就文学艺术来说，某个象征则并不描述其象征的事物。符号以一种相较描绘和描述更为迂回的方式来传达意义，但是它们依赖并增强描绘和描述。(4)象征以某种可以成立的方式"代表"着其象征的事物。象征可以将某人的思想转换成某物而不是其自身，而且这种转换不是随意联想。它取决于使象征在某种意义系统中获得一席之地的某些性质。(5)没有一个被用作例证的象征是自然符号，如云意指雨或者烟意指火。自然符号取决于象征与意指事物之间的因果联系。自然符号经常与象征区分开来，大概因为一个象征由于某人的行为而获得作为象征的身份，一个自然符号则意味着完全独立于任何人的行为。在自然符号的情况下，人们仅仅注意到因果规律。但是这里存在着模棱两可，因此必须予以重视。

也许可以试着下一个定义，然而正如汉格兰德指出的，"象征"这个词有多种广泛的用法，以至于可能没有定义能够覆盖全部。① 我们所能做的就是集中关注那些能够代表大部分"象征"用法的例子，它们以类似的方式为某个定义提供基础。

> 某物是一个象征，当且仅当为了某人或某些人，以某种可成立的方式代表其他事物，并且它(就是那个象征)并不描绘或描述其他事物(就是那个被象征的事物)，同时意指的事物与被意指的事物之间的关系不仅仅是自然符号的事情。

这个定义中最重要的是代表关系的确立问题。解释这个问题的最好办法可能就是讨论已经固定下来的诸如十字架之类的象征。因为耶稣殉难的方式，十字架千百年来在基督教仪式中占有中心地位。像十字架这类象征是艺术家能加以利用的资源，如果艺术家将十字架运用到作品中，他可以期望观众明白十字架象征着什么。这类象征非常像社会所有成员都知道其意义的普通词语。然而所有这些关于十字架或者其他固定象征的讨论，并没有显示出象征是如何被确立的，而仅仅表明它们已经被确立为象征。例

---

① Hungerland, "Symbols in Poetry", reprinted in W. E. Kennick, ed., *Art and Philosophy*(New York: St. Martin's, 1964), p. 426.

如，十字架是如何被确立为一个象征的？其确立的细节仅仅只能通过推测得出。在某些时候，一些早期基督徒在其他知道耶稣殉难故事的基督徒在场时，必须用手比画出或者指出一个十字架的样子，以便增强仪式，也可能为了确立他作为教派成员的身份，又或者为了其他目的。不管怎样，因为十字架在基督教历史里的一个基本事件中的用法，被描绘或被比画出来的十字架作为基督教的一个象征得以确立。因此，某些早期基督徒通过行为动作确立了一个关于十字架是象征的习俗，而且这个习俗被基督教社会成员所接受和使用。最后，十字架所象征的意义也同样为非基督徒的人所熟知。

习俗可以在正式和非正式这两种方式上确立。旗帜作为国家的象征，可能大多数时候是以正式方式被确立的。毫无疑问，在美国历史的早期，某些国会成员提议用一面带有十三颗星和十三道条纹的旗帜作为美国国旗，而且这个提议通过了国会投票表决。不过，大部分象征的确立是非正式的，存在于某人以特殊方式使用某物之中，这种方式显示出象征习惯于意指某物。

艺术作品中的象征运用

艺术家能够在其作品中运用已经确立的象征。同样地，艺术家创作小说、绘画和戏剧，也创作象征。艺术家运用多种方法（devices）以助于把某物确立为象征，无疑存在着一些到目前为止尚未发明出来的方法，而下面的例子将显示这些方法如何有助于确立新的象征。一种途径是在一幅画中描绘一个非同寻常的或者不可能的事件，要不然就描绘一个普通的或者历史的事件。格吕内瓦尔德《基督受难图》中的羊羔就是这类例子，羊羔肩上背负着一个小十字架，并抬起一只脚挽在十字架底部来支撑它。即使这只羊羔并没有被确立为象征，但在这幅画的背景中，这种描绘可能已经将它确立为一个象征。在某些情况下，文学作品中的非同寻常或者不可能的事件一旦被给定，那么它们就能够作为象征发挥作用。

另一种方法是在作品中给予一个描绘或描述以突出的位置。格吕内瓦尔德画作中的羊羔也是使用这种方法的一个例子：它扶着十字架，处于画作最突出的中心位置。在海明威小说中，开篇首句就描写了一个老人坐在阴影里。作品结尾是又一个突出位置，另一些突出位置可能会与情节或其他形式上的特性相关联。此外，还有重复和并列。关于老人坐在阴影里的描写，在海明威的小说中出现了三次，而且黑暗与灯光经常并列出现，灯光代表着生命和年轻。不论重复与否，并列可以用来确立一种象征关系。格吕内瓦尔德画作中的羊羔正好处于它所象征的对象，即被钉在十字架上的耶稣旁边。

无论如何，这些方法并不能单独将某物确立为象征，一个事物必须拥有或者被认定拥有某种合适的特征，以便于作为其他给定事物的象征而发挥作用。一只羊羔恰当地出现在艺术作品中，这就比较容易地让其成为耶稣及其牺牲的象征，因为人们相信羊羔拥有诸如驯服一类的突出特征，基督也拥有同样特征，而且这是一个众所周知的历史事实，即羊羔是向耶稣献祭的传统动物。在老人坐在阴影里的例子中，黑暗与死亡之间的直接联想，以及那个短语同第二十三篇圣诗中"死亡阴影下的山谷"的联系，为所描述的情境形成一个象征提供了充实的基础。鹈鹕象征基督的基础是它拥有使生命复活的力量。现在没人会相信鹈鹕拥有这种力量，但这个事实并不能阻止鹈鹕成为基督的一个象征。无论如何，今天的艺术家不可能把鹈鹕当作一个象征，尽管他或她可能会使用羊羔。

一般而言，需要在正式的方法与某物所具有的适当特征这二者的共同推动下，才能把某物确立为象征或者使某物作为一个象征发挥作用。并非每只被描绘出来的羊羔都是基督或其他某物的象征。画作《小波比》(Little Bo-Peep)中的一只羊羔可能并没有象征任何事物。象征是取决于语境的。蜡烛和大喇嘛的例子正好说明，艺术作品中所有元素共同作用才能使某个元素成为象征。一支正在燃烧并且即将燃尽的蜡烛，与一个活着却即将死去的人在某些方面类似，但是这些相似之处并不能通过自身来确立象征关系。熄灭的蜡烛也类似于瘪气的轮胎，但是在这个例子中，它并不是瘪气的轮胎的象征。这支熄灭的蜡烛与其他熄灭的蜡烛完全相似，然而这一个并不是另一个的象征。假如相似性还不够，在作品语境中的处理方式是挑出有关联的相似之处，并且确立象征关系。电影中有一个大喇嘛的镜头，他明显快要圆寂了，这时摄像机切换到另一个镜头，在一扇打开的窗户前一支蜡烛闪烁摇曳。风吹进窗户将蜡烛扑灭，蜡烛的熄灭象征着大喇嘛的圆寂。这两个镜头直接短暂的并列为它们提供了连接，并且产生了有关联的相似之处，从而确立了象征关系。如果给定另一个语境，蜡烛的熄灭可能象征着一只轮胎正在瘪气。

某个艺术家可能会尝试把某物确立为象征，但未能成功，因为他并没有恰当地将其作品中的元素放到一起，或者没有提供某些关键性的元素。如果《消失的地平线》的剪接师错误地让蜡烛镜头离死亡镜头很远，那么它可能不会象征着大喇嘛的圆寂，即使它仍然拥有成为一个象征的氛围。有可能并且经常可能出现的情况是，艺术家把一些事物置于其作品中，这些作品有着象征存在的氛围，但是事实上并不成功。艺术作品中的大部分此类"象征"也许让其具有意义的表象。可能超现实主义艺术中的一些奇怪东西是这种"象征"。比尔兹利认为卡夫卡（Kafka）的《在流放地》（*In the Penal Colony*）拥有"存在深刻而丰富的象征所需要的气氛，但它不象征任何事物，尤其是或者至少是你能用其他句子系统表述的事物"[1]。

　　然而艺术中的象征是什么意思呢？它们具有什么作用？从根本上来说，艺术中的大部分象征传达意义或信息。坐在阴影里的形象传达的意义是"接近死亡"，被描绘的肩负十字架的羊羔传达的意义是"受难的基督"，熄灭的蜡烛传达的信息是"大喇嘛圆寂了"。从语法角度出发，被传达的意义在某些例子中可能最好被表述为一个陈述（蜡烛），在其他例子中则为一个形容词短语（肩负十字架的羊羔），也可以是一个谓词（阴影）以及其他一些情况。关键在于，意义以一种形式或其他形式被传达。

　　被传达的信息可能是额外的或者是多余的信息。在熄灭的蜡烛这个例子中，传达出来的是额外信息——当蜡烛快要燃尽时，我们第一时间就知道大喇嘛圆寂了。肩负十字架的羊羔承担了多余意义，因为画作的重心在于描绘基督的受难。某人可能会说坐在阴影里的形象所传达的意义也是多余的，因为老人的处境已被故事直接的、非象征的方面清晰地传达出来。情况可能是大部分象征是多余的，即使被省略掉也不会丧失任何意义。例如，某人可以仅仅展示大喇嘛快要圆寂，或者仅仅说明老人感到了死亡的临近。

　　然而，这种技术型的多余在艺术中，甚至是在普通话语中并不算缺点。普通话语的多余信息确保我们所说的内容被理解，艺术中象征的多余意义为艺术作品增添了深厚而丰富的材料。同时，象征也能增添复杂性，而且能保持或增加艺术作品的统一性。试想一下，格吕内瓦尔德画作中没有肩负十字架的羊羔，这时如果把羊羔添加到画作中，有羊羔的画作就会比没有羊羔的画作更为复杂，因为它拥有更多的元素。由于羊羔的象征意义与画作的其他元素及主旨相融合，所以这只羊羔保持了或者可能增加了画作的统一性。当然，并非每个象征都会提升艺术作品。某个特定的象征可能会使作品变得不协调，而且即使协调，象征太多也可能会损坏作品。

---

　　[1]　Beardsley，*Aesthetics*，p. 408.

象征被典型地用于强调和突出作品的主旨或主题。在某些情况下，象征就像反复吟唱的圣歌一样，适于带给作品一种令人沉思的紧张感。象征提供的这种效果，在表达的基本模式（描绘或描述）中是无法通过简单重复来实现的。这种重复可能会令人感到厌烦甚至愚蠢：想象在十字架旁边，用一张小的受难图去代替羊羔。而在某些方面，象征更多地服务于强调被象征之物的某些独特性质。在羊羔的例子中，象征就服务于耶稣的驯服和整个事件的献祭性质。象征以不易察觉但复杂的方式发挥作用。

象征的影响不仅仅在于它们以一种不同于描绘或描述的方式传达意义，简练地发挥作用也很重要。一个象征，像著名的图画一样，可能不值得用一千个单词去阐释，但它有可能需要用很多单词或者很多描绘去阐释。一个象征将大量信息打包装进一个小小的指南针，并且一个被确立的象征用于概括许多重要的历史和经验，是意义的贮藏室。

"象征"一词至少适用于某类事物，这类事物以另外一种方式进行表达可能会更好。例如，我们有时会说《推销员之死》（Death of a Salesman）中的威利·洛曼（Willie Loman）是某类人或者某种生活的象征。认为威利·洛曼是一个象征，意味着他的性格与行为代表了某类人或某种生活，并且把我们的想法转移到那类人或那种生活上。按照这种方式来考虑这个问题，就无法做到公正地判定对这出戏剧的体验。威利·洛曼并不代表某类人或者某种生活，他是关于那类人或生活的虚构性的例子。一个例子比一个象征更有力量，更直接且更明显。例示和象征二者都服务于把我们的注意力集中到某类事物上，它们在艺术中都具有自身的价值。尽管如此，我认为没有任何恰当的理由可以将例示称为一种象征。

第十一章　隐　喻

与其他修辞格相比，隐喻可能更加受到批评的关注。这种关注在一定程度上是由于隐喻非常频繁地在诗歌中发挥作用。如果要理解诗歌语言，那么就必须对隐喻进行阐释。隐喻也出现在散文中，并且不仅仅是在"文学"散文中。隐喻在被很多人使用，如体育记者、科学家、哲学家、商人。隐喻不仅是一种修辞格，同时也是一种写作语言。隐喻具有一种普遍而有力的语言特点。因此，非常值得去弄清楚隐喻如何发挥作用，或者弄清楚有时被称为"隐喻理论"的东西究竟是什么。①

"隐喻"这个单词有时在很宽泛的意义上被使用，但是这里涉及的是句子当中的特定类型以及特定短语。下面就是一系列隐喻的范例：

1. 这个会长缓慢地推进着讨论。
   (The chairman ploughed through the discussion.)
2. 证人们的一个障眼法。(A smokescreen of witnesses.)
3. 光仅仅是上帝的影子。② (Light is but the shadow of God.)
4. 烟雾是蔷薇丛。③ (The smoke is briars.)

需要注意，这些短语和句子中的特定词语——比如"推进"(ploughed)和"障眼法"(smokescreen)——作为隐喻凸显出来并且与表达中的其他词语形成对照。

---

① 我有关隐喻的观点参考了 Monroe Beardsley，"The Metaphorical Twist"，*Philosophy and Phenomenological Research*(1962)，pp. 293—307；Max Black，"Metaphor"，*Proc. of the Aristotelian Society*(1954—1955)，pp. 273—294。

② 这一列中的头三个曾被马克斯·布拉克用作例子。

③ 第四个隐喻的例子被比尔兹利使用，参见"The Metaphorical Twist"，p. 294。

明喻和隐喻

先讨论另一种修辞格，即明喻，将有助于理解隐喻。对于这种修辞格的讨论，将提供一种背景和契机去发展某些用来分析隐喻的术语。根据传统观点，一个明喻意味着它按照字面意义表达意思，而且明确地把一个事物与另一个事物进行对比。例如，"那个男孩跑得像只鹿"（The boy runs like a deer）是一个明喻，这意味着某个男孩奔跑的特征与一只鹿的奔跑相似。当然，并非鹿奔跑时的每一个特征都可以用来意指男孩的奔跑——如用四条腿奔跑。这个例子是一个开放的明喻，听者的理解必须来自语境——这个句子中的其他词语以及包含这个句子的话语中的其他句子——一只鹿奔跑时的哪些特征被归于那个男孩。一个封闭的明喻可以详细指明两个相互对比的事物之间哪个或哪些方面是相似的。这个开放的明喻例子可以通过增加一些词语予以闭合——"那个男孩奔跑得像一只优雅的鹿"（The boy runs like a deer with respect to grace），或者更为惯用的，"那个男孩奔跑起来就像一只鹿那样优雅"（The boy runs as gracefully as a deer）。

因此，明喻是字面意义上的。"字面意义"是指什么呢？当一个单词被用作它的某个词典意义时，它就是按照字面意义被使用的。一个句子的字面意义就像它所包含的词语的字面意义一样发挥作用。现在可以提出一个关于隐喻的基本问题了：隐喻跟明喻一样，是一种字面意义的语言吗？

最古老且最受支持的观点，可以追溯到亚里士多德，那就是隐喻是一种变相明喻，用来制造暗示性的比较。其他一些隐喻理论已经得到发展，但是它们缺少变相明喻理论所具备的合理性和影响力，因此在这里将不做讨论。① 根据变相明喻理论，一个隐喻拥有字面意义，尽管这多少有点迂回。马克斯·布拉克（Max Black）把这种理论叫作"比较观"②，比尔兹利则将其称为"对象比较观"③。使用"对象"这个词语是为了凸显一种理论，这种理论主张一个隐喻性的词语，在字面意义上涉及一个对象或过程，同时听者将它们与非隐喻性词语所涉及的对象或过程进行对比。考虑对象比较观的详细阐释，"被告辩护律师指出了证人们的一个障眼法"（The defense at-

---

① 有关这些理论的讨论参见 Beardsley，*Aesthetics*，pp. 134—136。

② Black，in Margolis，op. cit.，p. 226.

③ Beardsley，"The Metaphorical Twist"，p. 293.

torney presented a smokescreen of witnesses），这个句子被植入了隐喻。听者会认为单词"证人们"与目击者们（对象）相关，同时会认为单词"障眼法"（smokescreen）与一个障眼法（a smokescreen）有关。听者接下来可能会把两种所指对象进行对比，并借助比较来弄清楚所说的内容。对象比较理论认为，隐喻性词语表达意义的方式取决于词语的两个方面。首先，词语拥有含义或意义，它们可以根据其他词语加以详细解释。某个词语的含义在词典中是被给定了的。其次，一些词语和表达提及或涉及了其对象或过程。单词"猫"的一个含义是"一种食肉性哺乳动物（家猫）"，"那只猫在垫子上"中的"猫"涉及的对象是一个非语言性的对象，换句话说，是一只特殊的猫。

　　对象比较观的问题在于，例如，尽管"证人们"所涉及的对象是足够明晰的——由辩护律师提出的一系列证人——但隐喻性的词语"障眼法"所涉及的对象则是一个秘密。所涉及的哪一个障眼法是可以通过比较得出的？很显然，并不涉及特定的障眼法，就像句子"记住在我们进入奥马哈海滩（Omaha Beach）之前设置好烟幕（the smokescreen）"中的情况一样。在这个句子中，"烟幕"作为一个指涉性（referring）的表达起作用，而且意在涉及一个特殊的烟幕（对象）。隐喻性表达里的词语"障眼法"并不指涉对象，它发挥的功能就像，比方说，"大量的证人"中的"大量"一样，起到修饰"证人们"这个词的作用。简而言之，"障眼法"在隐喻性表达中的作用，仅仅是按照"障眼法"本身的含义而不带指涉性地加以实现的。照字面意义而言，在句子"约翰是一个学生"（John is a student）中，"约翰"这个名字涉及某个特定的人（对象），但是"一个学生"不涉及任何事情，仅仅是将这个词语的含义作用于句子中的对象上。当然，在某些句子中"一个学生"可能拥有指涉功能——如在"一个学生落下了一个包裹"（A student left a package）中。一旦某个词语出现在一个句子或短语中，起作用的总是它的含义，除非它被用作指涉，否则这个单词不指涉什么。在"猴子是哺乳动物"（Monkeys are mammals）中，"猴子"这个词语指涉猴子的种类，而且所指涉的这个种类中的每个成员都被提到了。在"乔克和乔治是猴子"（Jocko and George are monkeys）中，"猴子"的含义被使用了，但是"猴子"并不涉及任何事情。"乔克"和"乔治"涉及正好碰巧成为猴子的两个个体。在隐喻性的句子（有关一个人）"约翰是一只羊"（John is a sheep）中，"一只羊"所起的作用就像"一个学生"在头一个照字面意义理解的句子中的作用，也跟"猴子"在"乔克和乔治是猴子"中一样。这也就是说，"一只羊"把一个含义（在这个例子中是隐喻性的）作用于句子中的对象上，而且不具有指涉功能。

这些讨论的主要观点是，即使有人可能会认为对象比较观在那些例子中最为有效——换句话说，在这些例子中隐喻性表达是一个名词或名词短语，然而它并不起作用。甚至在这些例子中，隐喻性词语没有指涉什么，而且也并没有因此将某个指涉对象指派给比较物。在一个句子，如"我舅舅像你舅舅"（My uncle is like your uncle），"我舅舅"和"你舅舅"都涉及和指派了两个可比较的对象，而且我们可以说这是一个比较性的句子。至此，隐喻并不是比较，这应该是清楚的。比尔兹利提出了一种论证来反对较好地适用于上述例子的对象比较观。他考察了艾略特的诗歌《东科克》（East Coker）中的一行诗句：

> 冰冷的炼狱之火
> 它的火焰是玫瑰，烟雾是蔷薇丛。①
> (frigid purgatorial fires
> of which the flame is roses，and the smoke is briars.)

在"烟雾是蔷薇丛"这个隐喻中，对象比较观可能体现在"蔷薇丛"指涉带刺的灌木丛，也可能体现在为了理解烟雾所代表的内涵，我们通过把烟雾及其特征与野蔷薇及其特征进行对比，从而获得隐喻性的意义。虽然在这个例子中，"蔷薇丛"的意义的重要部分，来自圣经受难故事中荆棘头冠所具有的地位。但是我们不可能弄清楚其源自圣经联想的意义，这些联想反映在蔷薇丛及其特征之上——它们扎人，诸如此类。由于存在一个历史事件，"蔷薇丛"这个词语拥有非字面的意义，而且此意义能够被诗人所利用。对于诗人而言这个意义并不是特异的或私人的，它源自一个众所周知的事件。神话学故事与历史事件一样，很好地为这类意义提供了基础。注意，这个争论把重点从对象及其特征转到词语及其意义上了。

对象比较理论不仅错误地看待指涉，而且比实际需要更为复杂。按照比较观，一个隐喻在两个阶段上产生：在第一个阶段，隐喻性的词语，如"障眼法"，借助其意义指涉一个对象；在第二个阶段，所涉对象与其他对象进行比较。在比尔兹利发展的那个观点中，即所谓的"言辞对立理论"，主张隐喻性词语完全在应用意义而不在指涉对象的层面上发挥作用。

---

① Beardsley，"The Metaphorical Twist"，p. 294.

根据言辞对立观①，词语拥有它们基本的或者词典的意义，而且一旦这些含义被使用，那么字面意义上的表达便产生了。除了这些基本意义之外，词语拥有其他意义，某些这类次要意义来自马克斯·布拉克所谓的"关联物体系"。有些关联物是联想的结果，如蔷薇丛与耶稣的荆棘头冠，而有些关联物则涉及（真实地或虚假地）属于某些事物的普遍特征，如人们普遍相信狼獾是凶猛的。其他次要含义产生于隐喻和它们发生的语境中。例如，在"证人们的一个障眼法"一句中，"障眼法"的隐喻意义产生于"障眼法"词典意义的抽象化，即从"浓重的烟幕，经常由化学物质制造，用作遮掩屏障，用于海军军舰"到某些不太具体的事物，如"用来遮掩某物的工具"。除了抽象化，还存在许多产生次要意义的方式，但重点在于（某些）词语拥有或能拥有除词典意义之外的意义。

词义的激活

在某个特定的隐喻中，如何激活次要含义去表达它们所要表达的意义？比尔兹利提到在字面性词语和隐喻性词语之间有一个逻辑对立，它排除了对隐喻性词语的意义进行字面阐释的可能性，并且表明，必须按照非字面意义的方式来理解词语。我不太确定逻辑对立是否是最好的回答方式，但是他可能做出了正确理解。不管怎样，如何隐喻性地理解一个词语，同如何照字面性地理解一个词语基本上是相同的。例如，某个给定的词语可能拥有三种不同的字面意义，而且每种含义在词典中都被编有号码。然而，当这个词语在一个句子中被按照字面意义使用时，它并没有以编号的方式表明其所表达的是哪种字面意义。但我们必须弄清楚哪种字面含义适于这个句子和它的语境，如果无法办到，那么这个句子就是含糊不清或者晦涩的。当某个词语被隐喻性地用于一个表达时，同样涉及这种分类过程：每个字面意义被以某种方式或其他方式予以剔除，而且为了寻找合适的意义，我们必须考察这个词语已经拥有的诸多非字面意义的"清单"。如果这个非字面的"清单"失败了，我们会继续尝试弄清由隐喻及其语境创造出来的新的意义。当然，我并不是说我们要按照此类隐喻性的方式完成这个过程，我仅仅是在详细说明这个过程所包含的组成要素。

---

① Beardsley, "The Metaphorical Twist", pp. 298ff. 通过让语言指涉方面的意义更为明确以及将字义同字典含义联系起来，我稍微改变了比尔兹利的论证。

通过理解"这个会长缓慢推进着讨论"这个隐喻性的句子，我会对这种过程进行考查。跟这个句子一样，一个隐喻性的句子典型地包含字面意义上的实词（名词、动词、形容词）以及隐喻性的实词。然而直到理解了整个句子，才能弄清哪些词语是隐喻性的，哪些词语是字面意义的。假设我们以一次读一个词语的方式浏览某个句子，我们会吸收句子里我们碰到的每个词语的信息。我意识到我们通常会一次性吸收比这更大的言语组块，但是我们从左至右浏览一个写好的句子，吸收的信息包含某种或其他大小的组块。当我们浏览一个句子时，在不同的节点上，某些选项向我们打开，而其他选项则被关闭。尽管在一个稍早的节点上，被关闭的选项上出现的情况可能被来自句子中的其他信息打开。当我们读到例句中的"这个"（The）时，许多选项被打开了。例如，它和紧随其后的那些词语可能构成一个明确的描述，就像"这个人或这个角落"（the man or the corner），或者一个涉及某类个体的表达，如"这头鲸鱼（是哺乳动物）"（the whale［is a mammal］）。"这个"的出现关闭了某些选项或者导致某些选项不可能发生。当我们读到"会长"（chairman）时，仍然保留着两个被提及的选项。"这个会长"可能是一个明确的描述（或一部分描述），它涉及某个主持会议或从事行政管理类工作的人，又或者涉及主任一类的人，就像在句子"系主任是一个学术部门的主要行政管理者"（The chairman is the main administrative officer in an academic department）一样。当我们读到"推进"（ploughed）时，好像最有可能的是"这个会长"是一个明确的描述，但是第二种可能并没有被完全排除。在句子中，"推进"是一个隐喻性的词语。然而，我们还不能直接这么说。关于成为一个会长的任何事情，都无法排除在地里耕作（ploughing a furrow in the earth），或者穿越大海（ploughing through the sea），比如说，用一根绳子带着会长穿越水面，或者其他任何"推进"所拥有的字面意义。词语"经过"（through）看起来好像排除了以栽培为目的的耕作行为，因为对此我们可能会说"耕地"（ploughed the field），但却保留了穿越水面、水管、输油管道、电缆等之类的可能性。当我们读到"这个"（the）和"讨论"（discussion）时，每件事（或几乎每件事）都变得明朗起来，并且我们理解了这个句子，明白它是隐喻性的，而且认识到这种语境下的"推进"是一个隐喻性的词语。除了可能的例外，"耕作"（to plough）的字面意义中没有一个适合于以这种方式让这个句子作为一个字面性的句子讲得通。没有被句子中的其他词语排除掉的一个词典含义就是"艰难地进行"（to proceed laboriously）。为了保留这种可能性，需要为排除这种字面意义的句子假设一个语境，而且要求这个句子被隐喻性地理解，以便指出会长坚决彻底地，或类似于这样地处理他所主持的讨论会上被考虑的问题。

我们怎么会知道要隐喻性地阅读"推进"这个词，而不这样阅读其他某个词语或某些词语？对于这个问题，没有完备的答案。某人恰好不得不认为用于理解的选项是现成的，而这些选项是由一个特殊句子中的词语给定的。当然，所讨论的句子中的词语可能是重要的，但不仅仅是这些。句子的语境——与所讨论的句子相关联的一些说出的或写下的句子，如果它是一个被说出来的句子，那么还有说这个句子时所用的语音声调和手势等，常常是很重要的。之前我把"约翰是一只羊"当作一个关于隐喻的例子，但是存在一些语境，在这些语境中它可能是一个字面意义上的句子。例如，如果有人说："我有三只宠物：一只名叫杰克的猪，一只名叫汤姆的猫，还有一只名叫约翰而且长满羊毛。约翰是一只羊。"在这个语境下，很清楚，"羊"适用于字面意义。

像"约翰是一只羊"和"理查德是一只狮子"这类经常被引用为隐喻范例的句子，并不是真正意义上的隐喻——它们充其量是"死隐喻"。例如，"狮子"在词典中的一个含义是"一个人感觉像一只狮子，尤其是在勇气、勇猛、尊严方面"。"羊""熊""猫"等此类词语在词典中被具体规定了相似的含义。因此，说某个人是一只狮子就是在字面意义上宣称这个人是勇敢的、勇猛的，或者是有尊严的。（在这些含义中出现惯用语"感觉像"，有人可能就此认为某些死隐喻是明喻。但是理解它们的更好方式可能是说，词典已经受隐喻的对象比较理论的影响，陈述了某些产生死隐喻的含义。）大概在过去某些时候，"狮子"并没有这种作为字面意义的含义，而且在那个时候，"理查德是一只狮子"可能就已经是一个隐喻。问题在于确定某个特殊含义成为字面意义的时间。我最初用来说明何时一个含义是或者不是字面意义的词典，是在相当近的时间出现的，而且"狮子""羊"等在许多世纪以来都必须以这样的方式被使用。所以尽管我们不能确定"理查德是一只狮子"这句话作为一个隐喻的死亡时间，但它必定是在很久以前。隐喻产生后，一直发展到流行开来，并最终抵达词典——被遗忘的隐喻们的墓地。这里还存在一个关键性的问题，因为词语的字面含义和非字面含义之间的区别最终取决于实际的用法，这不仅通过词典反映出来，而且这种反映总是在时间上滞后。然而，词典的使用是决定词语字面含义的唯一可行方式。

我刚才提到"理查德是一只狮子"是一个死隐喻，作为一个句子，它宣称名叫"理查德"的这个人是勇敢的，等等。然而，总是存在使这个句子复活为一个隐喻的可能，尽管它将不再会与勇气有关。例如，给定一个语境，"理查德是一只狮子"可能意味着名叫理查德的某个人拥有满头顺滑的黄褐色头发。死隐喻的出现强调了语境对于理解句子意义的——隐喻的或是字面上的——重要性。

　　本章开头给出了一种关于明喻的传统解释。这种解释主张明喻中的词语照字面意义被使用。那么问题来了，隐喻在字面意义上同明喻是一样的吗？现在很清楚，隐喻是非字面意义的。也就是说，隐喻性的句子和短语依赖于某些词语或它们所包含的某些词语的非字面性功能。隐喻是不同于明喻的，至少明喻通常可以被理解。

　　这些对成熟的隐喻理论的反思使我意识到，把明喻当作比较的传统观点可能是错误的。"那个男孩子跑得像只鹿"中的"像只鹿"，以及"噢，我的爱人像一朵红色的，红色的玫瑰"中的"像一朵红色的，红色的玫瑰"或许都不指涉什么，并且因此没有指派一个用来比较的对象。不过，本书在这个问题上将不再继续，读者需要依靠自己去进一步深入研究。

第十二章 表 现

第五章讨论了 20 世纪关于艺术作为情感表现的诸多理论是不充分的，而且在第六章中对柯林伍德式情感表现理论的考察得出了相同的结果。这样一来，似乎有理由认为，任何主张艺术与情感表现之间存在某种必要关联的理论都将会失败。还存在其他类型的表现理论——艺术作为愿望的表现、艺术作为无意识欲望的表现，等等——但是这些理论几乎都没有像情感表现理论那样流行。其他理论失败的原因跟那些与情感表现理论有关的理论相似。

然而即使艺术不能够根据情感表现来定义，在某种意义上，艺术常常表现情感却是不争的事实。美学中一个重要的问题是弄清楚在何种意义上，或者在哪些意义上，情感被艺术所表现。先来考虑与解释有关的两个例子，它们常常用于除艺术之外的一般情况下的情感表现。一个人的笑脸表达喜悦，这种情况典型地预设了它所涉及的两个基本因素：(1)一个带着特殊表情的面孔；(2)那个人所感觉到的情感。一个人令人不快的话语表达了他或她的愤怒(或取决于语境的其他情感)。这又典型地预设了所涉及的两个基本因素：(1)令人不快的话语；(2)那个人感觉到的情感。这里的每个例子都存在某些公开的事物——面孔和话语——以及一些私人的，或者不被观众或听众所注意到的事物，如被感觉的情感。很自然地，我们会把这些一般情况当作艺术表现情感的解释模式。一旦这种情况发生，某人就会被引导着在艺术情形下寻找某些公开的事物，也就是表现的工具，同时寻找由这种工具所表现的某些私人性的事物。需要注意的是，在那些被用来做例证的非艺术例子中，存在诸多实际的可被感知的情感，并且一个人正是以这样的方式表达他或她的情感的。很有可能，某个人就像在表演一样，按照一种不带任何可被感觉的情感的表现方式去行事。

艺术的情况中存在三个基本项：(1)艺术家；(2)艺术家创造的艺术；(3)体验作品的观众。艺术作品当然是公开的，因此也自然地假设它们是用于表现的公开的工具。艺术家和观众为被感觉的情感提供了私人性的位置，这些情感可能与艺术作品有关。因此，考虑到关于表现的典型假设，两种可能性立即会被提出来：（1）艺术表现艺术家的情感；（2）艺术表现（唤起）观众的情感。① 如果不能举出与这两种论点中任何一个有关的例子，那么这种观点将不得不被放弃，即当艺术表现情感时，它涉及一种私人性的被感觉到的情感。某些由艺术带来的复杂情况会典型地产生再现（稍后会做讨论），为了避免复杂情况，当这两种可能性论点适用于音乐时再进行讨论。我将通过讨论关于悲伤或喜悦的表现来发展我的论点，并假设它们是典型性的情感。

悲伤或喜悦的表现

首先，考虑这种可能性，即当我们说一个特殊的乐段表现了喜悦或者悲伤时，我们的意思是说这段音乐表现了其创作者的喜悦或悲伤。这个可能性叫作"艺术家论"。一开始可能出现的情况是，用于反对意图主义批评的争论也能够被用来反对艺术家论——也就是说，涉及艺术家情感的论点是在谈论某种区别于艺术品的事物。从批评哲学的角度出发，这种以审美对象为关注中心的争论是中肯的。然而这个问题有必要在更宽泛的艺术哲学语境下被加以讨论，而且从这个角度出发，表现喜悦或悲伤的艺术事实上表现的是其创作者的喜悦或悲伤，可以想见，这一点也许是正确的。不过，有一定的理由认为艺术家论是错误的。在反驳艺术家论时，首先应该承认某支悲伤的曲子可能被创作于某段时间，在这段时间内创作者是悲伤的，而且创作者的悲伤在一定程度上对音乐中的悲伤负有责任。在这种情况下，可能有理由认为音乐服务于表现创作者的悲伤。然而艺术家论要求更多。它要求所有表现悲伤的音乐被创作者在悲伤的心境下写出来，所有表现喜悦的音乐在创作者高兴时被写出来，等等。

艺术家论面对的第一个困难是一个实际问题，也就是一个不可能的任务，即用经验确证当创作者悲伤时，所有表现悲伤的音乐已经或即将被写下来。关于创作者在其创作时的思想状态，存在少量或者根本没有可以利用的材料，所以我们当然不能认为艺术家论是对的。艺术家论必须面对的

---

① 这里给出的有关表现的分析，很大程度上依赖于如下文章：Vincent Tomas，"The Concept of Expression in Art"，reprinted in Margolis，op. cit.，pp. 30—45；John Hospers，"The Concept of Aesthetic Expression"，*Proc. of the Aristotelian Society*(1954—1955)，pp. 313—344；and Monroe Beardsley，*Aesthetics*，pp. 325—332。也可参见 Alan Tormey，*The Concept of Expression*(Princeton，N. J.：Princeton University Press，1971)。

第二个困难是，没有令人信服的理由认定悲伤的音乐必须在某人感到悲伤时才被写出来。考虑到存在一个所有人都认同的表现悲伤的乐段，但没有理由认为某个人为了写下那串特殊的音符而必须是悲伤的。很容易想象，一个创作者在高兴的心境下，被委托写一段用于某种悲伤场合的、表现悲伤的音乐。这样一个创作者，如果他或她是称职的，那么应该能够完成这项任务。当然，事实一定是艺术家论是错误的。因此尽管在某种场合下，当我们认识到一个创作者在感到悲伤的情况下创作了一段悲伤的音乐时，我们可以用"此音乐表现悲伤"这个惯用语来传达一个信息，即音乐表现了创作者的情感。但这不可能是当我们说一个特殊乐段表现了悲伤时，我们一般所要表达的意思。

　　现在来考虑什么可以被称为"观众论"，也就是一种可能性，即当我们说一个乐段表现悲伤时，我们表达的意思是指这段音乐唤起了听到此音乐的观众的悲伤情感。观众论可能必须面对某些相当难懂而且复杂的反对意见，这些反对意见关涉一个问题，即某种具体的情感，如悲伤，是如何能够被像音乐一样非具体的事物引发的。但是，某些简单的论证表明这个命题是错误的。表现悲伤的音乐可能唤起听者的悲伤，并且这看起来经常发生。然而，表现悲伤的音乐当然并不总是能唤起悲伤。例如，某人可能听了一段表现悲伤的音乐，承认它表现悲伤，但当时太高兴以至于不能感觉到悲伤。当考虑到表现欢乐的音乐时，这种特殊的论证变得更加清晰：在悲伤心境下，一个人很少能被表现欢乐的音乐唤起快乐。事实上，这样的音乐可能会让一个悲伤的人更加悲伤。即使有人能够明确说明相关的情感是在一个人处于正常心境下而被音乐所唤起的（假设在此语境下能够充分地描述那种正常情况），一个人总是感到悲伤或高兴或无论其他什么，这似乎也不太合理。因此，我们可能在某个特定的场合下使用惯用语"此音乐表现悲伤"来传达一个信息，即一段音乐在一个特定个体身上唤起悲伤。然而，当我们说一段特殊的音乐表现悲伤时，这并不是我们一般所要表达的意思。

　　如果艺术家和观众论都是错误的，那么对于与音乐表现情感有关的被感觉到的情感来说，就不存在私人性的位置。所以，关于音乐如何表现情感，必须根据公开的现象给出解释，而且这种解释必须不涉及任何被感觉到的情感，也就是说，不涉及任何特殊的真实情感。通过音乐而表现出的悲伤并不拥有"深度"，即当悲伤的面孔是真实的，而且在它背后存在一个悲伤的感觉时，通过悲伤的面孔所表现出来的悲伤所拥有的那种深度。这种深度的缺乏意味着，音乐的悲伤与任何悲伤感觉的特殊例子都没有关系。也许不值一提的是，尽管某人可能会被一个"带着"悲伤的面容欺骗，而去想其背后存在着悲伤的感觉，但是他或她不可能以同样的方式被悲伤的音乐欺骗，因为音乐背后并不存在任何必然与其悲伤相关联的东西。

如果悲伤的音乐并不必然地与某个悲伤感觉的特殊例子相关联，那么若是我们想要说出我们在使用惯用语"此音乐表现悲伤"时一般所要表达的意思，就没有必要而且也正是被误导着去使用动词"表现"。被误导是因为"表现"是一个关系动词，在这种情况下，对它的使用暗示着在音乐与其他某些特殊事物之间存在着联系。所以"表现"这个词应该被避免，以利于惯用语，如"此音乐是悲伤的"或者"此音乐拥有悲伤的品质"。这种说话的方式清楚地表明，音乐的品质与其自身相关。即使这种用法带有轻微的不便：它可能会误导某个没有认识到这种陈述是隐喻性的人，使其认为它被用来声称某些音乐在字面意义上是悲伤的。但是在说此音乐悲伤时，我们所做的正是以隐喻性的归因方式去引起对某种特定音乐品质的注意。就像我们在最后一章所看到的，隐喻没有什么是不对的，事实上，它是语言的一个非常有用且有力的方面。所以，当我们说音乐悲伤或欢乐时，我们所提及的正是那些我们还无法从字面上言说的音乐品质。

避免"表现"以利于"是"或"拥有"也有产生某种理论性简化的好处。例如，"宏伟的""柔和的""有力的"及"精力充沛的"——并不涉及情绪状态或情感的词语——这些词语习惯按照"是"或"拥有"的方式描述音乐。我们会说音乐是宏伟的、有力的、愉快的，等等。现在可能会按照同样的方式处理情感性的词语，像"悲伤的"或"快乐的"，以及非情感性词语，像"柔和的"或"精力充沛的"。只要"表现"的使用与情感性词语相关联，那么就会给人一种印象，即情感性词语发挥的功能不同于非情感性词语。然而结果是当情感性词语和非情感性词语（所提及的一般类型）适用于音乐品质时，二者都是隐喻性描述的例子。

现在已经得到一种结论，即对音乐品质的诸多描述是隐喻性归因的例子，此结论应该参照先前与隐喻有关的章节中的某些结果进行重新考察。从用法的角度出发，本章所讨论的这类词语许多实际上都已经发展出适用于音乐的字面含义。例如，"悲伤的"和"快乐的"已经非常频繁地被用于音乐，以至于当它们被这样使用时，我们不再有关于隐喻的感觉了。我们可能还无法找出列在词典中的这些字面意义，毕竟总是存在某种时间上的滞后。尽管做出判断是件困难的事情，但对于音乐而言，"悲伤的"和"快乐的"似乎适于字面意义，就像快板"拥有快节拍"。讨论中的词语是否全都隐喻性地适用于音乐，或者是否某些字面上适用而某些隐喻性地适用，这并不是真正关键的地方。此处论证的主要结论在于这些词语描述音乐的特征，而不是创作者或观众的特征。

诸如"悲伤的"这类词语所涉及的音乐品质，或许不能以一种普通的方式加以描述。也就是说，所有悲伤的乐曲并不拥有某种普通特征。可能大部分悲伤的音乐是相当缓慢的，然而也可能存在不是这样的悲伤音乐。当然，并非所有慢音乐都是悲伤的——某支缓慢的乐曲可能是宏伟的或者庄严的，甚至不带任何明确的特征。然而对于某些乐曲来说，"悲伤的"将会是有关此音乐特殊品质的可以使用的最好词语；对于其他乐曲而言，"宏伟的"将会是可以使用的最好词语，等等。

音乐不仅仅只是与品质有关的艺术，这些品质可能被诸如"悲伤的"和"快乐的"等词语有效地涉及。例如，人们经常用"悲伤的""生动的""柔和的"等词语谈及非写实主义绘画。在写实主义绘画领域内可能会有类似描述，例如，当一件衣服印有柔和的蓝色或者鲜艳的红黄混合色图案时，某人可能会使用这类词语恰当地谈及衣服上的这些颜色。在其他艺术中，我们也可以找到这样的例子。

就艺术的非写实的方面而言，本章所处理的问题已经完全得到讨论：乐段、非写实主义绘画以及写实主义绘画中的颜色。绘画中的颜色可能是写实的，但是讨论中的这类描述与颜色的写实功能没有关联，而仅仅同它的各种品质有关。讨论局限于非写实方面，是因为写实带来复杂性。一幅画中一张悲伤面孔的悲伤，同悲伤音乐中的悲伤在方式上是一样的吗？一张被描绘出来的面孔表现悲伤，跟一张真实面孔表现悲伤在方式上是一样的，但是音乐最好被描述为悲伤的。一幅画中被描绘的悲伤面孔与所描绘的那个人的悲伤感觉有关，然而悲伤的音乐并不必然地与任何特殊悲伤的感觉有关。

第四部分

艺术的评价

第十三章　20 世纪评价理论

　　当批评家评价一个艺术作品时，他们不仅仅说它是"好的"或者"坏的"，一般还会给出理由来支撑他们的评价。有时这些理由看起来能支持评价判断，有时看起来却并非如此。这里关键的连接点在于，评价性的判断可能会被某些理由支持，对于艺术批评来说，那些理由很重要。某些哲学家通过一般性原则将评价性结论与理由联系起来，这样评价性结论就如同从一般性原则与理由陈述中推出的结论一样。在我对将要讨论的各种艺术评价理论的看法中，评价结论、批评理由以及批评原则都是关键概念。在这些理论中，有些主张原则和理由同评价结论之间没有关系，但是另一些主张却不这样认为。

　　传统上，关于基础性评价术语的定义已经成为评价理论的关注中心。在很大程度上，"好的"这个词将贯穿此次有关评价的讨论的始终，就像哲学家对价值术语所做的讨论一样。有价值的批评词汇更加丰富，而且包含大量诸如"壮丽的""精致的""美丽的"等此类术语。为简洁起见，我将忽略这种用法。

　　限于篇幅，我可能仅仅讨论最为重要的评价理论。之所以重要，或者是由于这个理论已经获得广泛性支持，因为在哲学上它十分重要，或者由于它实际上看起来是有希望的。

　　我将讨论八种理论，它们可以分为两个阶段。第一个阶段由五种理论组成，它们关注与艺术评价定义基础性术语有关的主张，在此意义上它们是传统的，尽管某些人否认这些术语能够被定义。第二个阶段由三种理论组成，在这些理论中，为艺术评价定义基础性术语被认为是不必要的。这八种理论如下。（1）个人主观主义的观点建议根据一个人（对象）的心理学状态来定义基础性的评价概念；这种理论宣称不存在批评原则，而且给出理由证明其实质上是一种无意义的活动。（2）直觉主义的观点宣称基础性的评价术语是不可定义的，而且涉及非经验性特征，这种理论认为原则和理由是不必要且不需要的。（3）情感主义的观点宣称评价术语是不可定义的，它们不涉及任何东西，而且仅仅表现情感。这种理论坚持认为不存在批评原则，而且评价不能从逻辑上得到支持，尽管它让人相信是可以给出"理由"的。（4）相对主义的观点宣称评价术语以复杂的方式发挥作用，这种理论认为存在着把理由同评价结论联系起来的原则，但是最终这些批评原则是被选择而不是被证明的。（5）批评一元论的观点主张尽管理由的给定在批评中具有一定功能，但批评术语不能真正做出评价。根据这种观点，不存在批评原则，而且也不存在证明原则的问题。（6）门罗·比尔兹利的工具主义理论就像上述那些理论一样，并不是围绕着评价术语的定义问题组织展开的。这就在关于艺术评价的传统理论思考与一种新阶段的理论思考的开端之间，形成了剧烈冲突。比尔兹利的理论试图表明，如何依据艺术品产生出的有价值成果的能力来对它们做出评价。这种理论试图在工具主义框架内，为理由和评价原则提供一种辩护。（7）纳尔逊·古德曼的工具主义理论宣称可以根据艺术品产生有价值经验的能力对它们做出评价，但是古德曼设想有价值经验的方式非常不同于比尔兹利。（8）我自己关于批评原则、理由以及评价结论的工具主义观点。

个人主观主义

主观主义理论试图为艺术评价定义基础性术语，即"好的"。主观主义理论同其他试图定义这个表达的理论的不同之处在于，他们试图根据对象或人们的态度来定义"好的"。可能存在许多不同版本的主观主义理论，因为存在许多对人进行分类的方法。例如，下面就可能是一个非个人的主观主义定义："好的"意思是"被所有人喜欢"（is liked by all human beings）。像"被上流社会的人喜欢"（is liked by upper-class people）、"被工人阶级喜欢"（is liked by proletariat）、"被我家人喜欢"（is liked by my family）等表达，如果任何人希望试图用它们去定义那个基础性术语，那么也会产生非个人的主观主义定义。由于所有版本的主观主义理论面对同样的基础性困难，所以我将只讨论其中一个。

看起来有理由讨论最受支持的主观主义理论，即个人主观主义，其主张"好的"意思是"被我喜欢"（is liked by me）。这个定义中的"我"，涉及说话者（不论哪个）说出了一个包含术语"好的"或其同义词的句子。根据这种理论，"好的"包含一个隐含对象，即任何使用那个表达的人。某些哲学家持有这个观点①，并且许多人以一种不太清晰明确的方式持有或设想它。今后，我将使用"主观主义"这个术语指涉"被我喜欢"的一类个人主观主义理论。

关于为何这个定义看起来似乎是合理的，存在着许多理由。首先，在一个艺术作品的"良好"同"喜欢"之间存在着紧密而且重要的联系。当然，两个看法之间存在紧密联系，这个事实并非意味着它们有相同的意思。例如，可能不论什么被判定为好的而受人喜欢，它都值得拥有。其次，已被称为"趣味变迁"的东西——艺术中被认为是好的东西世世代代可能在改变，艺术中被某个人认为是好的东西在其一生中已频繁地发生变化等此类事实——给主观主义带来安慰。如果主观主义是正确的，那么人们会希望被认为是好的东西将广泛地发生变化，既然所有人都承认喜好受广泛变化的影响。然而很清楚的是，这些趣味的变化并不能证明主观主义是正确的。就某个特殊个体和某段特定时期下的许多个体身上发生的改变来说，许多事情也许可以解释变化——不成熟、无知，诸如此类。

从逻辑的角度出发，主观主义拥有一个有趣的结果：它让批评的争论变得不可能。假设两个批评家，琼斯和史密斯正在就一幅画进行争论，琼斯认为那幅画是好的而史密斯认为不好。争论的出现与对画的感受有关，但是如果主观主义是正确的，那么他们可能不会以一种直接的方式谈论那幅画，甚至不存在争论。如果"好的"意思是"被我喜欢"，那么当琼斯说那幅画是好的时，他是在说"我（琼斯）喜欢那幅画"；当史密斯说那幅画不是好的时，他是在说"我（史密斯）不喜欢那幅画"。"琼斯喜欢那幅画"和"史密斯不喜欢那幅画"可能同时都是对的，且毫无冲突，两个陈述与同一件事无关。（主观主义的某些形式并不拥有这样的结果。如果"好的"意思是"被大多数人喜欢"，那么当琼斯和史密斯意见不一致时，他们至少在谈论相同的事情，而且原则上这个争论可能被关于人类喜好的大范围调查所解决。）

让主观主义变得合理的想法，明显不是认为其正确的绝对理由，而且如果它是正确的，那么，与看起来由批评家的行为与评论所预设的结果相比，批评性的争论可能拥有不同的逻辑结构——争论中的批评家似乎认为他们正在争论同一件事情，并且不仅仅是在宣称他们自己的喜好。有许多争论表明主观主义可能是错误的。

---

① C. J. Ducasse, *The Philosophy of Art* (New York：Dial，1929)，Chapters 14 and 15；George Boas，*A Primer of Critics* (Baltimore：Johns Hopkins University Press，1937)，Chapter 1 and 3.

第一个争论实际上是上述评论的一个扩展，这些评论与批评性争论的逻辑结构有关。批评家几乎总是会给出理由以支持他们的评价，同时我们常常发现这些理由有助于理解评价，而且有助于决定我们是否认为这些评价合理或者不合理。首先，如果"好的"与"喜欢"意思一样，那么说评价合理或者不合理就没有意义。通常我们无法为自己喜欢的东西提供正当理由——它们就是那些东西。如果被问及我为何喜欢冰激凌，那么我可能会说"因为它是甜的"。但这仅仅是说我喜欢甜食的一种方式，或者是一种关于何为我所喜欢的冰激凌的更为具体的方式。如果被问及喜欢一幅画的理由，我也许会指出我喜欢它的各个方面。但是，所有这些看起来同有关评价的辩护不一样，主观主义者毫无疑问将会发现这些评论无关紧要。他或她会说，这些评论言之有理不过是因为主观主义被假设是错误的并且是想当然的。

第二个反对主观主义的争论来自一个事实，即我们有时候承认我们喜欢某些我们判定为不好的东西。此外，我们有时判定某物是好的却不喜欢它。如果主观主义是正确的，那么这两种情况都是不可能的。例如，如果主观主义是正确的，而且我们喜欢某物，那么就不可能不去判定它是好的，相同的想法适用于第二种情况。顺便说一句，需要注意的是这个争论并不一定适用于非个人的主观主义，在非个人主观主义中，"好的"不是根据某个特别的人的喜好来定义的。主观主义者可能仍然会回应说，我们仅仅考虑用来做例证的判断，而且我们被自己的语言弄糊涂了。

第三种反对主观主义的争论是摩尔的开放问题的论证，我在第六章中讨论过——它认为必须证明无法给出关于"好的"的定义。[1] 这个争论按照以下方式明确表示反对主观主义。如果"好的"意思是"被我喜欢"，那么一个艺术品的评价，例如，"这幅画是好的"，就在意义上与"我喜欢这幅画"这个陈述是相同的。这个开放问题的论证主张，当某人面对"我喜欢这幅画"这类陈述时，可能常常会理智地问道："是，我理解你喜欢那幅画，但是它是一幅好的画吗？"如果主观主义是正确的，那么这样一个问题可能是愚蠢的，因为它可以被理解为"是，我理解你喜欢那幅画，但是你真的喜欢那幅画吗"。既然这个问题不是愚蠢的，那么主观主义肯定是错误的。主观主义者可能会指出，就像某些哲学家为反对摩尔所做的一样，开放问题的论证，其一般适用范围预设了一个与摩尔自身观点有关的事实，即"好的"不能被

---

① G. E. Moore, *Principia Ethica* (Cambridge：Cambridge University Press，1903)，Chapter 1.

定义，而且代表着一种简单的、无法分析的、非自然的性质。主观主义者可能坚持如下主张：事实上，开放问题的论证的运用表明许多"好的"的定义是不对的，但是如果摩尔的理论是正确的，同时还未被证明的话，那么这个争论仅仅表明所有定义是错误的，并且主观主义事实上是正确的。

然而，开放问题的论证提示存在一条反对主观主义的决定性争论。这个争论取决于我们的细致反思，即关于我们如何使用语言，特别是评价的语言以及用来描述我们心理状态的语言。对于何为"好的"或者我们如何使用这个术语等问题，我们可能无法给出彻底的分析，但很清楚的是，在意义上它与"被我喜欢"不同。或者就此而论，它与任何"被……喜欢"类型的短语不同。说某物是好的以及说某物被人喜欢，在我们语言行为中有着不同的作用。简而言之，说某物是好的，就是说它满足某些标准；说某物被人喜欢，就是陈述一个心理事实。我们使用有关"好"的陈述发挥一种作用，使用有关"喜好"的陈述发挥另一种完全不同的作用。

作为最后一个手段，主观主义可能会说这种理论并不是关于我们现在实际使用语言的方式，而是与他或她为了带给我们一种更好的谈论方式而试图去改进语言有关。主观主义者可能宣称这种改进会给我们带来一种证明我们评价的简单且直接的方式——通过发现我是否喜欢某物，我能够证明它是否是好的。这种关于改进的尝试是被误导的，无论如何，一个评价理论的主要目的是阐明和解释有关批评性理由和评价的实践，这个实践是我们日常语言行为的组成部分。事实上，有关艺术和艺术评价的谈论中存在大量无意义的事情，但是整个评价艺术的实践以及这种实践的基础性术语肯定不需要彻底改进。主观主义者的改进把整个艺术评价过程简化为有关艺术的喜好，这事实上排除了为评价给出理由的必要。

直觉主义

我称之为直觉主义的东西起源于柏拉图的美的理论，而且在一些重要方面与摩尔的评价理论相似。① 同时，某些如直觉主义的理论，由批评家和

---

① 有关直觉主义理论的例子，参见 C. E. M. Joad, *Matter*, *Life and Value*(London: Oxford University Press, 1929), pp. 266－283, in part reprinted in E. Vivas and M. Krieger, eds., *Problems of Aesthetics*(New York: Rinehart, 1953), pp. 463－479; Harold Osborne, *Theory of Beauty*(London: Routledge and Kegan Paul, 1952); T. E. Jessop, "The Definition of Beauty", *Proc. of the Aristotelian Society*(1933), pp. 159－172.

普通人所预设，他们认为恰当地做出批评性评价的理论是正确的，也不关涉主体的心理状态或其他一般的经验特征。然而我并不是认为直觉主义是柏拉图或者摩尔的理论，它仅仅是一个以柏拉图理论或者摩尔理论为例子的理论类型的概括性陈述。

直觉主义坚持认为除了自然的或者经验的特征，如带有某种颜色、大小以及形状，或者除了包含某种语气、声音等之外，艺术品及自然对象可能也拥有一种非自然的或非经验主义的价值特征，分别涉及"美""审美价值"和"美好"这类术语。（此讨论将仅仅与美有关。）根据直觉主义，美的非经验性特征是无法分析的，因此是不可定义的。也就是说，"美"意味着一种在逻辑上不能按照这种方式被分析为部分的原初性实体，例如，"人"大概可以被分析为理性的和动物的。美的意义不能通过一个定义或者一个言语描述传达给某人，只能通过体验美来学会"美"这个词语的意义。在这个方面，术语"美"应该像一个经验性的颜色术语，如"红"，其意义通常被认为只有通过体验红色的经验性特征才能学会。可以通过不同的认识模式来理解美的经验性特征和非经验性特征：经验性的特征可以通过普通的感性知觉模式被感知和认识到——视觉、听觉、触觉，诸如此类，而非经验性的特征可以按照一种完全不同的被称之为"直觉"的认识方式来理解。当然，直觉依赖于普通的认识模式，在这个意义上，普通模式必须为心灵提供有关某个对象的经验特征的信息，在这之前，心灵可以凭借直觉感知这个对象是否也具有并且在何种程度上具有美的非经验性特征。但是，另一方面，普通知觉是感官的，直觉却不是。直觉主义所持论点是直觉的对象不是某个经验性特征或者一套经验性特征，这使得直觉主义（伦理的或审美的）容易引起争议，而且争议不断。争论的根源在于，关于特定直觉的正确性或错误性，缺少经验性检验。

直觉主义最引起注意的特征是，这种理论承诺一种有关评价艺术品的客观方式。对于什么样的作品从审美上来说是好的或者美的，存在许多尚未解决的争论，而直觉主义承诺这些争论在理论上是可以解决的。根据直觉主义，美是某个对象的一个特征，而且这一点能够被某个拥有理解它的能力的人所体验到。美就像某物的颜色或大小一样，是一种客观性特征，尽管不能按照认识颜色和大小的方式去认识它。如果直觉主义是正确的，在一个关于某个对象"是否是美的"的争论里，那些争论者中肯定有一个是对的，有一个是错误的，因为一个对象既可以有美的特征，又可以没有。根据该理论，在这样一个争论中总有人是错的，其未觉察到美（尽管可能并不是在所有情况下）。也就是说，在这个被讨论的例子中，此人缺少理解美的直觉能力。当然有可能的是，根据该理论一个人可以正确地宣称某个对象拥有美，却缺少认识到它拥有美的能力——一个人可能正确地猜出它拥有美，或者在某个拥有相关能力的人的准许下宣称它拥有美。

为了更加完全地描述直觉主义，需要指出的是，某个人可能拥有在特定艺术类型中凭直觉感知美的能力，如绘画；而在其他一些艺术情况下，可能没有这种能力，如音乐。在特定某人身上，这种能力甚至可能更有限。例如，某个人也许能够在写实的绘画中凭直觉感到美，但是在非客观性绘画中却无法做到。这个观点很清楚地表明，直觉主义所宣称的凭直觉感受美的能力不是一种简单的、很容易获得的能力。某些人可能根本就不拥有这种能力，并且某些人可能拥有凭直觉感受美的能力，但是不能发展出正确地区别对待经验性特征及其联系的诸种能力。为了在绘画中凭直觉感受美，人们必须学会区别细微的颜色，学会理解创作，等等。类似的考虑适用于其他艺术。总之，为了产生凭直觉感受美的能力，人们必须首先发展许多其他能力。

直观主义另一个特征是，它假定凭直觉感受美要具体情况具体分析，并且在体验美的情况下无法获得一般性结论。例如，所有拥有美的非经验性特征的绘画并不需要有任何共同的经验性特征。如果说得准确些，结果是，所有现存的绘画拥有一种或一套共同的经验性特征，那么所有后来可以留存下来的美的绘画，可能正好并不拥有那种或那一套特征。根据直觉主义，为了认识到一个给定的艺术品或自然对象拥有美，凭直觉感受美的能力总是必需的。对于缺少那种能力的人能够常常识别拥有美的对象而言，不存在经验性的标志。有关美的直觉与有关特殊颜色的感知类似，如红色。除了所有红色事物共同拥有的红色之外，不存在任何知觉性特征，所以一个不能区分红色的色盲者在判断某物是否是红色的，不存在知觉性的标志。如果所有红色事物都是方形的，而且所有方形的事物都是红色的，那么色盲者可能会猜出哪些事物是红色的而哪些不是，因为虽然他或她不能区分红色，但是可以区分出方形。

如果直觉主义是正确的，那么有一个可能不太重要的例外，给定理由就是不可能的。鉴于这种理论，一个必须被理由支持的命题可能是一般类型"X是美的"。然而根据此理论，没有什么与美相关，所以除了美之外没有什么可以为"认为某物是美的"提供理由。"认为某物是美的"的唯一理由就是以直觉的方式认识到它拥有美。所提及的不太重要的例外就是这种情况，即X是美的，而Y正好在它所有特征以及特征间的所有联系方面与X相似。在此情况下，人们可能会说Y正好与X相似因而X是美的，这个事实为认为 Y 拥有美提供了一个理由。

就像之前提到的，直觉主义最吸引人的特征是其承诺一种客观解决审美问题中诸多争论的方式。然而，客观性的保证需要非常高的代价。客观性的基础是其所主张的非经验的、不可定义的美的特征，既然是非经验的，那么它们就一定可以被以一种特别的认识模式——直觉——所认识到。首先，关于美的认知和欣赏，仅仅对于那些拥有凭直觉感受它的能力的人来说，才是可行的。无论如何，这种反对理由不是一种关于该理论事实的批评而仅仅是指出其不方便的一面。其次，许多人对直觉作为一种认知模式表示怀疑：它看起来像是专门为解决美学中某个特定问题而定制的。直觉应该是一种认知模式，但它只拥有一个对象——美。不可否认，一种平行的道德理论坚持认为，直觉拥有美德作为其对象，但尽管如此，当与一般经验认知的众多对象相比较时，直觉对象的类型数量少得令人尴尬。人们很容易看到直觉是如何被滥用的，并且被用作认知的一个避难所，这种认知宣称其不可能真正被证实，而这让人产生怀疑。不可能证明直觉主义是错误的。直觉主义者可能总是辩称，任何对他或她的主张提出质疑的人完全缺少凭直觉感受美的能力（或者凭直觉感受"美的"的能力，如果直觉主义者正在为道德直觉主义辩护的话）。通过这种本质性的主张，直觉主义使该理论免受反驳；然而，这个事实却并不能证明该理论是正确的，也无法让它获得自信。

情感主义

情感理论是一种关于评价的解释，它的出现源于逻辑实证主义，后者是一个在 20 世纪 30 年代至 50 年代有着巨大影响的哲学运动。逻辑实证主义宣称所有认知要么是经验性的，如科学事实，要么是重复性的，如纯数学事实。逻辑实证主义断然拒绝直觉主义所主张的，存在非经验的、非重复性的事实，这些事实陈述一些道德的和审美的评价，而且按照直觉的方式被认为是正确的。逻辑实证主义者把直觉看作一种哲学方法，用于给道德的和审美的评价带来一种成为事实的表象。

英国哲学家艾耶尔（A. J. Ayer）在 1936 年系统阐述了一个关于主观主义的著名论点，而这里给出的解释就是以他的观点为基础的。[①] 艾耶尔拒绝摩

---

① A. J. Ayer, *Language*, *Truth*, *and Logic*(New York：Dover, 1946), pp. 102—114.

尔的以及其他所有版本的非经验性的主观主义，但是他采用了摩尔的开放问题的论证来反对所有定义基础性评价术语的企图。艾耶尔系统阐述了他自己的开放问题的论证，以反对主观主义和快乐主义，这二者显然被他当作试图根据经验性观念来定义"好的"或者其他道德词语的理论典型。他认为，正如已经展示的，主观主义和快乐主义是不正确的，他假设了一种相同争论，能够成功被用于反对任何定义"好的"的企图。

让我们来考虑艾耶尔反对快乐主义的争论。他所攻击的快乐主义观宣称能够根据"愉快"来定义"好的"，也就是说"好的"这个词同"愉快"这个词的意义是相同的，或者与"愉快"的某些变体相同，如"令人愉快的"。因此，根据这种理论，"X 是好的"（X is good）就拥有与"X 是令人愉快的"（X is pleasant）一样的意义。快乐主义最大的优势在于，如果它是正确的，那么道德的和审美的评价就真正是有关愉快的经验性主张，而且能够被证实或者被证伪。评价理论可能是经验主义心理学的一部分。对于快乐主义而言，不幸的是，艾耶尔认为，陈述、宣称或主张存在某些令人愉快的但是不好的东西，即主张某些令人愉快的东西是坏的，这并非自相矛盾。如果快乐主义是正确的，即如果"好的"与"令人愉快的"在意义上是相同的，那么它可能会自相矛盾地说某些愉快的事是不好的。也就是说，如果快乐主义是正确的，那么在这个句子"某些愉快的事是不好的"（Some pleasures are not good）中，我们可能会用"好的"代替"愉快"，而且就会产生自相矛盾的句子"某些好事是不好的"（Some goods are not good）。然而，既然"某些愉快的事是不好的"不是自相矛盾的，那么快乐主义就必定是错误的。艾耶尔完全是在用相同的争论反对主观主义。

艾耶尔说"某些愉快的事是不好的"不是自相矛盾的标准是什么？如果某人说"某些单身汉已婚"，那么由于我们使用或者理解词语"单身汉"的方式，我们会说这个句子是自相矛盾的。换句话说，当我们使用这个术语时，"单身汉"的一部分意义是未婚。简而言之，通过诉诸某个特定语言中术语的意义，该语言中的某个特定句子的前后矛盾就被显示出来。那么艾耶尔所坚持的是，主观主义者和快乐主义者的定义无法理解我们在英语或其他任何自然语言中使用"好的"这类术语的不同方式。他的方法是找到一个对于普通英语使用者来说似乎完全合理的句子，并且显示根据某个定义，那个句子可能会是前后矛盾的。艾耶尔最通常的主张是，对于任何已经被提出来的基础性价值术语的定义，他都能够给出反例。这个主张仅仅当它被以某种方法"理解"时才能被证实，即英语中"好的"以及其他此类术语的用法是如此不同，以至于没有定义能够涵盖它们。

艾耶尔宣称我们当然能够建构一种适于快乐主义者的定义的语言，或者一种适于主观主义者的定义的语言，但是这两种语言都不可能是英语，英语是一种适于我们做出道德或审美评价的语言。至少在伦理学和美学关注的范围内，艾耶尔是一位"普通语言"哲学家。也就是说，他主张普通语言的使用是判断定义正确还是错误的标准。

如果"好的"或其他任何基础性的价值术语不涉及原初的、不可分析的、可凭直觉感受到的性质，或者不涉及经验性质而加以定义，那么"好的"如何起作用？通过指涉某物，"好的"在一个句子中发挥作用的所有方式似乎都被排除可能性，因为这个句子可能是正确的或是错误的。艾耶尔的结论是，评价性的句子不可能既是正确的又是错误的，而且评价性术语仅仅服务于表达感觉——正面或反面——来自使用它们的人。对于艾耶尔来说，当某个人就其正在观看的画作发表意见，称"这幅画是美的"，那这个人对这幅画并没有宣称或者说出什么，他或她仅仅是表达了自己关于这幅画的正面感觉。讲出讨论中的那个句子等于是说"这幅画——好哇"，"这是一幅不好的画"等于是说"这幅画——呸"。艾耶尔的理论有时就作为孬—好理论而被提及。

存在某种将试图根据"被我喜欢"来定义"好的"的主观主义观点同艾耶尔观点相混淆的危险。然而根据主观主义观点，"X是好的"意味着"X被我喜欢"，而且这不是正确的就是错误的。在主观主义看来，评价性术语涉及，同时评价性句子也宣称有关世界的某些东西不是正确的就是错误的。根据情感主义，不论如何，评价性术语仅仅是表现的，而且评价性句子并不宣称任何事情。不过，情感主义有一个方面类似于主观主义式的"被我喜欢"。如果两个人意见不一致，一个人说"这幅画是美的"而另一个人称"这幅画不是美的"，那么此分歧仅仅是表面上的而且不真实。第一个人表达了对这幅画的正面态度，第二个人表达了对这幅画的反面态度，其实他们都没有真正宣称任何事情。既然两个人都没有宣称任何事情，那么就不存在分歧。在评价上的分歧的不可能性，与我们所拥有的关于事实的分歧形成对比。例如，如果两个人关于一个对象的颜色的意见不一致，那么每个人都给出了有关经验世界的性质的看法或者主张。当然，原则上有可能解决关于事实的争论。但根据情感主义，一个关于价值的分歧不能通过发现某个主张是正确的来加以解决。

然而，关于价值的分歧可能在某种意义上得到解决，即出于一个争论，一种对那幅画更细致的观察，一种威胁、阿谀，或者其他什么，当事人可能在态度上发生改变。根据艾耶尔的观点，态度可能也会直接受到有关评价性句子的陈述的影响。当琼斯说"这幅画是美的"时，他不仅仅是在表达自己对于那幅画的感觉，他可能会激发其他人的正面感觉。如果这是可能的，那么仅仅一个评价性句子的陈述，就可能产生千篇一律的态度或感觉。

在批评中给出一个理由，就是列举出艺术品的某些特征以支持关于此作品的评价性陈述。也就是说，一个理由是一种陈述，即关于评价是正确的论证。既然情感主义宣称评价不可能要么是正确的要么是错误的，那么如果情感主义是正确的，就不存在一种给出理由的直接方式。如果一个批评家由于一部戏是沉闷的而说它是坏的，那么根据情感主义，他或她并没有为"这部戏是坏的"这个事实给出一个理由，尽管有关这部戏沉闷乏味的认识可能会让某人对其采取反面态度。根据情感主义的观点，如果批评家不能为评价给出理由，那么他们能给的就是可能被称为"劝说者"的东西。情感主义这个特征的一个重要结果就是，尽管那些支持给出理由的哲学家能够在好的和坏的理由之间做出区分，也没有办法在好的和坏的劝说者之间做出区分。一个批评家说的或做的任何事情——举出一个艺术品的某个特征，做出身体伤害的威胁，用脚踢某人——都可能导致某人态度上的改变。不管怎样，如果从为评价性结论以及任何事物可以作为一个劝说者起作用这个事实提供证据的角度出发，在好的和坏的劝说者之间不存在区分，那么评价性批评明显不是一种理性的行为。当然，一个劝说者可能比其他人更有效，但在情感性观点中，这种更好和更坏的意义对于评价的事实并不起作用。

对艾耶尔式情感主义的一个重要批评，就是认为它的评价分析太简单。许多后来的情感主义者通过争论评价拥有描述性的一面同时也可能拥有强制性的一面，试图弥补这个缺点。在这些情感主义者的分析中，最著名的是斯蒂文森(C. L. Stevenson)的《伦理学与语言》(*Ethics and Language*)①。情感主义的某些核心特征将在我要讨论的下一个评价理论，即相对主义中再次出现。

相对主义

我称之为"相对主义"的观点是黑尔(R. M. Hare)道德哲学②的某些基本

① 　C. L. Stevenson, *Ethics and Language*(New Haven：Yale University Press，1944).

② 　R. M. Hare，*The Language of Morals*(New York：Oxford University Press，1964)，and Freedom and Reason (Oxford：Clarendon，1963).

特征，是针对批评中评价问题的一种回应。相对主义类似于伯纳德·赫尔（Bernard Heyl）的观点①。相对主义的逻辑基础在于黑尔对"好的"所给出的一类分析。这种分析目的是成为有关我们在道德和非道德语境中使用术语"好的"的一种描述，黑尔宣称"好的"发挥作用的方式与对语境的忽视是一样的。如果黑尔是对的，那么似乎无法说明为何不能构想出一种有关"好的艺术品"的解释。

黑尔跟赫尔一样使用一种摩尔的开放问题的论证，以表明没有一个或一些描述性术语，如"愉快的""我赞成"等词语，拥有跟"好的"一样的意义。因而，没有一套仅仅包含某物描述的陈述能够使某物必须是好的。但是，艾耶尔没有认真尝试去弄清楚，评价性语言如何实际有效和迅速地断定"好的"并不拥有认知意义，而仅仅是感觉的表现；黑尔则仔细且不遗余力地审查评价性语言，同时推断"好的"的意义在于其称赞功能。他宣称：（1）在任何语境中，所有"好的"的正式用法的共同之处是形成了一种称赞；（2）此类用法不存在其他任何共同之处。黑尔的宣称明显与我们如何使用评价性词语有关，就像艾耶尔一样，在这点上他是一个普通语言哲学家。黑尔在不依赖语境的"好的"意义同依赖语境的"好的"标准之间做了区分。尽管当我们使用"好的"时，我们常常表达称赞，但是从一个语境到另一个语境，我们所使用的适用于"好的"的标准在发生变化。当我们说"那是块好表"和"那是个好收音机"时，我们正表达称赞，但是我们针对一堆表使用一套标准，而针对一堆收音机则使用另一套标准。让一个收音机成为"好的"的诸多特征，不同于让一块表成为"好的"的特征。

因为有关表或者收音机良好的标准存在广泛争论，有关那些表和收音机的评价是相对容易和直接的。对于艺术批评则不能这么说，所以首先用一些简单的例子来阐明这个理论是个好主意。我们需要考虑正确地说出"那是块好表"所包含的内容。首先，某人正在称赞一块特殊的表。其次，某人断定一块特殊的表满足所有（或某些充分的）关于好表的标准。如果这个评价受到挑战，那么做出这个评价的人需要给出辩护理由，即表明在一堆表中那块表满足好的标准。作为理由，他或她可能会指出那块表走时准确，是小型号的，等等。值得注意的是，在宣称某表是一块好表时，某人认同一种或一些特定标准，并且因此认同一种包含那个或那些标准的原则。因

---

① Bernard Heyl，*New Bearings in Esthetics and Art Criticism*（New Haven：Yale University Press，1943）.

而，如果某人判定表 A 是好的，那么等于是在说，任何同 A 完全一样的表
也是好的。当然，在一堆表中（而且在绝大多数其他事物中），完全相似是办
不到的。因为表的某些特征，如大部分表的形状，同表良好与否没有关系。
黑尔宣称评价是一个涉及一般原则的演绎过程。这个特征可以做如下说明：

1. 所有拥有性质 A、B 和 C 的表是好的。
2. 这块表拥有性质 A、B 和 C。
3. 因此，这块表是好的。

在这个说明中，第一个前提是原则。这个论点，即评价是一个一般原
则下的演绎过程，实际上等同于另一个论点，即说 X 是"好的"意味着 X 类
型的事物向说话者提供了有关"好的"的一般性原则。阐释这个论点的第一
种方式，伴随着给定的或已建立的原则"从顶部"开始，在这些原则下，某
种特殊评价被推演出来。阐释此论点的第二种方式，伴随着某人希望做出
的特殊评价"从底部"开始，做出此特殊评价产生出适于所有类似情况的一
般性原则。当评价像手表和收音机这类事物时，我们从顶部开始，因为存
在所有评价者都接受且已建立的有关"好的"的种种原则。当希望或者发现
有必要评价某物时，我们从底部开始，因为不存在已建立的原则或者某人
做出评价却拒绝已建立的原则。事实上，如果它是一个事实的话，从底部
开始产生并向某人提供了覆盖所有类似情况的一般性原则，这表明评价性
语言不能轻易被使用。

种种原则的作用，不论道德的、批评的或其他，就是在为评价提供一
种合理的框架。如果某人从一个情况进行到另一个情况，而不尝试用任何
一种方式将它们关联起来的话，那么由于其一般性，种种原则提供了一种
可能无法达成的稳定性。而且在某种意义上种种原则可以被教会，即某人
为其他人陈述一个原则而听者能够理解它。当然，这并不保证听者会将他
们听到和理解到的东西作为一个原则来接受。种种原则提供了一个程序，
以利于保证一致性，也就是说，只要一个批评家使用种种原则，他或她将
同样地对待类似情况。至于两种完全类似的情况，一个是好的而另一个是
坏的，就可能是一种不一致性的情况。值得注意的是，人们可能无法清晰
地阐明他们持有和使用的种种原则。检验一个人是否在评价中使用原则，
就意味着一个人是否同样地评价在有关方面类似的种种情况。一个人可能
并未认识到他的评价满足这种检验，某个人不需要为了拥有和利用种种原
则而以一种抽象的方式理解它们。事实上，一个人可以通过观察某个人的

其他特殊评价，学会在特定语境中使用一个原则，而不用管它们中的任意一个都能阐明的那个被传递出来的原则。

根据相对主义的观点，批评的原则自身不能被证明，它们自身就是审美合理化的依据。那么，对于人们所持有和使用的批评原则，我们能说些什么？相对主义的答案是，被持有的原则出于持有者的决定。这个决定可能是有意的，也可能是从某文化环境中"挑选出来"的结果。黑尔把持有一个原则的这两种方式都叫作"种种决定"，因为它们都属于接受一个原则而不用将其从已有前提中推演出来，或者尽可能将其从前提中推导出来的情况。种种原则既不是对的也不是错的，它们仅仅体现为称赞某些事物的种种决定。

黑尔认为标准（并且因此种种原则）必须包含良好，他也争论说"好的"的意义就在于其表达称赞的用法。根据黑尔的观点，称赞是一个人自己主动并且根据自己的原则而表现出来一种行为，同时，人们可以决定称赞或者不称赞。标准和种种原则共同产生出一般性，称赞和决定共同将一般性和个人联系起来。这个决定的特点为种种原则的改变或原则中的改变提供了一种方法。一个人通过决定（有意或无意）称赞来改变一个原则的方式，不同于他或她过去所使用的方式，也就是说，在不同标准的基础上来断定"好的"。

即使每个人都认同一套相同的批评原则，那也有可能是符合相对主义的。导致一种相对主义观点的，是其自身无法被证明但却可以被决定的种种原则。

如果相对主义者有关批评原则的逻辑地位的观点是正确的，那么，当他们决定种种原则，并且有可能对这些原则形成一般性赞同时，也许在这点上，最好的解释是批评家应该对他们适用其批评原则的艺术有广泛的了解。然而，如果以过去为导向，似乎不能寄希望于见多识广的批评家将完全赞同。然而，没有什么可以排除广泛的甚或完全的赞同。我怀疑，不论如何，许多相对主义者把完全赞成的可能性，视为一种固定情形。在这种情形下，艺术和批评都已经失去了它们的生命力。

批评一元论

某些哲学家争论称，诸多原则在艺术批评中并没有发挥什么作用。① 这

---

① Arnold Isenberg, "Critical Communication", reprinted in W. Elton, ed., *Aesthetics and Language* (New York: Philosophical Library, 1954), pp. 131—146; Stuart Hampshire, "Logic and Appreciation", reprinted in Elton, pp. 161—169.

些哲学家认同批评家给出的理由，但是主张一个理由并不包含一个原则。他们把批评中给定的理由，与道德中的以及在对诸如表和收音机之类事物的评价中给定的理由进行对比。给定一个理由以证明一个行为道德上正确或者一块表是好的涉及一个原则，然而他们主张艺术品非常不同于种种道德行为和表、收音机之类的事物。事实上，他们宣称这种不同如此巨大，以致艺术品根本不能被评价。批评一元论是一种评价理论，因为它是一种与评价语言适用于艺术时，如何发挥作用有关的解释。但是它坚持主张，当这种语言适用于艺术时，并不服务于评价目的。当一个批评家说某个艺术品是好的而且为此给出一个理由时，这个理由并不为称那个作品为"好的"是合理的证明提供服务。根据批评一元论者的看法，那个理由的作用在于引起读到或听到批评家话语的某人对艺术品某些特质的注意。一旦引起人们对艺术品某个特质的注意，如果读者或听者能够辨别它的话，那么他或她就能够欣赏那个特质。评价性术语仅仅在一个过程中起作用，其唯一作用就是引起人们对艺术品各种特质的注意。

　　在艺术批评中，批评一元论者似乎依赖两种争论，以拒绝相关的种种原则。第一个争论在于，艺术品是独特的，因此不能说一件作品比另外一件更好。每件作品都处于一个类别中，而且试图把一件作品同另一件进行比较是毫无意义的。此争论的首要问题是找出企图。每个对象或事件都是独特的，在某种意义上，它就是其自身。但这可能不是批评一元论者所考虑的事情，因为他们愿意认为，艺术作品在某种意义上是独特的，其他事物则不是。也许他们希望主张每件艺术品在某些方面不同于其他艺术品，在此意义上，艺术品可以同批量生产的表进行对比，其中的每一个都类似于另一个。即使这样，艺术品明显拥有诸多相似性，而且可分为诸多种类，如绘画类、雕塑类；同时可分为集合类别中的各种子类，如写实主义绘画子类、喜剧子类。许多艺术品是非常独特的，但是它们在批评一元论者所主张的意义上并不独特。

　　第二个争论在于，一件艺术品中作为一个优点（一个理由）而被列举出的特质，对另一件作品来说，可能不是优点，甚至是一个缺点，因此不存在一个包含某个适于所有艺术品特质的一般性原则。就像我们立刻将要看到的，比尔兹利提出一个有效的争论来反对批评一元论的论点，即种种原则是不可能的，因为一件艺术品中作为一个优点而被列举出的理由，在其他作品中可能不是优点，甚至是缺点。

第十四章　门罗·比尔兹利的工具主义

如前所述，对于艺术评价而言，比尔兹利（Monroe Beardsley）的理论并不围绕着如何在审美的或艺术的语境下定义"好的"而展开讨论。事实上，他甚至都没有试图定义此类术语。比尔兹利首先关心的是批评性推论如何发挥作用，也就是如何通过使用工具性的价值概念从批评原则和理由陈述中，符合逻辑地推导出艺术品的批评性评价。比尔兹利的评价理论由两部分组成：有关艺术的批评性推论理论，即他所谓的"一般性标准理论"；以及艺术价值的本质理论，即所谓的"艺术价值的工具主义理论"。他的艺术价值工具主义理论为一般性标准理论奠定了基础。①

批评性推论理论

我将首先考虑比尔兹利的批评性推论理论。其理论的主要特征就在于一种论点，即艺术的批评性推论预先假定了种种一般性原则，在推论的意义上，关于特定艺术品的评价性结论就取决于这些原则。②

一般性原则的必要性已经得到批评家们的激烈讨论。批评一元论者们已经正确指出，某些特征在一个艺术品中是优点，但在其他艺术品中却不是（有时它们甚至是缺点）。因此，他们认为不存在包含这些特征的一般性原则。他们的理由是，如果特征 X 有时是一个优点而有时不是，那么一般

---

① 这里阐述的比尔兹利的观点，实际上是在其书 *Aesthetics* 中得到发展的见解，以及在其后来的文章 "On the Generality of Critical Reasons" 中得到发展的见解的综合。后文对这两种见解的不同之处做了标示。

② 在私下交流中，比尔兹利表达了对其观点中严格的推论性解释的疑虑。他倾向于认为理由和评价之间的联系比推论性的联系要稍微宽松。因而，读者需要注意的是比尔兹利并不赞同此处我称之为"比尔兹利理论"的观点的所有方面。对于比尔兹利理论的推论性解释建立在其文章 "On the Generality of Critical Reasons" 的基础之上，他在书中提出的稍早的评价观点在本质上并不是推论性的。

性原则"X 总是一个优点"则不可能是正确的。（批评一元论者们还得出了更强的结论，即根本就不存在一般性原则。）

比尔兹利对此的回应是，没有必要为每个可能被正确地当作优点的特征都找到一个一般性原则。首先，人们经常被误导的是独立于其他特征去谈及诸多单独性特征。例如，特征 A 在某个艺术品中可能是一个优点，如果这个作品也拥有特征 B 和特征 C 的话。然而，当这个作品缺少特征 B 和特征 C 而拥有特征 M 和特征 N 时，特征 A 可能就不是一个优点。诸多特征经常集结在一起发挥作用，而且有些特征的结合会一起发挥作用，而有些则不会。因此，要理解为何一个单独性特征有助于让一个艺术品成为好的，我们必须经常看到那个特征是如何同其他特征结合在一起的。在比尔兹利看来，没有必要为每个可能正确地被当作优点的特征都找到一个一般性原则。当诸多特征一起让作品成为"好的"时，它们对于那些更基础的产生"好的"的特征而言是次要的。诸多更基础的产生"好的"的特征，是那些产生一般性原则的基本性特征。比尔兹利写道："例如，在一个语境下，少量幽默［掘墓人的插科打诨（在《哈姆雷特》中），喝醉酒的门卫（在《麦克白》中）］是一个优点，因为它加强了戏剧的紧张气氛；但是在另一个语境下，如果它使得紧张气氛降低，那么它就是一个缺点。"很明显，少量幽默并非一个一般性优点，需要注意的是，在引用的这些例子中它是优点，因为增加了戏剧紧张气氛，但是在假定的减少戏剧紧张气氛的例子中，它是一个缺点。戏剧紧张气氛或许总是一个优点，至少在戏剧中是如此。戏剧紧张气氛是一个有关紧张性的例子，比尔兹利声称后者是一个基本标准。他还声称存在两个而且仅仅两个其他的基本标准——统一性和复杂性。他主张，但他并非装作已最终显示，任何能够被正确用作一般性或基本性优点的理由，都能够包含于统一性、紧张性或者复杂性之中。因此，根据比尔兹利的观点，在一个艺术品中，通常只有统一性、紧张性或复杂性才可以产生价值。比尔兹利明确声称存在三个，而且仅仅存在三个批评性原则，每一个批评性原则拥有一种基本优点作为其主语。它们是：

一个作品中的统一性在某种程度上总是好的。
一个作品中的紧张性在某种程度上总是好的。
一个作品中的复杂性在某种程度上总是好的。

在这一点上，值得注意的是，比尔兹利明确主张一个艺术品可能拥有的任何道德或认知特征都不同于其作为艺术的价值特征。一方面，他声称只有作为艺术的统一性、紧张性和复杂性的审美特征才有助于艺术价值。在比尔兹利看来，艺术的某个特征为与艺术价值联系起来，它就必须拥有有助于产生审美经验的能力。艺术的这三个审美特征的作用在于产生审美经验（而且这样做并不涉及审美经验之外的世界）。另一方面，比尔兹利认为艺术的道德和认知特征并不有助于产生审美经验（而且因为它们涉及审美经验之外的世界，甚至可能会妨碍审美经验的产生）。有关为何比尔兹利认为仅仅只有三个基本性优点，以及为何艺术的道德和认知特征不能成为优点的详情，在其审美经验的概念得到解释之后会变得清晰起来。

下面这段简化了的对话将提供一个有关批评性推论结构的例子。它之所以被简化，是因为仅仅涉及一种基本特征。一个完整的例子可能会涉及每一种基本特征的讨论，并且会在细节上更为丰富。

> 批评家：塞尚（Cezanne）的《从毕贝姆采石场看圣维克多山》（*The Sainte Victoire，Seen from the Quarry Called Bibemus*）是一幅好画。
>
> 提问者：为什么？
>
> 批评家：因为它色彩协调，而且平面和立体空间设计被安排得紧密有序。①
>
> 提问者：的确，但为何说这幅画是好的？
>
> 批评家：因为这两点都是统一性的表现。在一个艺术品中，统一性总是一件好的事情。

可以重新组织批评家的话以显示这个推理的推论本质。

1. 一个作品中的统一性在某种程度上总是好的。　　　　　　　　　原则
2. 这幅画的色彩协调而且平面和立体空间设计
   被安排得紧密有序。　　　　　　　　　　　　　　　　　　通过观察
3. 这幅画是统一的。　　　　　　　　　　　　　　　自 2 或通过观察
4. 这幅画在某种程度上是好的。　　　　　　　　　　　　　　自 2 和 3

---

　①　很明显在这点上，批评家的话被严重夸大了。对于这点以及其他许多关于塞尚画作的讨论，参见 Erle Loran，*Cezanne's Composition*（Berkeley：University of California Press，1963）。

很清楚，批评家的话经过推论性重组，并没有比原来的话表达出更多意思。原本的结论是这幅画是好的，但是经过重组得出的结论仅仅是这幅画在某种程度上是好的，这是一个较弱的结论。原来所陈述的那些话，无论如何在推论上都不是有效的。仅仅存在某种统一性并不能确保强结论，即这个拥有统一性的作品是好的，而只能确保那个弱结论，即这个作品在某种程度上是好的。

类似的简化批评家推理的推论性重构可以用于除统一性之外的问题。比尔兹利提到《麦克白》使用幽默(醉酒的门卫)以加强戏剧的紧张气氛(紧张性)。一个包含此观点的批评性推论的重构可能进行如下：

1. 一个作品中的紧张性在某种程度上总是好的。　　　　　　　原则

2.《麦克白》中的少量幽默同戏剧中其他因素一起
　　使《麦克白》显得紧张。　　　　　　　　　　　　　通过观察

3.《麦克白》是紧张的。　　　　　　　　　　　　　　　　自2

4.《麦克白》在某种程度上是好的。　　　　　　　　　　自1和3

这个论证的结论也是一个弱结论。读者由此可以看到，一个关于复杂性的重构将如何进行，而且也可以看到由复杂性原则推导出的结论将是弱结论。

三个一般性原则

比尔兹利断定存在三个一般性原则，而且可以从中得出推论性结论。这些原则——要么单个，要么三个一起——并不足以推出"一个艺术品是好的"这样一个强结论。只要这些原则中的评价性谓语是弱的，即不具体的谓语"在某种程度上是好的"，就不可能用这些原则推导出一个包含强的、具体的谓语"是好的"的结论。在一个有效的推论性论证的结论中，评价性谓语不可能强于前提中出现的某个评价性谓语或某些谓语。

在展示完比尔兹利的批评性推论理论如何同其工具主义艺术价值理论相联系之后，下面将要展示的是，他的全部理论如何服务于各种推论性论证，在这些论证中可以得出一个强结论，即某个艺术品是好的。

现在我将阐述比尔兹利的工具主义艺术价值理论，它理应为一般性标准理论提供基础。遵照一种旧的且得到广泛支持的传统，比尔兹利主张一类特殊经验——审美经验——可以被分离和描述。对于比尔兹利而言，审

美经验所拥有的价值是艺术价值的来源。艺术品是（工具性地）有价值的，因为它们产生有价值的审美经验。审美经验典型地产生于审美对象，如戏剧、绘画、诗歌，等等，但是有时候可能产生于足球比赛、日落以及其他非艺术品。我仅仅关心那些是艺术品的审美对象。①

审美经验有主观的一极——某个拥有此经验的人或主体——以及客观的一极——此经验的经验对象（一个艺术品）。比尔兹利从五个方面分析了审美经验的主观特征。第一，特征与产生经验的人有关，这样一个人把他或她的注意力牢牢固定在一个支配此经验的对象上。这种专注可与诸如白日梦中观念的自由活动进行对比。第二，此经验自身带有某种紧张性，其间精力集中于一个相当窄的关注领域。这种紧张性可能不是一个普通类型的成熟情感，但是如果这种紧张性涉及一种情感，那么它将依附于审美对象的某个因素。此经验中全神贯注的紧张性倾向于排斥相异的因素，例如，剧院里的咳嗽、唱片里的唱针噪音、未买票的念头，诸如此类。第三，在比较高的程度上，审美经验是连贯或相互一致的。"一件事情导致另一件事情；发展的持续性，不带有空白或死角，一种完全及时的引导模式，一种朝着兴奋点的精力有序积聚，都在通常程度上出现。"②第四，此经验是完整的。"可感觉到由此经验中诸多因素所激起的冲动和期待被此经验中的其他因素所抵消或解决，以便达到和享受到某种程度的平衡或稳定。此经验从相异因素的干扰中分离自身，甚至孤立自身。"连贯性和完整性能够包含在统一性之中。审美经验是相当统一的，普通经验则是散漫的。审美经验的第五个特征即为复杂性。"不同因素的范围或多样性……（此经验）……共同产生其统一性，而且在占主导地位的性质之下"③是其复杂性的衡量尺度。这里所涉及的种种因素是这一经验中各种情感的和认知的因素。这些因素是主观的，因为它们依赖此经验的主体（某个人）的经验性因素。

根据比尔兹利的观点，审美经验自身的主观特征最后被证明有三种：统一性、紧张性以及复杂性。此经验自身的主观统一性、紧张性和复杂性产生于可感知的艺术品的客观特征。比尔兹利声称引起审美经验的诸多艺

---

① 这里给出的比尔兹利有关审美经验的理论阐释是他在 1958 年书中的阐释。在后来的著作中，他于很多方面改变了自己的阐释，但对于我的评论来说，这并不重要。在对比尔兹利的评价理论所做的阐释中，我有时会在其理论的暗示下提出明确的观点，而这些方面是他没有意识到的。

② Beardsley, *Aesthetics*, p. 528.

③ Beardsley, *Aesthetics*, p. 529.

术可感知特征自身，是可感知的统一性、紧张性以及复杂性的例证。因而，艺术品（审美对象）可感知的客观统一性、紧张性和复杂性产生另一种有关经验的主观统一性①、紧张性以及复杂性。例如，如果我看一幅画并且注意到其统一性（体验其统一性），那么在比尔兹利看来，这会让我拥有经验上的统一性。我正试图表明，使用"经验的统一性"所引起的那个统一性区别于画作中可感知的统一性。一个审美对象的可感知的紧张性和复杂性，也应能够引起经验上的紧张性和复杂性。比尔兹利的理论对审美经验给出如下阐述：某个人感知一个审美对象。此审美对象可感知的特征将使感知者拥有一种经验，这种经验包含此对象可感知的（客观的）特征以及由此对象引起的诸多感觉、期待和其他主观特征。一个艺术品可感知的客观统一性将引起此经验的一种主观统一性。例如，此经验的主观统一性可能由一种期待及其满足或者一些类似的（统一的）感觉组成。审美对象拥有各种不同程度的统一性、紧张性和复杂性，这些能够被看见、听见或者理解（如在文学作品中）。同时，审美经验自身拥有其传统意义上的主观统一性、紧张性和复杂性，由可感知的统一性、紧张性和复杂性引起。

客观统一性、紧张性和复杂性可以被认为是审美经验的基本属性，就像比尔兹利所设想的那样。在比尔兹利看来，审美经验还有来自某些基本属性的次要属性。他提出这一经验的紧张性倾向于把相异因素排除在经验之外，他也声称此经验的连贯性和完整性让其从这一经验的相异因素中孤立和分离自身。紧接着，比尔兹利声称，因此审美经验是一种独立的经验。比尔兹利是在认同叔本华和审美态度理论家们的基础之上得出此结论的，但是他在有关独立性的来源方面不同意他们。后者声称这种心灵的某个方面——审美意识、无利害的知觉，诸如此类——使审美经验成为独立的，比尔兹利则声称此经验的独立性来自审美经验内容中某些基本属性的本质。

所谓审美经验的独立本质，使比尔兹利声称艺术的道德和认知方面同艺术的评价没有关系。在他看来，这一经验的独立性使涉及审美经验之外世界的艺术道德和认知方面失去效力，以至于无法在艺术的审美经验中发挥作用。打比方说，审美经验有着锐利的边缘，这切断了与越过它的世界之间的指涉性联系。

---

①　对比尔兹利经验的统一性观点的批评，参见我的"Beardsley's Phantom Aesthetic Experience"，*Journal of Philosophy*（1965），pp. 129－136；比尔兹利的回应参见"Aesthetic Experience Regained"，*The Journal of Aesthetics and Art Criticism*（1969），pp. 3－11。

　　既然审美经验的三种客观因素和三种主观因素中的每一种都能逐渐变化，在比尔兹利看来，一个给定的经验可能比另一个更加统一，更加紧张，更加复杂。因此，两个审美经验可以在六种特征上逐个进行量度比较，不过我们也可以把六种特征放在一起进行量度比较。当然，这类量度不可能被给予确切的数值，尽管许多情况下能够确定两个经验中哪个拥有更大量度。根据比尔利兹的观点，无论如何，重要的事情是能够确定某个特定经验拥有更大还是更小的量度，而这对于确定某个审美对象是否是好的具有重要意义。

　　在这点上，比尔兹利得出了两个重要结论。第一个结论是，对审美经验的观察就像其设想的那样，它是一种带有工具性价值的东西，因为它有能力产生某种有价值的东西。对此观察暂时存而不论。在他看来，审美经验可能不是最好的东西（最高价值），但它是有价值的东西。第二个结论是，拥有相当大量度的审美经验是好的。第二个结论预设了两点。（1）审美经验的量度能够被估量。例如，一个审美经验被看作小量度的，另一个审美经验被看作相当大量度的，等等。（2）相当大量度的审美经验是工具性地好的，因为它有能力产生某种好的东西。对于此结论也暂时存而不论。现在，根据审美经验的观点，一个平台已被搭建起来，比尔兹利的有关"好的审美对象"的定义也就是在说明"好的艺术品"。这个定义将同他的批评性推论理论（原则、理由以及评价结论）和艺术价值理论紧密联系在一起。

　　　　"X 是一个好的审美对象"意味着"X 有能力产生好的审美经验（相当
大量度的审美经验）"。①

　　注意，这个定义是根据能力提出来的，如此一来，一个好的艺术品并不需要总是产生一种好的审美经验。只有当作品被某个敏感的人（非色盲、非音盲、受过适当训练，等等）体验到时，才能产生这样一种经验。也要注意在定义"好的审美对象"，即"好的艺术品"时，比尔兹利并没有定义"好的"。"好的"在这个定义的两边都出现了。如果比尔兹利的理论是正确的，那么，他就成功地解决了艺术评价理论过去所面对的一个最困难的问题，即如何定义"好的"。在他有关"好的艺术品"的定义的基础上，现在，比尔兹利能够把批评性推论当作一个推论过程予以阐释。

　　此定义把好的审美经验等同于相当大量度的审美经验，这相当于宣称

---

　　① Beardsley，*Aesthetics*，p. 530.

如下一般性原则：

    1. 相当大量度的审美经验总是好的。

比尔兹利的阐述利用了一种工具性地好的观点，一种每个人都接受的观念。这个观点能在一般意义上作如下陈述：

如果一个事物有能力产生某个好的东西，那么它是工具性地好的。

这种观点能应用于艺术品，以致产生如下前提：

    2. 如果一个艺术品有能力产生一种好的审美经验，那么这个艺术品是工具性地好的。

在一个特定情况下，某人可能会看到一个特殊的艺术品能够产生一种相当大量度的审美经验，如此一来，可能会产生如下前提：

    3. 这个艺术品能够产生一种相当大量度的审美经验。

伴随着这三个前提，可以构建如下论证：

    1. 相当大量度的审美经验总是好的。
    2. 如果一个艺术品有能力产生一种好的审美经验，那么这个艺术品是工具性地好的。
    3. 这个艺术品能够产生一种相当大量度的审美经验。

自前提 1 和前提 3 得出：

    4. 这个艺术品能够产生一种好的审美经验。

自前提 2 和前提 4 得出：

    5. 这个艺术品是工具性地好的。

这个论证的结论是一个强结论，也就是说，它涉及强谓语"是好的"。这类结论同前述那些涉及弱谓语"某种程度上好的"的论证结论形成对比。

其他强原则的例子，根据比尔兹利的理论，是"比相当大量度的审美经验小的审美经验总是不好的"，以及"相当低量度的审美经验总是坏的"。

像"相当大量度的审美经验总是好的"这类强原则，来自以反复观察为基础的归纳概括，即相当大量度的审美经验始终是好的。像"一个统一的作品在某种程度上是好的"这类弱原则，来自比尔兹利的观点，即一个统一的作品有能力产生一种有价值的经验，尤其是审美经验。

在比尔兹利的理论中，强原则服务于产生强结论，后者典型地是一种由批评家形成的评价性结论，而弱原则有一种解释功能。弱原则逻辑上适于理由陈述以支持弱结论，并且由此表明一个理由陈述所涉及的一个艺术品特征有助于提升那个作品的价值。

如前所述，在比尔兹利看来，艺术品拥有工具性价值，因为它们有能力产生审美经验。反过来说，审美经验也是有价值的。审美经验自身有哪种价值呢？比尔兹利的回答是，审美经验的价值也是工具性的，他声称审美经验有能力产生一般的愉快。如果真是这样，比尔兹利将避免相对主义的可能性，因为事实不过是审美经验有能力产生或者无法产生愉快。也就是说，审美经验的价值将不取决于人们的喜好或评价，因此无法将审美经验的价值同人们的喜好或评价联系起来。比尔兹利的观点是，审美经验是有价值的，因为它能够产生某种结果，并且这并不是人们能够持不同看法的事情。以同样的方式，人们能够在喜欢（评价）或者不喜欢（评价）上意见一致。

现在我将转到有关比尔兹利理论的一种批评性评价上，集中于他所声称的审美经验。如其所述，它是艺术评价的基础。这将表明非独立的经验才是严格意义上的艺术经验，并且会削弱比尔兹利的理论，因为他还没有证明艺术的认知、道德和指涉特征通常能够被排除在艺术评价之外。这也将表明，指涉特征对于严格意义上的经验来说是至关重要的，因而，它对于许多艺术品的评价来说，也同样重要。

试想阅读《哈克贝利·费恩历险记》的经验。这种经验拥有比尔兹利归咎于审美经验的那种独立本质吗？小说中存在一些有关伊利诺伊（Illinois）、密苏里（Missouri）、密西西比河（the Mississippi River）以及俄亥俄河（the Ohio River）的指涉，在其有关美国奴隶制度的描述中，小说带有明显的道德观点。当然，比尔兹利无法否认的是，存在指涉和道德观点，但是其理论需要如此，即这些指涉和道德观点对作为评价小说的基础的经验来说是不起作用的，因为该理论主张那个经验（审美经验）的独立性取消了与现实世界的指涉。

无论如何，如果我们反思阅读《哈克贝利·费恩历险记》的经验，那么，我们并不会看到那个经验取消了指涉。此外，小说对于美国历史地点和活动的指涉，在我们有关此作品的经验中起着一个重要且必要的作用。事实上，小说的指涉往往会典型地加强读者对现实世界方面的理解。这部小说被认为是一部伟大的小说①，而且好于《汤姆·索亚历险记》等作品的理由之一是反抗奴隶制度。存在许多艺术品的例子，它们中的指涉在我们有关它们的经验里起着重要作用。

按照上述方式，艺术的指涉特征在我们有关它的经验中起着重要作用。种种指涉特征有时也承担艺术品所拥有的审美的、非指涉特征。试想《哈克贝利·费恩历险记》里的中心事件——哈克和吉姆漂过一条河流。重要之处在于它是真实的密西西比河，被用来指涉一条流淌在密苏里奴隶州和伊利诺伊自由州（不管怎样，属于摆脱奴隶法律的），并朝南流向奴隶制度区域心脏地带的河流。小说中所涉及的真实事物构成了逐渐增加的紧张感的基础，这种紧张感来自向南漂流的木筏，并且有助于小说的紧张性和相关经验。注意，那个紧张性就是比尔兹利三个基本审美特征的其中之一。存在许多艺术品的例子，在它们之中，指涉支持审美特性。

刚刚所描述的这类例子表明，比尔兹利有关严格意义上的艺术经验的观点，也即一种独立性的经验，是一种错误的概括。有关作品的经验，像《哈克贝利·费恩历险记》，并不是独立的，因为它们的指涉并没有被适于它们的经验本质取消效力。这类例子也已表明，在艺术品中，指涉的识别对于严格意义上有关艺术品的经验来说是重要的。

当然存在一些不带指涉的艺术品的例子，如非客观主义绘画以及许多乐曲。有关此类非指涉性作品严格意义上的经验是独立的经验吗？比尔兹利关于独立性经验给出的范例，是带有指涉的某个对象的经验。在此之中，该对象的审美经验取消了指涉。现已表明，取消并不会发生在这类例子中。如果独立性并不出现在带有指涉的艺术中，那么对于不带有指涉的作品而言，甚至不会产生独立性的问题。所以，有关指涉性作品和非指涉性作品严格意义上的经验看起来都不被认为是独立的。这两类经验都常常受到强烈关注，然而与成为独立的经验非常不同。

---

①　不时会出现禁止这部伟大小说的企图，在某种程度上是因为其中一些语言被认为具有冒犯性。我相信这样的企图源自误解。

结语性评论

比尔兹利的艺术价值工具主义理论是不充分的，因为其中心构件——艺术品严格意义上的经验理论——失败了。既然艺术价值的工具主义理论应该支持其评价性原则的一般性标准理论，那么比尔兹利的评价性原则理论就处于危险之中。很明显，他的有关强原则的观点，直接关涉审美经验，则不会如此。甚至弱原则，就像比尔兹利所设想的那样，也同其审美经验概念有着紧密联系。因此，如果与艺术批评有关的一般性原则的观点能够成立，那么将存在与讨论相对主义时一样的有关诸多原则的观点。换句话说，那些原则并没有得到合理的支持，仅仅是被选定了。我认为，能够建立对诸多一般性原则的支持，但是它们将被一种稍微不同于比尔兹利的方式加以阐述。

第十五章 纳尔逊·古德曼的工具主义

纳尔逊·古德曼(Nelson Goodman)已经勾勒出一种工具主义理论的大致轮廓，这种理论也主张在艺术产生审美经验的基础上来评价艺术。① 无论如何，古德曼的审美经验概念非常不同于比尔兹利的概念。

比尔兹利声称审美经验是独立的。他声称确切地体验艺术品是伴随着独立经验的，而且在那种审美经验之中，艺术用于自身之外事物的指涉是被取消效力的。既然在一种审美经验中，艺术的指涉被取消效力并且不能发挥作用，那么作品必须依据其非指涉性方面给予评价。相对而言，古德曼主张艺术品是符号，艺术在本质上是认知的，并且可以站在与其自身之外事物的认知性关系角度进行体验。对古德曼来说，艺术能被评价是建立在其认知功能基础上的，即如何有效地表达其所要表达的意思。

比尔兹利以阐述独立的审美经验为起始，并且用它来发展出一种艺术评价理论。古德曼的艺术评价理论则始于一种艺术作为符号的理论。

组成古德曼评价理论的主张如下。(1)每一个艺术品是一个符号，用于符号化的方式要么是描述、再现、表现、例示，要么是这四种方式的某种综合。(2)符号是为了认知。(3)"基本目的(有关艺术的)是在自身中并且为了自身而进行的认知……(艺术的)实用性、愉快、冲动以及交流功能都依赖于此。"(4)艺术是以它如何好地服务于其认知目的的方式而被给予评价的。②

作为一种工具主义理论，古德曼的评价方案并不如比尔兹利的理论完整。比尔兹利声称艺术是在工具意义上有价值的，因为它能够产生具有工具性价值的审美经验，而审美经验具有工具性价值的原因则在于其能产生一般的愉快。古德曼声称艺术在工具意义上是有价值的，因为它能产生有

---

① Nelson Goodman, *Languages of Art*(Bobbs-Merrill, 1968), pp. 255—265. 也可参见 Nelson Goodman, "When Is Art?"in *Ways of Worldmaking*(Hacket Publishing Company, 1978), pp. 57—70。

② Nelson Goodman, *Languages of Art*(Bobbs-Merrill, 1968), pp. 255—265.

价值的认知经验，然而他并没有试图表明为何认知经验是有价值的。

古德曼观点的不完整性导致难以弄清楚如何阐述其理论中的评价原则。对于这类看起来经过他深思熟虑的理论，我认为，如果该理论是被细致建构出来的，那么它应该会产生诸多原则。

古德曼的评价理论几乎在每一个观点上都与比尔兹利的理论相抵触。对古德曼而言，艺术经验是认知的，而且并不孤立于经验的其他部分。一个艺术品不受阻碍地涉及作品直接经验之外的事物，尽管这可能是一种有点误导的阐述方式。对于古德曼来说，既然艺术经验并没有一个"边界"，那么那些事物在其内部或者外部都可以存在。

古德曼关于认知功能的观点背后隐含的是这样一个观点，即所有艺术都是指涉性的。除非一个艺术品是指涉性的，否则认知功能问题就不可能出现。如果存在非指涉性的艺术品，它们就不可能以古德曼的方式被给予评价。古德曼必须表明不存在非指涉性的艺术品。对于非指涉性艺术品，最明显的选择范围就是非客观主义绘画和工具性音乐。对于古德曼来说，重要的是表明非客观主义绘画事实上施行指涉，但不以任何平常的方式（如再现性地）进行指涉。

对古德曼观点的质疑

古德曼主张某个特征，例如，一幅非客观主义绘画的主导颜色是指涉性的，因为它例示自身。比尔兹利主张一个作品可以仅仅因为拥有一种颜色而具有价值，如非常强烈的颜色。同时古德曼主张，就这种颜色而言，一个作品可以仅仅因为其所拥有的颜色以例示的方式进行指涉而有价值。

争论点在于，艺术品的审美价值是否总是它们诸多特征的一个指涉功能，或者在某些情况下，它们的价值是否可能来自非指涉地拥有那些特征。

考虑如下五个对象：每一个都是二英尺长、四英尺宽的扁平长方形，每一个的色调都是炫蓝色的。同时在外表上，从距离它们的位置上看，所有对象都是难以分辨的。其中三个对象是并排挂在墙上的画作，第四个处于这些画作下方的地板上，是一堆捆在一起的贴有"地毯样品"标签的地毯样品，观察者只看得到最上面的样品。第五个对象是处于这些画作上方的一个墙洞，透过它可以看见清晰的蓝色天空。

地毯样品既拥有也例示着它的蓝颜色，即它既是炫蓝色的，也指涉着诸如拥有相同颜色的地毯。在这些样品的基础上，得到确认的挑选地毯的行为让指涉成为可能。每个人都可能会认同出现在这里的例示。也就是说，每个人都认同一个地毯样品就是一个范例。左边画作的标题是"蓝色天空"，这幅画是写实的，并且因而，按照古德曼的观点，用来象征，也就是指涉。

中间一幅画的标题是"天蓝"。这幅画大概不是写实的，但是它例示了一种蓝色。这个标题提供了一种类似于由围绕着地毯所做的选择行为所提供的语境。古德曼认为这里也产生了指涉。

现在转到墙上的那个洞。二英尺长、四英尺宽的炫蓝色长方形在外表上难以同其他四个对象区别开来。然而第五个对象既不是一个艺术品，也不是一个地毯精选品，它只是天空的一部分。毫无疑问的是，它仅仅拥有它的颜色，并且无法例示其颜色，同时它是华丽的，即具有审美价值。这明显是一个带有一点审美经验性质的例子，在这个例子中，古德曼认为不存在任何东西，因为不涉及艺术。

最后转到第三幅画上来，它处于右边，被标记为"♯1"。古德曼声称这幅画的蓝色例示自身，并且通过这种符号化，它拥有审美价值。我不清楚的是古德曼为该主张提出了什么理由，从而判定这幅非客观主义绘画中的蓝色例示诸多特征。他所做的首先是谈论裁缝的样品这类事物，同时指出它们例示某些特征(颜色、质地、图案，等等)，而不是其他特征(形状、带着穿孔的边缘，等等)。接着，他转到非客观主义绘画上来，并指出它们的某些特征在审美上是重要的(颜色、图案，等等)，同时它们的某些特征在审美上是不重要的(例如，为某人所拥有)。他认为这些绘画在审美上的重要特征是被向外展示的。接着他断定这些被向外展示的重要特征是被例示的，而那些不重要的特征则没有。尽管这个结论符合他的表述，但是却并非来自他的表述。来自其表述的观点是，存在可以区分重要的审美特征与不重要的审美特征的事物。需要更进一步论证的是，表明那个东西是例示，并且例示正好发生在这类例子中。古德曼需要表明某种语境(类似于围绕地毯样品所做的行为)围绕着艺术品，并且专门负责准许例示。在我看来这似乎不可能，更何况事实上古德曼并没有这么做。

根据古德曼的阐述，没有更多理由认为，相较于透过墙洞所见的蓝色所做的例示，《♯1》的蓝色是在例示。所以，没有理由认为《♯1》的审美价值来自例示或者任何其他类型的指涉。如果《♯1》有审美价值，更可能是因为它所拥有的蓝色特征。所以，如果《♯1》有审美价值，在为何它会拥有属于它的那种价值这一点上，比尔兹利似乎比古德曼要正确。

存在另一种论证表明，古德曼的观点不可能有他所声称的一般性。假设承认《♯1》以及其他每幅非客观主义绘画是在例示，那么古德曼的观点，即通过例示这类绘画拥有它们所有的任何审美价值是可以接受的吗？假设《♯1》是炫蓝色的，并且例示炫蓝色。《♯1》有审美价值，因为它例示华丽蓝色，这点暂时存而不论。《♯1》也必须拥有传统的审美价值，因为它在外表上无法区分于不需例示而拥有审美价值的蓝色天空。

古德曼将认识功能视为艺术价值标准，这一主张存在着另一种挑战。再次假设《♯1》有价值，它有价值是因为它的炫蓝色例示它的颜色。考虑第二幅像《♯1》一样的非客观主义绘画，它被涂有统一的颜色，但却是一种沉闷的、单调的、浑浊的棕灰色。第二幅画正好跟第一幅画一样例示其颜色，因为一幅画被认为应该例示它的主导色。不论如何，有好的理由认为第一幅画更胜一筹。因而，对这两幅画的评价比它们的例示包含更多内容。换句话说，根据古德曼的理论，如果这些画作的价值仅仅来自例示，那么每一幅非客观主义的、涂有统一颜色的画作将完全拥有相同的价值。然而可以肯定的是，这些画作并非拥有相同的价值。

究竟是什么使艺术具有了价值？比尔兹利和古德曼认同一件事，即艺术是有价值的，只要它能产生有价值的经验。换句话说，他们认同艺术价值是工具性的价值。我相信，他们在艺术良好的工具性本质上是对的。

结语性评论

鉴于艺术价值是工具性价值，那么关于建立在对目前为止已给出的比尔兹利和古德曼观点的分析与批评基础之上的艺术评价，我们能得出什么结论呢？

首先，比尔兹利是正确的，即艺术品的某些方面是工具性地有价值的，因为它们能产生有价值的经验而不指涉任何艺术品经验之外事物。有关这些方面的例子是《♯1》的炫蓝色，凡·高（Van Gogh）的许多画作中强烈的颜色综合以及一首十四行诗的统一形式等。古德曼正好是错误的，即为了成为有价值的，一个艺术品的某个方面必须进行指涉。

不过，古德曼又是正确的，即艺术品的某些方面是工具性地有价值的，因为它们能够产生有价值的经验，可以站在同外在于有关作品的直接经验之外事物的联系上体验到这些方面。这些方面的例子是《哈克贝利·费恩历险记》中的指涉，这些指涉涉及独特的地理位置以及美国内战之前有关奴隶制和非奴隶制之间的社会与法律关系的描述。比尔兹利又正好是错误的，即艺术品的某个方面对于凭借其指涉的有关作品的经验来说不可能是有价值的。

　　比尔兹利和古德曼对理论的整齐性和简洁性都有着哲学家式的热情。他们都想为仅仅包含一种性质的艺术价值提供理论阐释：比尔兹利语境中的拥有以及古德曼语境中的指涉性。比尔兹利没有认识到指涉的价值，原因在于一种审美经验仅仅作为艺术工具性的合适产品的观点——一种他所继承的观点。有关一个艺术品审美经验的传统描述是这样的：作品以及某个人或者正在体验它的主体由一堵令人费解的、心理上的、被主体"隐藏"的墙所包围着，这堵墙经验性地取消了作品与经验之间的所有联系。艺术品的诸多特征可能并且常常有指涉，但是一个"严格意义上的"审美经验主体则不可能考虑这些指涉。

　　难以弄清楚的是，古德曼为何没有能力认识到艺术品的诸多特征的价值。他的观点，即艺术品都是符号，换句话说，艺术品带有指涉，需要进一步讨论。无论如何，没有一个符号会阻碍该符号的诸多特征拥有独立于其符号功能之外的价值。

第十六章　其他类型的工具主义

比尔兹利和古德曼是正确的，即艺术评价唯一合理的基础是其产生有价值经验的能力。如果不是为了创造能够产生人们认为有价值的经验的对象(工具)，那么，其他人又为何会发明艺术的惯例？主要的问题就是，如果存在不止一种有价值的经验，那什么是有价值的经验的本质，或者有价值的经验的本质是哪些？以及如果存在不止一种价值，那什么是经验所拥有的价值，或者经验拥有哪些价值？鉴于已有的理由，有价值的经验不可能是审美经验，就像传统上所认为的那样不可能作为一种独立的经验。除此之外，艺术品的经验不会全部都拥有比尔兹利所设想的结构上的高度相似性。既然没有一种由所有艺术品产生的、结构非常特殊的艺术经验，就不可能因为任何给定艺术品的产生一种特殊结构经验的能力在整体上是好的，从而断定它在整体上是工具性地好的。看起来更有希望的是，把关注点放在艺术品各种有价值方面的有价值的经验上，如统一性、紧张性以及其他审美性质，就像非审美的、指涉的方面一样。在此意义上，艺术品的这些方面是有价值的，因为它们有能力产生关于这些方面的有价值的经验。有待进一步弄清楚的是，这些经验拥有何种价值。按照这种方式，可以为评价艺术品的诸多特征或各个部分提供一个方法。但是，仍然有待进一步弄清如何实现在整体上评价艺术品。

我将首先关注有关审美性质的经验，之后，我会讨论有关艺术指涉方面的经验。有关艺术品审美性质的经验有着何种价值？例如，当一种审美特征的经验产生或有助于产生诸如某种愉快感，或某些其他有价值的结果时，这些经验就可能具有工具性价值。不论如何，对于我们而言，工具性价值典型地不是有关审美性质的经验所拥有的那种价值。当一种有关审美性质的经验有价值时，它在本质上就是有价值的，也就是说，它本身独立于与其相关的事物而具有价值。此外，在有关审美性质的经验拥有工具性价值的情况中，它拥有价值，是因为那个经验的内在价值对工具性价值负责，首先产生内在价值，接着反过来产生更进一步的价值。所以，与艺术评价相联系的、有关审美性质的诸多经验所拥有的那种价值是内在价值。

对于艺术品而言，诸多欣赏者的经验独立于任何有关它们的结果而拥有的那种价值。

按照这种方式，一个艺术品的某种特殊审美性质（如统一性），被感知到有能力产生一种有关统一性的具有工具性价值的经验时，作为这种能力的结果，它可能拥有工具性价值。如果真是这样，那么就会产生如下弱原则："一个艺术品中的统一性在某种程度上总是（工具性地）好的"（因为可感知的统一性能够产生一种有关统一性的具有工具性价值的经验）。每一种有能力产生工具性价值经验的审美性质都会产生此类弱原则。负面的审美性质（如俗艳）可能拥有工具性的反面价值，因为它们有能力产生内在地具有反面价值的经验，并且它们可能产生负面原则，例如，"一个作品中的俗艳在某种程度上总是（工具性地）坏的"。

伴随着讨论中的工具主义，弱原则得到证明，因为它们涉及的艺术品的种种特征能够产生内在地有价值的经验。伴随着这种工具主义理论，相对主义的威胁出现在有价值的经验之上，因为人们可能会在如何内在地评价有关特殊审美性质的经验方面产生分歧，如果有关某种特殊审美性质的经验内在地被某一个人给予评价，同时有关相同审美性质的经验内在地被另一个人予以反面评价，那么这两个人的经验可能支持涉及那个审美性质的不同原则，并且对于涉及那个性质的批评推论来说，可能缺少一个根据。

尽管在某种特殊审美性质方面，相对主义总是存在可能性，但几乎所有审美性质都以相同的方式被人们赋予价值。人们评价着有关统一性的经验、有关高雅的经验、有关紧张性的经验，等等。因此，尽管就审美性质而言，理论上有可能产生相对主义，但几乎不存在实际的危险。当然，如果就某种特殊的审美性质而言，两人之间产生了相对主义，那么他们分享一个涉及那种性质的原则以及一个涉及那种性质的评价推论根据的可能性就消失了。

某个特定的审美性质可能在一个特殊的艺术品中格格不入。例如，高雅可能与一个作品的其他特征不相适应，一种高度的统一性可能损坏或者妨碍另一种审美性质，等等。因而，尽管每个人都在评价有关统一性、高雅以及诸如此类的经验，但是在特定情况下，不可能同时拥有有关高雅的以及某种其他特殊审美性质的经验。所以，最好以一种合适的方式建构批评性原则。例如，必须以如下方式建构统一性原则：

统一性在一个艺术品中（独立于此作品的其他性质）总是有价值的。①

这个原则是被普遍证明的，因为每个人都如此评价有关统一性的经验。就像存在许多被普遍评价的审美性质一样，也存在着同样多的审美原则。例如，下面这些审美原则：

高雅在一个艺术品中（独立于此作品的其他性质）总是有价值的。

俗艳在一个艺术品中（独立于此作品的其他性质）总是有反面价值的。

顺便说一句，事实上，存在着对审美性质的普遍认同，但这并不意味着，在所关注的审美性质范围内，存在着对艺术品整体评价的普遍认同。艺术品典型地包含大量审美性质，即使每个人都认同一个艺术品的每一种独特审美性质的价值，也仍然有可能无法认同某一作品诸多审美性质的具体结合方式。有关一个艺术品整体价值的判断，比有关独特的审美性质的判断要复杂许多。对艺术品整体价值的判断将在稍后做讨论。

现在来考虑支持审美性质的认知性质的价值。以之前讨论过的例子为例，在这个例子中，与密西西比河及其他地理位置有关的指涉，为《哈克贝利·费恩历险记》的紧张性审美特征负责。这些认知性质是有工具性价值的，因为它们产生了使自身有工具性价值的审美性质，而这些审美性质之所以有工具性价值，又是因为它们产生了有关审美性质的内在地有价值的经验。这些认知性质并不产生一般性原则，但是它们支持可以产生原则的审美性质。

认知性质可能在更为直接的意义上是有价值的。一个艺术品世界的某些方面，在某种程度上是现实性真实的，或者提出了一个真实命题。这些方面是有价值的，因为我们会内在地正面评价有关它们的经验。幻想作品以及类似缺少认知价值的事物并没有遵循这种方式。如果一个作品试图但未能成为现实主义作品，讨论中的这些方面可能会被内在地给予反面评价。

---

① 这种以及其他带有独立从句的诸多原则的建构，一定程度上来自 Frank Sibley 的"General Criteria and Reasons in Aesthetic"，参见 *Essays on Aesthetics：Perspectives on the Work of Monroe Beardsley*，ed. John Fisher（Philadephia：Temple University Press，1983），pp. 3—20。

这些认知方面产生如下原则：

> 某种程度上具有现实性真实，在一个艺术品中（独立于此作品的其他性质）总是有价值的。
>
> 以一个艺术品的方式（独立于此作品的其他性质）提出了一个真实命题总是有价值的。①

产生这些原则的原因在于，我们拥有内在地评价有关现实性真实以及真实命题的种种经验。

在论文《论趣味的标准》②中，18世纪哲学家大卫·休谟讨论了另一种艺术认知性质可以拥有反面价值的方式（同时暗示认知性质可以拥有价值）。休谟通过一部法国戏剧展开论证，剧中宗教盲从以一种获得赞许的方式得到表现。休谟推论道，既然宗教盲从是一个道德缺点，那么某个艺术品中获得赞许的有关于此的表现也是一个道德缺点；如果一个艺术品的某个方面在道德上是有缺陷的，那么它在艺术品中就是一个缺点，一个艺术缺点。这些认知性质产生如下原则：

> 在一个有关任何（道德上或其他）有价值的事物的艺术品中，获得赞许的再现总是有价值的。
>
> 在一个有关任何（道德上或其他）有反面价值的（独立于此作品其他性质）事物的艺术品中，获得赞许的再现总是有反面价值的。

之所以产生这些原则，是因为我们正面评价与有价值事物的再现有关的经验，同时反面评价与具有反面价值的事物的再现有关的经验。这些再现所拥有的价值或反面价值，来自所描述事物的价值或反面价值。诸多再现所描绘的有价值的和有反面价值的事物，拥有何种价值或反面价值，以及它们如何拥有它，这些并不是美学家关心的事情。

---

① 有关包含认知性质的种种原则的措辞，在很大程度上来自 Nicholas Wolterstorffr 的 *Art in Action*（Grand Rapids，Mich.：William B. Eerdmans Publishing Co.，1980），p. 159。

② David Hume，"Of the Standard of Taste"，reprinted in *Aesthetics：A Critical Anthology*，eds. George Dickie and Richard Sclafani（New York：St. Martin's Press，1977），pp. 592—606.

最后，涉及艺术品特殊性质的评价。任何在已讨论的弱原则下建构的论证，都将得到一个弱结论。下面就是一个这样的例子：

> 统一性在一个艺术品中（独立于此作品的其他性质）总是有价值的。
> 这个艺术品是统一的。
> 因此，这个艺术品是有价值的，即在某种程度上是好的。

这类论证绝不能产生一个带有特定评价性谓语——如"好的"——的有利原则，然而可以被用于表明一个特殊艺术品中价值的来源。

现在，我讨论的主题，从对艺术品特殊性质的评价，转向比较两个艺术品的整体价值。

先来考虑如何根据比尔兹利的理论完成这一任务。按照这种观点，任何艺术品的整体价值都可以同其他艺术品的整体价值进行比较，因为所有作品都是根据它们产生一种特殊的有价值的经验——审美经验——的能力被给予评价的。比尔兹利认为，一种审美经验的量度可以被估量出来；反过来，一个艺术品产生审美经验的能力的量度取决于它实际产生的审美经验的量度。例如，在他看来，一幅画的价值可以同一部歌剧的价值进行比较。某人可能会比较两个作品用于产生审美经验的不同能力，这样的比较可以按照如下方式加以说明。假设有从 1 到 5 的五个等级，其中等级 5 代表一个艺术品能够拥有的产生一种审美经验的最大能力。在这样的等级下，可以建构一种矩阵，并用"p"标示那幅画的等级，用"o"标示那部歌剧的等级。

$$
\begin{array}{c}
5 \\
4p \\
3o \\
2 \\
1
\end{array}
$$

以上矩阵说明了一种情况，即那幅画好于那部歌剧。（注意，矩阵中的数字是等级数，而不是可以被加、减、乘或除的数字。因此，等级 4 比等级 2 有更高的价值，但等级 4 并不具有两倍于等级 2 的价值。）

既然已经表明比尔兹利的理论是有缺陷的，如果艺术品的整体价值可以做比较，那么就将不得不依据艺术品的多重特殊性质的价值。① 在这里，我将只考虑审美性质。存在所有作品都拥有的某些标准的审美性质，如统一性和复杂性，因而所有作品都可以就统一性和复杂性进行比较。假定作品 A 和作品 B 只有有价值的（审美的）性质——统一性和复杂性，并且作品 A 比作品 B 更加统一，更加复杂。在这种情况下，我们会看到作品 A 的整体价值大于作品 B 的整体价值。假设无论如何作品 X 和作品 Y 只有统一性和复杂性的审美性质，并且作品 X 比作品 Y 更加统一，但作品 Y 比作品 X 更加复杂，那么就不可能说出哪个作品的整体价值更大。所以在某些情况中，即使两个作品仅仅拥有两个（或更多）相同的有价值的性质，也只是存在对整体价值进行比较的可能性，而且这种可能性并不总是存在。当然，在绝大多数情况中，成对的作品不能共享它们有价值的性质。假定作品 M 是统一的、复杂的、高雅的以及阴郁的，作品 N 是统一的、复杂的、滑稽的以及快速的，这两个作品的整体价值将不可能被比较。因而绝大部分情况下，艺术品的整体价值是无法比较的。

在那些能够比较整体价值的情况中，对上述讨论中的作品 A 和作品 B 的比较，可以用矩阵来加以说明。在这种特殊情况下，仅仅存在两种有价值的性质——统一性和复杂性。假设有 1 到 3 个等级，其中 3 代表最大可能的统一性或复杂性。假设作品 A 拥有等级 3 的统一性和等级 2 的复杂性，同时作品 B 拥有等级 2 的统一性和等级 2 的复杂性，我们可以建构如下矩阵：

$$(U3，C3)$$
$$(U3，C2)——(U2，C3)$$
$$(U2，C2)$$
$$(U2，C1)——(U1，C2)$$
$$(U1，C1)$$

作品 B 正好处于矩阵的中间位置，作品 A 处于作品 B 上面那条线的左边，说明作品 A 整体上好于作品 B。（这个矩阵代表当使用 1 到 3 的等级时所有可能的作品，即仅仅拥有有价值的统一性和复杂性的作品。因此，矩阵中的某些位置也许不代表除可能的作品之外的现实的艺术品。）

---

① 我对艺术品进行整体评价的有关讨论，涉及诸多观点，它们来自 Bruce Vermazen 的 "Comparing Evaluations of Workes of Art"，reprinted in *Art and Philosophy*，2nd ed；ed. W. E. Kennick(New York：St. Martin's Press，1979)，pp. 707—718。

如何得出矩阵中的等级范围和位置？我们来重点看三个艺术品：作品 A 比作品 B 更加统一，作品 B 比作品 C 更加统一。根据统一性将这三个作品分等级，需要从 1 到 3 这三个等级。如果第四个作品被考察后，发现在统一性上与前三个作品相同，那么 1 到 3 的等级将仍然是充足的。如果第四个作品比前三个作品中的任何一个都拥有更大的统一性，那么将需要从 1 到 4 的等级。一个特定性质而使用的等级范围的确定，将取决于那个性质在诸多艺术品中被发现的不同的数量。

现在，我转向有关艺术品的具体评价的主题上来。如果所有艺术品不能产生独特的有价值的经验，以便存在强原则，即带有强谓语如"好的"的原则，那么如何可能得出诸如"这个作品是好的"这类有关艺术品的具体评价？再次根据比尔兹利的理论，我们首先来考虑这如何是可行的。按照这种观点，每个艺术品有能力产生某种量度的审美经验。为了说明的需要，我将设定从 1 至 5 的五个等级量度范围，等级 5 代表最大可能的能力。因此，每个作品将处于如下范围的某个位置：

5

4

3

2

1

当一对星号置于一个特定的艺术品拥有的价值等级两边时，这个量度范围对每个作品而言都用作一个评价性的矩阵。比尔兹利认为，一个好的艺术品是一个能产生一种相当大量度审美经验的作品，我断定这个作品，在矩阵中可能会大约处于等级 4。因此按照比尔兹利的理论，对于一个特定的好的作品来说，一个评价性的矩阵可能会是这样的：

5

4

3

2

1

当然，对于比尔兹利的理论来说，这个评价性矩阵有着对产生审美经验能力的依赖性，不可能被随意使用。对于依据其产生有价值经验的能力、被互相独立地给予评价的带有多重有价值性质的艺术品来说，是否存在种种评价性矩阵呢？

我认为答案是"是的"，然而这些矩阵相较于比尔兹利理论下的矩阵更加受限制。对于比尔兹利而言，存在一个单一矩阵，并且由于其做单一事情的（被所有作品共有的）能力，任何作品都能找到位置。不论如何，当艺术品被看作带有多重有价值的性质的事物时，种种评价性矩阵将会更加复杂。并且当那些性质不被所有作品共有时，将不得不有更多的矩阵。为了所有实际目的，每个现实的艺术品将不得不拥有其自身的评价性矩阵，这种矩阵将包含所有现实的和可能的作品，在此之中，艺术品共有有价值的性质，并且能够进行比较。

对于一个带有三种有价值的性质 A、B、C，并且每一种性质都有从 1 到 3 共三个等级的艺术品来说，我将说明这如何是可行的。假设此作品有如下等级的价值：A1、B2 以及 C3。为了简化，我将略去字母，用（1，2，3）代表假设的作品。在矩阵中，我将通过在其表示符号两边放置星号的方式来标识假设的作品，并把矩阵所属的作品称为"基底作品"。这个矩阵如下进行：

$$
\begin{array}{c}
(3, 3, 3) \\
(3, 2, 3) \text{——} (2, 3, 3) \\
(2, 2, 3) \text{——} (1, 3, 3) \\
(1, 2, 3) \\
(1, 2, 2) \text{——} (1, 1, 3) \\
(1, 2, 1) \text{——} (1, 1, 2) \\
(1, 1, 1)
\end{array}
$$

首先，矩阵中被破折号分开的成对作品无法互相比较。并非每个出现在矩阵中带有这三种性质的可能的作品，如（3，3，2），不能与基底作品进行比较。矩阵中所有现实的或可能的作品都能同基底作品进行比较。（记住，矩阵中的数字是等级数。）

说一个作品是极好的，可能是在说它处于其矩阵的顶端或非常靠近顶端的位置。说一个艺术品是好的，可能是在说它几乎处于而未处于顶端，其他我们所做出的对艺术品的具体评价以此类推。这些具体评价并未说出比尔兹利理论中的具体评价更多的意思。他的理论试图表明就所有艺术品而论，作品如何可能被判定为好的、极好的，等等。我所建构的评价性矩阵表明，就所有现实的和可能的艺术品而言，有哪些才能被判定为好的、极好的，等等。能够与被判定的作品进行比较的，是那些共有此作品有价值的性质的作品。

在谈论评价性矩阵时，我好像已谈到，艺术品有价值的性质是完全独立的，然而它们有时相互影响。问题是如何描述一种发生影响的情况以便它能进入一个评价性矩阵呢？为进入一个矩阵，一个作品的诸多性质不得不被以类似（A3，B2，C1）的形式加以描述，但是如果 A 和 B 相互积极影响，那么看起来这个描述不得不变成（A3 同 B2，C1 积极相互影响），而且这种描述将无法进入一个矩阵。问题可能得以解决的方式是把来自 A 和 B 相互积极影响的价值描述为 AB，同时把有价值的性质描述为（A3，B2，AB2，C1）。出于明显的理由，这种描述不能进入一个带有（A3，B2，C1）的矩阵，但是没有什么不妥，因为任何一个有关艺术品的有价值的性质的描述，都拥有适合自身的评价性矩阵。

我并没有声称当批评家们推论并且做出关于艺术品的具体评价判断时，他们在脑海中有现实的评价性矩阵。但是批评家们评价艺术的特殊性质，并且在共有的有价值的性质上比较作品，因此我认为形式上的矩阵大概以一种非形式的方式进行。我的阐释是一种实际上在批评中继续存在的、更为精简和理想化的哲学家式看法。①

结语性评论

在本书第四部分，我首先讨论了五种我称之为"传统的"评价理论的观点：个人主观主义、直觉主义、情感主义、相对主义以及批评一元论。这些理论围绕基础性评价术语的定义问题而被组织起来，对于有关这些术语是否能够被定义的问题，每种理论都给出了一个积极的或消极的回答。

然而，我认为艺术评价的工具主义方式比任何传统理论都更有希望。工具主义理论并没有试图定义基础性评价术语，并且依赖于工具性良好的这样一个观念，即每个人都能理解和接受的观念。我讨论了三种工具主义理论：比尔兹利的、古德曼的以及我自己的。这三种工具主义理论的共同

---

① 我对艺术评价的深入阐释见于我的 *Evaluating Art*（Philadelphia：Temple University Press，1988）。

之处在于，它们都声称艺术品是工具性地有价值的，因为它们能产生有价值的经验。这三种理论在有关有价值经验的性质方面存在分歧。比尔兹利声称，有价值的经验是一种独立的审美经验。古德曼声称，有价值的经验具有一种认知的性质，并且不是独立的。我认为有价值的经验不是独立的，而且比比尔兹利和古德曼所设想的更为复杂。在比尔兹利和我自身的情况中，我们也在有价值的经验自身所有的价值方面存在分歧；古德曼对于这些经验所拥有的价值并没有明确说明。

　　我还在第四部分集中讨论了有关原则和理论是否在各种理论中起作用的问题。比尔兹利的理论特别有用，因为它被建构得十分完整，说明了有关一种工具主义评价理论的所有因素。比尔兹利的理论清楚说明了原则和理论的作用，为思考这一主题提供了清晰的引导。在最后一章中，我试图综合比尔兹利和古德曼的理论，即我以介绍的方式给予补充的，作为一种必要的、有关某些艺术经验的内在评价的观念以及作为唯一可能的、评价性原则的弱原则观念。因为我认为弱原则对于艺术评价来说是唯一可行的原则，所以为了阐述怎样获得对艺术品的整体评价，我也介绍了一种新方法。

后　记

在本书第一、第二和第四部分，我力图将美学核心的构成性观念的漫长历程，与从古希腊至今所实现的转变与更替联系起来。在古希腊的开端，核心的观念是美的理论和艺术模仿理论。在这段历史当中，我已确定了革命性转变的六个例证，其中的两个核心观念已被变革了，至少是激进地产生了变化。这样的转变一个出现在 18 世纪，两个发生在 19 世纪，三个出现在 20 世纪。

美的理论开始是作为一种客体理论而存在的，亦即美被认定是独立于人类主体的存在。这种客体理论以某一种或另一种形式而成为统领性的观念长达两千多年。在 18 世纪，趣味理论占据了舞台中心。随着这些理论的引领，趣味——这种人类主体的特征——取替了作为理论核心观念的客观美，而美也成为众多观念中的一种，这些观念是被归入趣味的主观观念之下的崇高性、新颖性等诸如此类的观念。随着对人类能力的关注，美学实现了主体性转向。然而趣味理论达到了主观的程度，因为每个人都详述了某些特征或者主观世界的某些特征，这些特征据称引发了趣味的能力。例如，哈奇生详述了作为主观世界的相关特征的多样统一性。当然，尽管旧有的客体理论被来自理论关注的核心取代，但它仍持续存在，这在第四部分里通过对直觉主义的探讨而被证明。

第二次革命发生在 19 世纪。在那个时代，当趣味的观念被审美态度的观念所替代的时候，美学甚至实现了主体性转向。审美态度理论彻底聚焦于制造审美意识、心理距离和非功利关注等人类主体方面，在所有这些理论中，客观世界方面的因素不能决定任何东西。

第三次革命也发生在 19 世纪。这就是表现理论取代了艺术模仿理论，后者以潜意识的方式占据制高点长达两千多年。一旦模仿理论被挑战，各种艺术哲学的生产就成为相当积极的尝试。

第四次革命发生在 20 世纪。美的理论来自一种为了艺术评价的理论，而它对随后在其系谱中的所有评价理论都设置了问题："美（或者以别的方式被设想的基本评价术语）能够被定义吗?"20 世纪 50 年代，门罗·比尔兹利拒绝了对一种基本评价术语加以定义的传统诉求，他所依赖的是一种将工具价值置于艺术评价理论核心地位的评价理论。通过这种方式，18世纪的趣味理论变得一文不值，这种趣味理论设想把主观世界的特定特征作为愉悦的生产性，以达到比尔兹利的工具主义所预见的程度。

第五次、第六次革命也是20世纪的事件，它们相互关联，既依赖于对个体心理学概念的摈弃，也有赖于对文化概念的使用。第五次革命发生在艺术的适宜经验理论中，而它的根基在于这样的理论线索：从美的理论转向审美态度理论的趣味理论。审美态度理论的趣味理论通过使用个体心理学（审美意识、心理距离等）的概念而得以发展。20世纪60年代，一些哲学家对这些理论提出了挑战，开始力求按照文化惯例、规则和角色来替代以艺术的适宜经验为特征的理论。

第六次革命发生在艺术哲学中。表现理论和20世纪上半叶所有的艺术理论都按照个体心理学来发展，而在20世纪60年代，一些哲学家挑战了传统理论，并开始发展依据文化现象而赋予艺术本质以特征的思考——诸如惯例论等艺术理论。20世纪的三次革命都是不断前行的事件。革命毫无疑问存在，但却尚未来临。

图书在版编目(CIP)数据

美学导论/(美)乔治·迪基著；刘悦笛译 . —北京：北京师范大学出版社，2022.7

(经典教科书系列)

ISBN 978-7-303-23814-9

Ⅰ．①美…　Ⅱ．①乔…　②刘…　Ⅲ．①美学—研究　Ⅳ．①B83

中国版本图书馆 CIP 数据核字(2018)第 121547 号

北京市版权局著作权合同登记号：图字 01-2019-7359

营　销　中　心　电　话　010-58805385
北京师范大学出版社主题出版与重大项目策划部

MEIXUE DAOLUN

出版发行：北京师范大学出版社　www.bnupg.com
　　　　　北京市西城区新街口外大街 12-3 号
　　　　　邮政编码：100088
印　　刷：北京盛通印刷股份有限公司
经　　销：全国新华书店
开　　本：730 mm×980 mm　1/16
印　　张：13.25
字　　数：228 千字
版　　次：2022 年 7 月第 1 版
印　　次：2022 年 7 月第 1 次印刷
定　　价：59.00 元

策划编辑：祁传华　郭　珍　　　责任编辑：梁宏宇
美术编辑：王齐云　　　　　　　装帧设计：王齐云
责任校对：康　悦　　　　　　　责任印制：赵　龙